教育部人文社会科学研究青年项目"基于退市制度改革的上市公司退市风险预警与应对机制研究"资助，项目编号：21YJC790074。

关键审计事项风险预警机制
与决策有用性研究

刘丁睿／著

⑤ 吉林大学出版社

·长春·

图书在版编目（CIP）数据

关键审计事项风险预警机制与与决策有用性研究 /
刘丁睿著. -- 长春 : 吉林大学出版社, 2022.8
　ISBN 978-7-5768-0205-4

　Ⅰ.①关… Ⅱ.①刘… Ⅲ.①审计—风险管理—研究
Ⅳ.①F239.0

　中国版本图书馆CIP数据核字(2022)第139488号

书　　名：关键审计事项风险预警机制与与决策有用性研究
　　　　　GUANJIAN SHENJI SHIXIANG FENGXIAN YUJING JIZHI YU JUECE YOUYONGXING YANJIU

作　　者：刘丁睿　著
策划编辑：黄国彬
责任编辑：宋睿文
责任校对：单海霞
装帧设计：刘　丹
出版发行：吉林大学出版社
社　　址：长春市人民大街4059号
邮政编码：130021
发行电话：0431-89580028/29/21
网　　址：http://www.jlup.com.cn
电子邮箱：jldxcbs@sina.com
印　　刷：天津和萱印刷有限公司
开　　本：787mm×1092mm　　　1/16
印　　张：14.75
字　　数：230千字
版　　次：2022年10月　第1版
印　　次：2022年10月　第1次
书　　号：ISBN 978-7-5768-0205-4
定　　价：88.00元

前　言

　　注册会计师审计制度是市场经济体制中的重要中介制度，具有维护资本市场中资本商品交易秩序的重要作用。审计报告是注册会计师审计制度各方参与人员之间的重要信息媒介， 也是信息使用者的重要决策依据。在注册制改革和退市制度改革背景下，资本市场中的信息使用者需要更为丰富的决策依据，对审计报告的信息含量需求日益增多，随着注册会计师审计制度的演化，审计报告逐渐发展为标准化模式，自进入21世纪以来，金融危机的冲击使传统标准化模式的审计报告受到了诸多挑战，为满足使用者对审计报告信息含量和决策有用性日益增高的需求，国内外相关机构相继开展了审计报告改革工作，其中在审计报告中沟通关键审计事项是一项核心内容。《中国注册会计师审计准则第1054号——在审计报告中沟通关键审计事项》（全文简称关键审计事项准则）的颁布和实施旨在通过提高执行审计工作的透明度来增加审计报告的沟通价值，为财务报表预期使用者提供除审计意见以外的增量信息来提高审计报告的决策有用性。在审计报告的预期使用者中，投资者是审计报告最为直接和重要的服务对象，满足投资者的决策需求是关键审计事项准则实施的首要目的，研究关键审计事项向投资者传递了怎样的增量信息，以及关键审计事项所传递的增量信息是否对投资者的决策产生影响具有重要意义。因此，本书以国内外审计报告演化历程和关键审计事项准则实施的现状为背景，结合我国资本市场发展特点，基于投资者视角对关键审计事项在审计意见基础上的增量风险预警机制和决策有用性进行研究。

　　关键审计事项准则在我国全面实施以来，在现有研究中缺乏对投资者信息需求的深入理论分析，尚未形成完善的理论体系以解释关键审计事项在审计意见基础上实现增量风险的具体机制，同时缺乏对关键审计事项实施现状进行全样本的动态分析，也未对其信息含量与审计意见进行区分，难以得知在不同类型审计意见基础上关键审计事项的增量信息价值及决策有用性的差异。本书针对既有文献研究存在的不足，基于投资者视角构建关键审计事项在审计意见基础上具备的风险预警机制和决策有用性的理论分析框架并进行实证检验，探讨其具体作用机制。

在研究脉络上，本书首先从关键审计事项的改革需求、披露内容和实施效果等方面对现有文献进行综述，基于现有研究成果的不足寻找研究的突破口；其次，本书基于审计报告改革的脉络，对关键审计事项形成的历史沿革进行梳理，并对2016—2018年关键审计事项准则在我国颁布以来的实施现状进行统计分析；第三，本书基于马克思资本商品理论、信号传递理论和青木昌彦制度经济学理论对关键审计事项在审计意见基础上形成增量风险预警信息和投资者决策有用性的机理进行理论分析，并根据理论框架和实施现状提出研究假设；第四，采用我国新准则全面实施以来2017—2018年上市公司数据对关键审计事项在不同审计意见基础上具备的风险预警机制和决策有用性分别进行实证检验，形成以投资者视角为基础的关键审计事项实现风险预警功能和决策有用性的作用机制，并进行内生性和稳健性检验；最后，根据研究结论，提出政策建议，并根据本书研究的不足和局限对未来研究进行展望。

本书表明，关键审计事项的决策有用性在不同审计意见下产生差异，这与关键审计事项的风险预警能力在不同审计意见下存在的差异相一致，说明关键审计事项在审计意见基础上所传递的财务信息质量风险和持续经营风险能够有效满足投资者的决策需求，投资者在利用关键审计事项作出决策时，是建立在充分理解其信息含量的基础上的，表明我国资本市场投资者已经具备一定成熟度，资本市场信息传导机制具有一定有效性。本书通过实证研究分析，发现投资者对于不同审计意见和关键审计事项中风险信息的敏感度可按照重大错报风险、重大持续经营风险（持续经营不确定性）、财务信息质量风险和一般持续经营风险的顺序依次递减，相应地，不同审计意见和关键审计事项之间的信息含量和决策有用性也按照非标准无保留审计意见、带强调事项段的无保留审计意见、关键审计事项、标准无保留审计意见的顺序依次递减。因此，关键审计事项扩展了标准无保留审计意见和非标准审计意见之间的风险区间，扩展了审计报告的信息披露层次，弥补了审计意见信息含量不足的缺陷。

　　本书揭示了关键审计事项准则在我国实施初期取得的成效，进一步丰富了审计制度理论，建立了关键审计事项在审计意见基础上实现风险预警作用和决策有用性的分析框架和具体机制，有助于进一步降低上市公司和投资者之间的信息不对称，强化注册会计师审计报告的制度表征职能，弥合投资者的期望差距，对于审计报告模式的深化改革和资本市场基础制度的完善具有积极意义。

刘丁睿

2022年5月

目　　录

第1章 绪 论

1.1 研究背景与研究意义

1.1.1 研究背景

注册会计师审计制度是维护资本市场秩序的基础经济制度，审计报告是注册会计师审计制度传递信息的重要载体，是上市公司与投资者、债权人及监管机构等资本市场参与者之间的信息桥梁。在注册制改革和退市制度改革背景下，资本市场中的信息使用者需要更为丰富的决策依据，对审计报告的信息含量需求日益增多。自进入21世纪以来，在金融危机的冲击下传统标准化模式的审计报告受到了诸多质疑和挑战，为满足使用者对审计报告信息含量和决策有用性日益增高的需求，国内外相关机构相继开展了审计报告改革工作，其中在审计报告中沟通关键审计事项是一项核心举措，是审计报告模式改革的重要标志。沟通关键审计事项准则的颁布和实施旨在通过提高已执行审计工作的透明度和增加审计报告信息含量来提高审计报告的沟通价值和决策有用性。在审计报告的预期使用者中，投资者是审计报告最为直接和重要的服务对象，因此，研究关键审计事项在审计意见的基础上向投资者传递了怎样的风险信息，以及关键审计事项所传递的信息是否对投资者的决策产生作用，是评价审计报告职能是否真正得到改善和本次准则实施是否实现审计报告模式改革初衷的重要依据，具有理论和现实意义。因此，本书基于关键审计事项准则实施的制度背景和实施现状，结合我国资本市场发展特点，基于投资者视角对于关键审计事项的风险预警机制和决策有用性进行研究。

随着注册会计师审计制度的出现和发展，逐渐形成了标准化模式的审计报告。标准化审计报告的优点在于通过出具标准化的审计意见向投资者发送了简洁而明确的校正价格信号，使注册会计师审计制度富有效率且易于理解（韩丽荣和谢丛梅，2006）。然而随着资本市场的不断发展，资本商品交易环境发生变化，标准化审计报告的弊端也逐渐显现，对于标准化审计报告的批评不绝于耳。早在1978年美国审计责任委员会（Commission on Auditors' Responsibility，CAR）在科恩报告（Cohen，1978）中分析指出，标准化审计意见削弱了审计报告的信号作用，不利于吸引使用者的注意力，无法向使用者传达出足够的信息，降低了审计报告的沟通价值，是造成审计期望差距的重要原因。有学者指出，审计报告应当突破"通过——不通过"的二分法模式并提供更多的信息（Geiger，1994）。此后随着资本市场的发展和金融危机的发生，信息使用者对标准审计报告的不满愈演愈烈，这不仅动摇了社会公众对于注册会计师审计制度的信心，也在一定程度上增加了注册会计师的诉讼风险，对于传统标准化审计报告模式的改革迫在眉睫。

在资本市场各方参与者的推动下，新一轮审计报告模式改革工作在国际范围内逐渐展开。英国财务报告理事会（Financial Reporting Council，FRC）分别于2007年和2011年发布题为《审计报告：改变的时刻？》和《有效的公司管理：加强公司报告和审计》的文章，率先开始了对审计报告模式改革的讨论。2011年，国际审计与鉴证准则理事会（The International Auditing and Assurance Standards Board，IAASB）发布了题为《提高审计报告的价值：探索变革的方案》的征求意见稿，正式拉开了本轮审计报告改革的序幕。同年，美国公众公司会计监督委员会（Public Company Accounting Oversight Board，PCAOB）发布了第34号概念公告，同步开展了准则改革工作。经过了一系列的调查、研究、反馈和草案修订工作，英国FRC于2012年9月发布ISA700号准则，欧盟于2014年发布537/2014号规章，国际审计与鉴证准则理事会于2015年正式发布ISA701等准则，美国PCAOB于2017年6月1日正式实施修订后的审计报告准则，自此各国家和地区陆续完成了本轮审计报告模式改革工作，在最新颁布的审计报告准则当中，以"关键审计事项"的方式披露审计师在审计过程当中识别出的各项重要风险是本轮准则修订的核心内容和重大突破。

我国的审计准则修订步伐与国际基本趋同，于2015年开始开展此轮准则修订，并于2016年正式颁布《中国注册会计师审计准则1504号——在审计报告中沟通关键事项》，自2017年1月1日开始分批执行，准则中明确指出，关键审计事项是指审计师根据职业判断认为对本期财务报表审计最为重要的事项，关键审计事项是从审计师与治理层沟通过的事项中选取，这些事项可能包括评估的重大错报风险较高的领域或识别出的特别风险、涉及管理层判断的重大不确定性事项和重大审计判断、当期重大交易或事项对审计的影响。我国本次准则修订旨在通过引进关键审计事项部分，弥补传统审计报告模式的缺陷，提高审计工作的透明度和审计报告对信息使用者的沟通价值，使相关信息使用者了解与被审计单位和财务报表审计更为相关和决策有用的信息。在审计报告中沟通关键审计事项，是审计报告模式转变的重要里程碑，对于改善我国资本市场投资环境和维护资本市场交易秩序具有重要意义和深远影响。

虽然本次关键审计事项准则颁布实施的时间尚短，但已经在国际范围内对审计师、上市公司和投资者等资本市场参与者造成广泛影响，引起了学术界和职业界的热烈反响和激烈讨论，现阶段研究已初步形成较为丰富的成果。但是，对于新准则实施初期成效的研究结论莫衷一是，具有较大争议性，同时在实证研究中多聚焦于关键审计事项准则实施后的政策效应，而较少关注关键审计事项内容本身所具有的信息含量及其产生的影响。在关键审计事项对投资者决策有用性方面的研究中，现有成果亦存在一些缺陷和不足：第一，缺乏系统的审计理论解释投资者究竟需要何种决策信息，传统标准化审计报告究竟因何产生决策相关性不足和期望差距的现象，以及关键审计事项如何在传统审计报告基础上满足投资者决策需求；第二，现有研究大多将关键审计事项的信息内容和投资者决策效应分开研究，难以将来自不同样本的数据和分析方法的结果进行整合，并未分析出关键审计事项从传递信息内容到为投资者决策所用的完整作用机制，从而得出具有一致性的结论；第三，现有研究并未将关键审计事项与审计意见的信息含量区别开来，难以体现关键审计事项在审计意见基础上的增量风险预警能力。如某医药公司在2017年度审计报告中被出具标准无保留审计意见，同时审计师将销售收入和存货可变现净值确认为关键审计事项，而在2018年因涉嫌信息违规披露被证监会立案调查，此后证实在2018年度之前的收入成本等方面存在造假的情形，由此可见，2017年度审计意见并未充分披露历史会计信息质量较低的财务信息质量风险，而相应风险在关键审计事项中得以体现。现有研究中缺乏强调关键审计事项在审计意见基础上的增量风险披露能力，或是在实证研究中聚焦在标准无保留审计意见下关键审计事项的影响作用，难以比较不同类型审计意见和关键审计事项信息含量的区别和优先级，难以清晰界定审计报告中各部分信息的信号作用；第四，由于资本市场背景、研究对象、数据样本和研究方法等存在差异，研究结论存在较大争议性，甚至不乏完全对立的结论，难以比较国内外或不同时期的研究结论，更难以将国外的研究结论套用在我国的资本市场环境中，国外研究结果在我国的适用性尚不明确。因此，亟需丰富以我国资本市场为背景的运用最新样本数据的研究，以便于对审计报告职能的改善情况和准则实施成果进行客观评价。

关键审计事项准则在我国颁布实施以后，能否在审计意见的基础上为投资者提供风险预警信息，关键审计事项的信息能否被投资者接收并影响其决策，关键审计事项提高沟通价值和决策有用性的具体机理是什么，关键审计事项对于注册会计师审计报告的进一步改革和审计制度的发展有哪些深远影响，就目前研究成果来看，还难以形成具有信服力和一致性的研究结论，因此，本书在前人研究的基础上，基于资本市场投资者视角，结合我国资本市场和注册会计师审计制度的特点和现状，以我国新准则全面实施以来的数据作为样本，对关键审计事项的增量风险披露机制和实现决策有用性的机理进行探索，进一步拓展和挖掘关键审计事项准则和注册会计师审计报告变革的深远影响。

1.1.2　研究意义

1. 理论意义

首先，本书深化了审计需求理论。本书运用马克思资本商品理论分析了资本商品的本质属性和增值规律，并分析了资本市场投资者在交易资本商品过程当中的决策信息需求，对投资者在决策过程中需要参考的风险信息进行多维度和多层次划分，通过与传统审计报告信息含量对照，明确标准化审计报告难以满足投资者信息需求的症结所在，为明确关键审计事项实现沟通价值的具体作用机制奠定了理论基础，也为后续研究中对关键审计事项和审计意见信息含量的进一步甄别和丰富提供了理论依据。

第二，本书拓展了注册会计师审计制度理论。注册会计师审计制度是资本市场中参与者策略互动内生的经济制度，在信息不完备和不对称的资本市场中，以审计报告的简略形式传递相关信息，帮助参与者节约决策所需的信息加工成本，弥补市场不足（青木昌彦，2001）。在注册会计师审计制度中，审计报告承担了制度表征职能（韩丽荣、谢丛梅，2006），在标准化审计报告中，这种职能主要是通过审计意见实现的，而本书则进一步说明披露关键审计事项是通过丰富原有审计报告的信息内容以提高审计报告的信号作用，强化了审计报告的制度表征职能，进而对制度参与者的博弈策略产生影响，对注册会计师审计制度理论要素进行了更深层次的理解和拓展。

第三，本书为注册会计师审计制度和资本市场经济制度的深化改革提供了理论依据。注册会计师审计制度是市场经济体制中不可缺少的重要经济监督制度，是维持资本市场交易秩序的重要信息中介，注册会计师审计报告的沟通价值是注册会计师审计制度职能的直接体现。随着注册制改革和退市制度改革的不断深入，注册会计师审计报告也应不断顺应改革趋势，强化自身职能，发挥资本市场信息中介的作用，进一步避免各方利益相关者的信息不对称，保障参与者的切身利益。本书反映了审计报告现阶段改革的初步成果，指出了目前存在的问题和不足，为明确注册会计师审计报告的进一步改革方向提供了依据，为注册会计师审计制度和资本市场相关经济制度的进一步改革奠定了理论基础。

2. 现实意义

审计报告是资本市场中的重要信息载体，关键审计事项是在审计意见基础上的重要额外披露内容，有助于进一步满足使用者对审计报告的信息需求。本书主要针对关键审计事项的风险预警能力和决策有用性的研究结果，对资本市场上各方参与主体都具有一定的现实意义。

第一，提高注册会计师审计报告沟通价值和决策有用性。在传统模式审计报告中，投资者无法在众多相同类型审计意见中进一步区分影响未来投资收益的风险信息，难以进行有效的投资决策，难以避免投资失败，因此对审计报告的沟通价值存在质疑。本书通过对关键审计事项增量信息价值的研究，细化分解审计意见和关键审计事项的风险披露层次，对审计意见和关键审计事项的决策有用性进行鉴别和区分，将二者决策有用性的优先级进行进一步明确，建立了关键审计事项通过提高审计工作透明度、增量披露相关风险进而加强审计报告沟通能力的实现机制，对现阶段准则实施成果中的成效和不足进行了较为客观的分析，表明在不同类型审计意见下，关键审计事项的增量风险披露能力和决策有用性存在差异，为注册会计师审计报告模式的深入改革提供了经验性证据，本书研究结果对提高审计质量和进一步弥合期望差距具有现实意义，对注册会计师审计制度的健康发展具有促进作用。

第二，完善投资者决策机制，保护投资者利益。本书基于投资者视角，以满足投资者决策需求为研究出发点，研究关键审计事项从风险披露到投资决策的信息传递机制，帮助投资者在审计意见的基础上进一步甄别不同程度的财务信息质量风险和持续经营风险信息，从多维度、多层次满足投资者信息需求，帮助投资者深入了解注册会计师审计工作、了解公司特异性的风险信息、合理评价投资标的公司的真实经营状况，从而形成对于未来收益的合理预期，降低投资风险。本书研究结果丰富了投资者的决策依据，有助于投资者优化投资策略并降低投资风险，增强投资者对注册会计师审计制度的信心和信赖程度。

第三，对其他信息使用者进行相关决策具有借鉴意义。本书的研究细化了关键审计事项的风险披露层次，区分了审计报告中审计意见和关键审计事项的信息含量和优先级别，使财务信息从上市公司到相关使用者的传递内容更加层次分明，这不但对于投资者具有重要意义，也对于信息传递路径中从初始发出者到终端的各方接收者均具有重要意义。对于上市公司而言，对其会计政策的选用和相关重大业务的处理具有约束和规范作用，同时为债权人、分析师和其他信息使用者做出相关决策提供更为充分翔实的依据，有助于保障上市公司各方利益关系人的权益，有助于进一步实现资本市场中资源的优化配置。

第四，对健全资本市场信息披露机制和优化资本市场投资环境具有重要意义。我国正在大力推进注册制改革和退市制度改革，中国共产党第十九次全国代表大会提出着力加快建设实体经济、科技创新、现代金融、人力资源协同发展的产业体系。将现代金融归入产业体系中的一部分，强调了现代金融和资本市场与实体经济的不可分割性和联合互动性，强调了发展多层次资本市场的需求。随着中国资本市场的不断发展和对外开放，建设健全的资本市场体制和市场秩序是金融体制改革的重中之重，也是提高我国资本市场防范风险能力和国际竞争力的重要保证。与我国实体经济的发展相比，我国资本市场的发展尚未成熟，资本商品的交易是不平衡和不充分的，这种不平衡和不充分与资本市场中信息传导路径不畅密切相关，本书通过研究注册会计师审计报告的最新改革成果，深入理解资本市场中的信息传递机制，进一步缓解了资本市场中信息不对称的问题，对防范资本市场系统风险和维持资本市场秩序具有重要意义。

综上，本书通过研究关键审计事项在审计意见基础上具备增量风险预警能力和决策有用性的实现机制，明确了关键审计事项在传统模式审计报告基础上实现的突破和改进之处，从理论分析和实证研究方面丰富了现阶段审计报告改革的研究成果，对保护资本市场投资者利益、深化注册会计师审计制度改革和完善资本市场基础经济制度建设均具有重要的理论和现实意义。

1.2 研究目的与研究方法

1.2.1 研究目的

本书主要研究目的是检验关键审计事项是否在传统模式审计报告的基础上具备增量风险预警能力及决策有用性，并通过理论分析和实证研究明确具体实现机制，以提升注册会计师审计报告的沟通价值，强化注册会计师审计报告的制度表征职能，助力注册会计师审计制度的深化改革。具体而言，本书研究目的由以下三部分构成。

1. 根据资本商品本质属性明确投资者决策信息需求和关键审计事项产生增量风险预警信息的作用机理

资本市场上的投资者交易的是资本商品，资本商品交易依赖于对未来收益和风险的判断。马克思指出，资本商品的市场价值会随着它们有权索取的收益的大小和可靠程度而发生变化。因而，投资者需要的信息是面向未来的有关资本商品是否能够增值的收益和风险信息。在投资者可获得信息的各种渠道中，经审计的上市公司的财务信息是一种主要的信息来源，但是，当投资者由于专业限制无法对具体财务信息进行全面深入的了解时，则需要注册会计师审计报告对相关风险进行提示，辅助进行投资决策。传统模式的审计报告通过出具少数非标准审计意见对重大错报风险或重大持续经营风险进行揭示，而对于大多数标准无保留审计意见而言，无法揭示财务信息质量和持续经营风险的高低，难以满足投资者决策需求。在现有的文献当中，缺乏从投资者决策需求角度出发对关键审计事项的理论分析，尚未形成关键审计事项具备增量信息价值的理论分析框架，因此本书的首要研究目的是在分析投资者决策信息需求的基础上，明确关键审计事项实现信息增量价值的作用机制，形成理论分析框架，为实证研究奠定理论基础。

2. 分析关键审计事项在审计意见基础上的风险预警机制

在标准化审计报告模式下，审计意见是审计报告信息含量的集中点，是投资者进行决策的最主要依据，但是审计意见的笼统分类，将审计结论划分为"通过/不通过"的形式，使审计报告信息含量受到局限，尤其是在标准无保留审计意见中，因其千篇一律的格式化表达而几乎不具备风险披露能力。关键审计事项通过披露审计师在审计过程中识别出的多种风险，对审计意见进行了进一步补充，为投资者展现了更广阔的视角。因此，本书在对关键审计事项披露内容和实施现状进行分析的基础上，通过理论分析和实证研究探讨关键审计事项能否在不同类型审计意见的基础上披露增量的财务信息质量风险与持续经营风险信息，从而将关键审计事项与审计意见的风险披露层次进行区分，明确注册会计师审计报告中各部分内容的信息含量，明确关键审计事项所提供增量信息的具体机制。

3. 基于信息使用者视角检验不同审计意见下关键审计事项的决策有用性

投资者是审计报告最为广泛的使用者，关键审计事项是否对投资者具有决策有用性，是评价本次审计报告改革成果的重要依据。因此，本书对关键审计事项能否为投资者决策行为产生影响进行理论分析和实证检验，检验在不同类型的审计意见下，关键审计事项所揭示的风险信息是否会体现在股票价格中，即投资者是否会接收关键审计事项所揭示的风险信息，并据此调整其投资策略。同时，本书进一步研究在标准无保留审计意见下，事务所声誉和机构投资者持股是否对关键审计事项的决策效应产生调节作用。本书通过明确投资者利用审计意见和关键审计事项进行决策的行为机制，区分审计意见和关键审计事项信号作用的差异，为投资者优化投资策略和改善资源配置提供参考依据，为关键审计事项准则的进一步实施和注册会计师审计制度的深入改革提供经验性证据。

在实现以上研究目的的基础上，本书将根据整体研究结果探寻关键审计事项在不同审计意见的基础上实现增量信息价值和决策有用性的路径，深入探讨关键审计事项对于注册会计师审计制度和资本市场环境建设的深远影响，对于现阶段研究成果的不足之处进行反思，并探索未来研究的方向。

1.2.2　研究方法

本书根据研究目的，首先，基于现有文献和理论分析，对注册会计师审计报告的演化历程进行了梳理，分析了影响注册会计师审计制度和审计报告改革的内生和外生作用因素，以及关键审计事项准则颁布的制度动因，并对关键审计事项实现增量信息价值和决策有用性的理论基础进行分析；其次，系统化总结和概括关键审计事项准则的实施现状，归纳改进后的审计报告中关键审计事项的风险集中披露领域，量化分析改进后的审计报告的信息含量；最后，在实施现状和理论分析的基础上，通过实证研究检验关键审计事项在审计意见的基础上对投资者决策产生的影响，评价其决策有用性。本书综合运用以下三种方法对其进行研究。

1. 历史文献档案研究法

我国的审计准则制定在与国际趋同的同时也紧密结合我国实际国情，因此在文献研究方面，既要对国际审计准则发展脉络有着准确的理解和把握，又需要深刻了解我国资本市场和注册会计师审计制度发展的机理和现状。本书通过对以往国内外研究成果的归纳和解读，把握研究方向、理清研究脉络、梳理研究思路、开拓研究视角，归纳既有研究的缺陷和不足，寻找进一步研究的突破点和创新点。由于注册会计师审计报告模式的改革历程受到制度环境变化和自身改革需求的双重影响，因此在比较梳理国内外文献的同时，首先对审计报告模式改革的需求相关论点进行全面深入的分析和总结，继而对新审计准则在国内外的初步实施效果进行汇总分析，总结新审计准则实施对投资者及其他利益关系人的影响，结合我国资本市场特点和研究现状寻找研究突破口。现有文献可以指导未来研究的趋势，也可以在研究方法和研究设计等方面为本书的研究思路提供重要参照，使本书研究成果更为丰富。

2. 数理统计分析法

本书基于投资者视角，分析关键审计事项准则的实施效果，关键审计事项的披露是上市公司和注册会计师审计共同作用的结果，其沟通内容受到上市公司经营特征和审计师职业判断的双重影响。因此本书在分析实施现状时，将上市公司的行业因素、主营业务特征、会计师事务所规模、会计师事务所特征等因素纳入考量范围，以分析沟通关键审计事项反映出的相关特征，分析沟通关键审计事项与经营特征联系的紧密程度和风险披露的相关性，为进一步检验沟通价值提供可以相互印证的分析依据；同时对新审计准则在我国全面实施两年以来披露的关键审计事项按照披露内容和披露数量进行总结归纳，分析在不同审计意见下的披露特征，在客观评价实施现状的同时，探索投资者了解关键审计事项的有效视角，并为进一步的模型研究和实证检验提供分析依据。

3. 假设检验实证分析法

数理统计方法能够客观展示关键审计事项准则的实施现状，但是不足以成为评价实施效果的充分证据，也无法客观衡量其沟通价值和投资者决策有用性，因此，本书进一步构建回归模型进行实证检验。在数据选取方面，本书选取全面正式实施关键审计事项准则之后的年度数据，即选取2017年和2018年的上市公司为研究样本，手工收集两年以来的关键审计事项披露数据，包括披露数量、披露篇幅、应对措施数量和应对措施篇幅等，在剔除缺失数据之后对所有连续性变量进行Winsorize处理。本书实证研究分为两部分进行，第一部分通过建立回归模型检验关键审计事项对财务信息质量风险和持续经营风险的披露水平，通过不同审计意见下的分组回归，验证关键审计事项是否在审计意见的基础上具有增量沟通价值；第二部分进一步检验关键审计事项对投资者决策的影响，通过回归模型检验关键审计事项披露情况与不同审计意见下累计异常报酬率的关系，论证关键审计事项是否在审计意见的基础上具有决策有用性，并考察事务所声誉和机构投资者对关键审计事项决策效应的调节作用。在章节安排上，本书将在第四章进行理论分析和假设提出，并在第五章和第六章分别对关键审计事项的风险预警机制和决策有用性进行实证检验，构建实证模型进行分组回归，同时为了保证实证模型的有效性和研究结论的可靠性，本书分别通过更换模型和替换研究变量等方法进行稳健性检验，并通过采用工具变量的二阶段最小二乘回归方法进行内生性检验。

1.3　基本概念界定

为明晰研究内容，避免在本书中对相关概念产生混淆或误解，或因引用文献中对不同概念描述具有差异而产生认知偏差，本书在此部分对文中多处涉及的关键词进行概念界定，为下文的理论分析和实证研究奠定基础。

关键审计事项：根据《中国注册会计审计准则第1504号——在审计报告中沟通关键审计事项》中规定，关键审计事项是指注册会计师根据职业判断认为对本期财务报表审计最为重要的事项，这些事项应从注册会计师与治理层沟通过的事项中选取。关键审计事项主要来源于以下几个方面：评估重大错报风险较高的领域或识别出的特别风险；涉及重大管理层判断领域及相关审计判断；本期重大交易事项对审计的影响。该部分位于审计意见段之后，是在不改变原有审计意见基础上的额外披露内容。关键审计事项的披露内容包括关键审计事项名称、具体事项描述（包括被认定为关键审计事项的原因），以及针对该事项采取的具体应对措施。在本书中，以讨论关键审计事项内容为主，讨论相应应对措施为辅。

增量风险信息：增量信息是指相对于原有审计报告传递的信息而言，关键审计事项能够增加传达的信息。传统审计报告主要通过无保留审计意见、保留意见、否定意见和无法表示意见等四种类型审计意见传递信息，主要传达了被审计单位的财务报告是否存在重大错报风险或者存在重大持续经营不确定性等信息，审计意见的信息含量是二元性的，即"通过"或"不通过"，而不能够反映相关风险的程度。改革后的审计报告在原有审计意见类型的基础上增加了披露关键审计事项，这些增加的关键审计事项在审计意见的基础上传达了财务报表的风险信息及风险程度，包括财务信息质量风险和持续经营风险信息。因此，本书的增量风险信息就是指财务信息质量风险和持续经营风险信息。与增量风险信息相关的一个概念是信息含量，本书所指的信息含量是指审计报告传达的所有信息，包括审计意见具有的原有信息和关键审计事项提供的增量信息。本书的信息含量并不是指信息产生的效果或信息发出后的市场反应，而是审计报告本身传达的信息。关键审计事项作为审计过程中风险识别的体现，是对于审计结论风险披露体系的扩展，本书主要研究关键审计事项在审计意见基础上进一步丰富风险披露内容和层次的能力，考察关键审计事项在不同审计意见类型基础上对于不同程度的财务信息质量风险和持续经营风险的揭示能力。

决策有用性：决策有用性是指审计报告中传达的信息对投资者决策产生的影响。审计报告的使用者广泛存在于资本市场中，包括个体投资者、机构投资者、监管机构、证券分析师和其他信息中介机构，这些信息使用者均需要利用审计报告中的信息进行相关决策。就关键审计事项而言，其主要服务对象是资本市场中的投资者，投资者对于审计报告信息的需求是推动审计报告改革的主要动力，关键审计事项是否对投资者具有决策有用性是判定新准则实施效果和审计报告制度改革成果的最主要衡量依据，鉴于此，本书基于投资者视角进行分析，主要讨论关键审计事项对投资者决策产生的影响，因此书中提及的决策有用性概念主要是针对投资者的决策有用性。

1.4 研究内容与研究框架

本书以资本市场制度改革为背景，从财务信息使用者角度出发，探讨关键审计事项是否能够在审计意见的基础上具备增量风险预警能力和决策有用性，验证注册会计师审计报告模式的改革是否进一步满足了投资者的决策信息需求，审视注册会计师审计报告模式改革的成果和不足，探索未来审计报告模式和注册会计师审计制度的改革方向。为了更好地完成研究目标，本书首先对国内外关键审计事项相关研究成果进行梳理，分析现有研究存在的不足和需要改进的空间；其次运用马克思资本商品理论和青木昌彦制度经济学等理论对投资者需求和注册会计师审计制度要素进行分析，形成研究基础和研究思路；最后基于对关键审计事项准则实施的现状，根据研究思路建立实证模型，利用上市公司数据完成检验。本书力求通过研究丰富相关研究成果，提高注册会计师审计报告的沟通能力和信息价值，加强投资者对注册会计师审计报告的理解，为投资者、注册会计师和准则制定者在优化投资决策、提高审计质量和改进审计准则等方面提供经验证据。

具体而言，本书各章节研究内容安排如下：

第一部分为全文绪论。首先介绍了本书研究背景和研究意义，概述了目前研究存在的问题及本书的研究思路，系统阐释了本书研究的理论和实践意义，突出了本书研究价值；其次论述研究目的和研究方法，研究目的为检验在投资者视角下关键审计事项的风险预警机制和决策有用性，并对研究方法进行概括性叙述，为下文的理论分析和实证检验提供思路；最后对本书研究内容和研究框架以及研究创新进行论述。

第二部分为文献综述。本书综述整体分为审计报告模式改革需求、关键审计事项披露内容、关键审计事项准则实施对投资者及其他利益关系人的影响等部分，在审计报告模式改革部分按照时间脉络对关键审计事项准则从提出到颁布过程当中的学术论点进行文献梳理，深入理解关键审计事项准则形成的历史原因和必然性；在新审计准则披露内容综述部分首先对国内外关键审计事项具体披露信息内容进行梳理和总结，比较国内外新审计准则现状的不同，客观评价现阶段研究成果的不足和可借鉴之处；接下来从投资者、审计师、上市公司治理层和其他利益关系人等不同研究对象角度出发，按照研究方法和研究结论分别梳理关键审计事项对信息使用者和利益关系人产生的影响，在总结现有研究成果的基础上引出本书研究的切入点。

第三部分为关键审计事项准则形成的历史沿革和实施现状分析。首先对注册会计师审计报告整体的历史变革历程进行梳理，以明晰标准化审计报告结构和内容的形成脉络，以及审计报告各部分具体信息含量和不足之处；其次分析在既有审计报告基础上沟通关键审计事项披露的具体含义和内容，以及相对于标准化审计报告而言产生的变化和相对于标准化报告既有内容的区别和联系；最后对关键审计事项准则的实施现状进行了梳理和总结，分别从披露结构、披露内容、行业特征、事务所特征和审计意见类型等方面进行了细化分析，对于该准则正式实施3年内的数据进行了横纵向比对和数理统计分析，阐述了该准则的初步实施效果和具体沟通内容，为后续研究提供了现实基础。

第四部分为对关键审计事项风险预警机制和决策有用性的理论分析和相关假设的提出。首先通过马克思资本商品理论、信号传递理论、制度经济学理论分析了关键审计事项具备增量信息价值的理论基础。关键审计事项通过披露审计师在审计过程中识别出的相关风险，使信息从上市公司到投资者的传递路径更为清晰，降低了上市公司和投资者之间的信息不对称。同时注册会计师审计制度各项要素的协同变化对各方制度参与者的博弈策略产生的影响，尤其是投资者的投资策略，其实现信息增量价值的根本原因在于通过信息披露满足投资者交易资本商品所需要的决策信息需求，增加了风险披露维度，在审计意见基础上对财务信息质量风险和持续经营风险信息进行了增量披露，符合资本商品交易的信息决策本质；其次，在理论分析的基础上，本书对关键审计事项的增量信息价值提出研究假设，分别对不同审计意见下关键审计事项实现增量信息价值的可能性进行了分析，以便在后续实证检验中将关键审计事项与审计意见的信息含量进行进一步区分，明确关键审计事项在不同审计意见基础上的增量信息价值；最后，对关键审计事项发挥决策有用性的机理进行分析并提出研究假设，分别对在标准审计意见、带有强调事项段的无保留审计意见和非无保留审计意见下的可能实现决策有用性的机制进行分析，为下文实证检验提供基础。

第五部分为对关键审计事项风险预警机制的实证检验。在本章首先研究中进行实证研究设计，构建实证研究模型，并对样本选取和变量选择进行详细说明；其次根据研究假设进行实证检验并对实证结果进行分析，结果表明在标准无保留审计意见下，关键审计事项具有增量风险披露能力，能够在既有审计结论的基础上通过关键审计事项的内容多少体现了财务信息质量风险和持续经营风险的高低，二者呈显著正相关关系，而在非标准审计意见下，关键审计事项的内容多少与以上两种风险程度无显著相关关系，关键审计事项无法在既有审计意见的基础上进一步通过内容含量揭示以上两种风险；最后通过更换研究样本和变量替换进行稳健性检验以论证研究结论的可靠性，并通过采用工具变量的两阶段最小二乘回归方法排除内生性问题。

第六部分为对关键审计事项决策有用性的实证检验。该部分首先通过模型构建市场反应指标，并分别针对关键审计事项内容、控制变量和样本数据等进行描述和分析；其次进行实证检验，在审计意见分组中与第五部分稍有区别，根据市场反应的差异将审计意见划分为标准无保留审计意见、带有强调事项段的无保留审计意见和非无保留审计意见，并分别检验在每种审计意见下关键审计事项内容对市场反应的影响。然后根据相关假设对实证结果进行分析，发现在标准无保留审计意见下，关键审计事项内容多少与市场反应呈显著负相关关系，披露的关键审计事项越多，对市场反应的负向影响越大，而在非标准审计意见下，关键审计事项数量对于市场反应并无影响，这与第五部分的研究结果一致，说明了在标准无保留审计意见下，关键审计事项具有信息含量，从而发挥决策有用性。并在进一步研究中发现，事务所声誉和机构投资者对关键审计事项在标准无保留审计意见下的决策效应不存在调节作用；最后通过变量替换和更改研究窗口期等方式进行稳健性检验，采用工具变量的两阶段最小二乘回归法通过内生性检验，以验证本部分研究结论的可靠性。

第七部分为研究结论。在该部分介绍本书主要研究结论、相关政策建议以及研究局限和未来展望。在此部分总结本书通过理论假设和实证检验得出的主要结论，即在标准无保留审计意见下，关键审计事项具有增量风险披露能力，并具有决策有用性，这种风险预警能力可以通过其信息内容含量的多少体现出来，相关风险程度与披露内容多少呈显著正相关关系，并因其具备增量信息价值而提高了对于投资者的决策有用性。通过为投资者揭示在审计过程中发现的财务信息质量风险和持续经营风险信息削弱投资者的投资意愿，起到风险警示的作用，同时，这种决策效应未受到事务所声誉和机构投资者持股的影响；而在非标准审计意见下，关键审计事项难以通过其信息含量多少体现增量风险披露价值，从而对投资者决策无法起到影响作用。本书实证结果表明关键审计事项具有优化投资策略的功能，同时审计意见和关键审计事项之间存在应用范围的不同，二者内容存在联系和区别，对于投资者而言均具有不可替代的重要作用。本书研究结果同时说明了关键审计事项准则在我国实施初期已见成效，基本实现了改革初衷，但还有诸多值得改进和深入研究的地方。本书根据研究结论分别针对监管部门、注册会计师、资本市场投资者和上市公司等方面提出政策建议。最后对本书在研究设计、样本选择和变量选取等方面存在的不足加以分析，并提出改进思路和拓展未来研究方向。

根据研究内容，本书研究思路和整体逻辑架构与研究内容相匹配，研究框架如图1.1所示。

第1章　绪论			
研究背景与研究意义	研究目的与研究方法	研究内容与研究框架	概念界定与创新点

第2章　文献综述			
改革需求与披露内容		实施效果	
审计报告改革需求	关键审计事项披露内容	对投资者影响	对其他利益关系人影响

第3章　关键审计事项准则的历史沿革和实施现状			
关键审计事项准则的历史沿革		关键审计事项准则的实施现状	
审计报告的演变历程	关键审计事项的形成	披露结构与内容特征	行业、事务所及审计意见特征

第4章　理论分析与假设提出				
理论分析			假设提出	
马克思资本商品理论	制度经济学理论	信号传递理论	关键审计事项的风险预警能力假设	关键审计事项的决策有用性假设

第5章　关键审计事项风险预警机制的实证检验		
实证研究设计	结果分析	内生性和稳健性检验

第6章　关键审计事项投资者决策有用性的实证检验		
实证研究设计	结果分析与进一步研究	内生性和稳健性检验

第7章　研究结论		
主要研究结论	政策建议	研究局限和未来展望

图1.1　本书研究框架结构图

1.5 本书创新点

本书通过对目前研究趋势的分析和思考，总结现有研究的缺陷和不足，形成具有特色的研究思路和研究方法。总体而言，本书基于投资者视角，以我国资本市场和注册会计师审计制度为背景，探讨了关键审计事项在审计意见的基础上所具备的增量风险披露信息和投资者决策有用性。在理论基础方面，结合了马克思资本商品理论、信号传递理论和青木昌彦制度经济学理论等观点，对关键审计事项满足投资者需求和提高审计报告决策有用性的实现机理进行了深入分析。同时，在实证研究中检验了关键审计事项在审计意见基础上的增量信息和决策有用性，加深了投资者对审计结论的理解，进一步强化了审计报告的信号作用。具体来说，本书相对于现有文献主要在以下几个方面进行了一定程度的拓展和创新。

1. 根据资本商品本质属性将投资者决策需求风险信息划分为财务信息质量风险和持续经营风险，明确关键审计事项产生增量信息价值的理论基础。

传统模式审计报告因其信息含量有限而导致投资者存在诸多不满，尤其是随着资本商品交易活动的复杂化，投资失败的情况屡屡发生，令投资者对传统模式审计报告的不满愈演愈烈。但现有研究中大多是通过降低投资者的不合理期望和强调审计责任等方式改善这种状况，并未对投资者的决策信息需求本质进行深入分析，因而无法从根本上满足投资者信息需求、降低期望差距和改善审计报告信息披露的功能。本书认为，研究审计报告信息不足的问题首先应从需求者的需求动机出发，然后再从审计师的供给方面探索提升审计报告沟通价值的途径。因此，本书基于投资者视角，根据投资者的需求动机寻求改善审计报告沟通功能的有效方式。投资者在资本市场中交易的标的物为资本商品，资本商品的特殊属性决定了投资者的需求动机，在资本市场中交易的股票等资本商品的定价方式与一般商品不同，他们的价值并不完全由现有价值决定，而是根据未来价值决定，如何衡量未来价值是投资者最为关心的。因此本书基于资本商品特征分析出投资者对注册会计师审计报告信息具有双重需求，一方面投资者需要审计师合理保证历史会计信息的公允可靠，揭示财务信息质量风险；另一方面投资者需要对未来投资收益的安全性和保障性进行判定，充分了解企业潜在的持续经营风险。而传统标准化审计报告在这两类风险的披露程度上均存在不足，在审计意见风险披露能力存在局限的情况下，投资者需要借由关键审计事项实现不同程度的风险预警功能，从而保障投资安全，优化投资策略。分析投资者的决策信息需求为本书进一步分析关键审计事项的信息增量和决策有用性提供了理论基础，基于马克思资本商品理论解释审计需求和关键审计事项的信息含量是本书的理论创新和角度新颖之处。

2. 明确关键审计事项在不同审计意见基础上的风险预警机制，将关键审计事项的信息含量与审计意见进行区分与联系。

在新审计准则实施后对于关键审计事项的研究中，鲜有将其信息含量与审计意见进行区分，难以体现关键审计事项在审计意见基础上的增量信息，容易使信息使用者出现混淆。财务会计信息以上市公司为起点，经过审计师的鉴证工作最后传递至投资者，在传统审计报告模式下，投资者主要通过审计结论获知风险信息，而无法了解具体的审计过程，关键审计事项通过披露审计师在工作过程中识别出的风险信息进一步打通了信息传递路径。在标准化审计模式下，审计意见是审计报告信息含量的主要体现，在审计意见相同的情况下，使用者无法对被审计单位的相关风险进行进一步了解，而关键审计事项通过审计师视角，展现了审计过程中识别出的更丰富的风险信息，而现有研究中难以体现关键审计事项信息的增量性。鉴于现有研究存在的不足，本书根据投资者的决策信息需求研究关键审计事项的风险警示机制，研究关键审计事项在审计意见基础上进一步揭示不同程度财务信息质量风险和持续经营风险的能力，将关键审计事项的风险披露能力与审计意见进行区分和联系。探索关键审计事项在不同审计意见基础上的增量信息价值，并构成优化投资策略的信息基础，是本书研究思路的创新点。

3. 明确关键审计事项在不同审计意见基础上对投资者决策的影响，将关键审计事项的决策有用性与审计意见进行区分和联系。

在标准化审计报告中，审计意见是审计报告信息含量的主要载体，现有文献已经发现审计意见的出具会产生不同的市场反应，具有不同程度的决策有用性。标准无保留审计意见往往被视为一种利好信号，而非标准审计意见则往往被视为负面信号，关键审计事项作为不改变既有审计意见基础上的增量披露内容，将其对投资者决策的影响与审计意见区分开来十分重要，否则将会影响投资者判断，甚至令投资者产生误解。在现有文献中，多通过审计报告整体信息含量对投资者的影响验证准则实施前后的市场反应差异，研究结果多体现关键审计事项准则的政策效应，而难以体现关键审计事项自身信息含量的价值。另有一部分研究聚焦于在单一标准无保留审计意见下关键审计事项的影响作用，难以比较不同种类审计意见和关键审计事项决策有用性的区别，容易混淆审计报告的信号作用。因此，本书的创新之处在于明确在不同类型审计意见下关键审计事项内容本身对于投资者决策有用性的影响，将审计意见和关键审计事项的决策有用性进行区分，明晰投资者对不同种类审计意见和关键审计事项信息敏感度的差异。本书通过建立分组回归模型检验关键审计事项在不同审计意见基础上对投资者决策有用性的影响，发现关键审计事项在标准无保留审计意见基础上能够产生负向市场反应，说明关键审计事项所披露的风险信息能够被投资者所接受，并成为投资者决策的有效依据，而在非标准审计意见下，关键审计事项不会产生相应的市场反应，不具备决策有用性。本书相关结论进一步解释了关键审计事项实现信息增量价值和优化投资策略的具体作用机制，对关键审计事项准则的进一步完善具有一定借鉴意义。

4. 明确事务所声誉和机构投资者持股对关键审计事项决策效应的影响。

投资者的决策信息获取渠道是多元的，在参考关键审计事项进行投资决策时，也不免受到其他信息监督机制的影响，而现有研究中并未对关键审计事项决策效应的调节作用因子进行充分阐释。从本书对我国新审计准则实施现状的分析来看，关键审计事项内容的披露具有一定的事务所特征，其披露内容侧重点和结构特征在不同类型的会计师事务所之间存在一定差异，并且在前人研究中也验证了投资者对事务所品牌具有一定信赖效应。因此本书进一步研究在标准无保留审计意见下，事务所声誉是否对关键审计事项内容产生的决策效应产生影响。同时，机构投资者持股往往被视为一种缓解资本市场信息不对称的有效机制，甚至能够发挥一定治理监督作用。因此本书进一步探讨机构投资者持股现象是否能够帮助投资者消除关键审计事项披露风险带来的投资疑虑。本书研究结果发现，事务所声誉与机构投资者持股对关键审计事项的决策效应均无调节作用，不会影响关键审计事项的风险信号预警功能，说明关键审计事项向投资者传递的增量风险信息具有针对性和独立性，不受到事务所声誉和机构投资者等信息监督机制的影响。研究其他因素对关键审计事项决策有用性的调节作用，也是本书研究视角的新颖之处。

第2章　文献综述

审计报告模式改革是注册会计师审计制度顺应资本市场制度发展趋势和满足制度参与者信息需求的重要举措，具有历史必然性和深远意义。关键审计事项准则的颁布和实施是本次注册会计师审计报告模式改革的核心内容，因此在关键事项审计准则从形成到实施的过程中均受到国内外学者的广泛关注，形成了不少探索性的初步研究成果，这些成果围绕着该准则实施的背景及影响展开，探讨了该准则对审计师、投资者和监管者等资本市场参与者的影响。如Mock（2013）对国际、美国和英国相关准则征求意见稿时期的投资者反馈作出了初步总结。Bédard等（2016）基于准则制定者视角对各方利益相关者对准则变动的不同反应与弥合期望差距之间的关系进行了汇总分析。Velte和Issa（2019）以代理理论为研究框架总结了关键审计事项对股票投资者、债权人、外部审计师和董事会成员等的影响。然而由于该准则在国内外刚刚开始实施，制度背景各异，数据尚不充足，研究方法各式各样，结论莫衷一是，对于理论方面和实证方面均缺乏系统、深入和全面的研究和总结，大部分文章往往受到研究对象、制度环境和研究方法的局限，将重点关注在某一方面，彼此研究成果相对独立且难以比较。在我国现有文献中，也缺乏综合对审计报告改革脉络、研究内容、研究方法、研究结论和研究区域的多线索梳理，因此本书在文献回顾与评述时运用多重线索，对相关研究成果进行梳理和总结，系统评述既有研究的成果和局限，进一步明晰本书研究路径和研究创新。具体来说，本书以审计报告改革需求、关键审计事项披露内容、关键审计事项对投资者及其他利益相关者的影响为脉络，对关键审计事项准则从征求意见稿到正式颁布以来实务界和学术界的意见和论点进行文献梳理，在对投资者影响部分，分别从决策相关和决策无关双重视角进行梳理，在对其他利益相关者影响方面，分别梳理对审计师、上市公司治理层以及其他利益相关人的影响。

2.1 审计报告模式改革的需求

随着资本市场的形成和发展，注册会计师审计制度应运而生，并随着审计目标、审计方法和制度参与者博弈规则的发展逐渐形成标准化审计报告。在传统标准化审计报告形成的过程当中，即便对报告模式不断进行规范，但一直难以从根本上解决信息含量不足的问题（Geiger，1995；Church，2008）。早在20世纪，科恩报告曾对传统审计报告的改革进行了初步探讨，并提出了前瞻性建议，如提高个性化信息，避免格式化的审计结论（Cohen，1978），然而，在此后数年当中并未得以充分实施。随着21世纪以来金融危机的发生，注册会计师审计期望差距愈演愈烈，注册会计师审计报告功能性不足的问题加剧了期望差距的形成。近年来社会各界对传统标准化审计报告的批评和改革呼声渐高，在审计制度发展内在动力和外部需求的双重动力推动下，国际审计与鉴证准则理事会（International Auditing and Assurance Standards Board，IAASB）和美国公众公司会计监督委员会（Public Company Accounting Oversight Board, PCAOB）等机构陆续发布了一系列准则修订议案，讨论如何对传统审计报告模式进行修改（IAASB，2011；PCAOB，2011，2012，2013a，2013b）。此次改革是对审计报告模式的重大修订，其中在审计报告中沟通关键审计事项是本次改革的重要内容，在准则修订前后均引起了国内外学者和审计师实务界的广泛关注和热烈讨论，很多学者基于审计实践对于改革的必要性和可行性进行了诸多论述，反映出对于审计报告模式改革的迫切需求。

在议案修订时期，国外诸多学者响应PCAOB和IAASB发布的征求意见稿的号召，对标准化审计报告模式存在的不足和审计报告可改进的空间进行了探讨，Carcello（2012）、Asare和Wright（2012）及Mock 等（2013）在研究中通过调查问卷等方式从信息使用者的需求出发对这一问题进行了探讨。Carcello（2012）在对投资者和其他信息使用者的调查问卷中发现，标准化审计报告的信息含量不足造成了信息使用者的广泛不满，他们对具体审计过程非常感兴趣，同时希望审计意见的内容能够更加丰富。整体而言主要对审计报告有以下四种诉求：（1）审计师应当讨论对管理层判断的认定和估计，以及审计师如何形成这些认定；（2）审计师对于涉及高财务风险和审计风险领域的事项应当披露更多信息，并具体说明审计师是如何应对这些风险的；（3）审计师应当在报告中披露异常交易、重述和其他重大变革的事项；（4）审计师应当评估上市公司运用会计政策和相关实务的质量。Mock 等（2013）在研究中主要通过问卷调查等方式探讨两个问题：使用者究竟能从审计报告中获知哪些信息以及使用者在决策时究竟使用哪些信息？研究发现，使用者十分需要上市公司特异性信息，如会计政策的运用、风险相关信息、审计判断、审计独立性、审计过程、重要性水平以及审计保障程度，而现有的标准化审计报告并不能充分满足使用者需求。与Carcello（2012）和Mock 等（2013）对于信息含量的关注不同，Asare和Wright（2012）更加侧重于对审计报告沟通能力的关注，在问卷中分别对投资者、审计师和债权人进行了调查，从宏观和微观层面对标准化审计报告存在的固有局限性进行了分析。从宏观上，审计师和使用者对于审计责任和审计功能固有局限性的理解不尽相同；从微观上，信息使用者对审计报告中特定专业词汇的理解存在差异或不足（如重要性水平和合理保证等），这都导致了沟通差距的存在。因此，希望新的审计报告模式能够消除信息使用者的误解，使信息提供者和使用者之间更加顺畅沟通。在新准则征询意见稿阶段的调查研究能够表明使用者能够明确自身需求，对审计报告模式的改革持欢迎态度，虽然以上研究是基于审计报告整体框架改革的探讨，但是这些基础性调查研究对于关键审计事项准则的颁布具有重要的推动作用。

在对社会各界反馈的声音进行采纳和探讨之后，国际审计与鉴证准则理事会（IAASB）等机构陆续完成了此次审计准则改革，于2015年颁布了关键审计事项准则。Cordos和Fülöpa（2015）、Masdor和Shamsuddin（2018）先后在文章中以国际准则为基准对审计准则改革内容和影响进行了分析。Cordos和Fülöpa（2015）在研究中认为关键审计事项准则具有积极意义，在对IAASB（2013）征求意见稿反馈信件中的47个欧盟样本进行定量分析发现，使用者由于其自身专业知识有限而依赖于审计师的工作，而当审计师并未充分详细地解释如何形成审计结论时，使用者往往感受到不安，因此，绝大多数的使用者对于关键审计事项的披露非常欢迎。Masdor和Shamsuddin（2018）在研究中指出了该准则实施存在的缺陷和争议，认为虽然对于投资者而言，关键审计事项的披露具有增加审计工作透明度和提高使用者对审计结果的理解能力等优点，但是部分研究结果无法充分支持关键审计事项期望差距的弥合效果，同时关键审计事项准则实施对审计师也带来了巨大挑战，比如可能会增加审计师责任，导致诉讼风险增加。在修订稿阶段和实施初期的调查研究说明，不同制度参与者从自身利益出发对新审计准则的颁布实施形成了不同的观点和立场，这是打破原本博弈均衡并形成新的博弈均衡的初始信号，这一阶段的反馈声音对关键审计事项准则的全面实施具有推动作用，也为后续研究奠定了基础。

在美国发布修订议案时期，我国学者也保持高度关注，并结合我国国情提出了建设性见解。杨明增和张铭君（2013）以美国PCAOB审计报告重构计划为例，分析了本次审计报告模式改革对注册会计师审计利益相关者和我国审计界可能产生的影响，认为美国PCAOB于2011年6月发布的概念性公告符合决策有用性的信息观和决策有用性的计量观，对于审计报告有用性的提高具有重要意义，也对审计实务界、投资者和监管层等产生了积极影响。但文中也提出了各界可能面临的挑战，如审计人才的知识结构、投资者面对超载信息可能出现的决策困难，以及制定详细可行的审计准则的必要性。阚京华和周友梅（2013）在对美国标准化审计报告模式改革的分析中指出，此次变革可能对审计关系、审计委员会和审计责任产生影响，对沟通透明化是否会制造紧张气氛或扼杀沟通、是否会破坏审计委员会在公司治理中扮演的角色以及是否会增加审计责任提出疑虑。

随着国际范围内审计报告模式改革的开展和完成，我国学者在追踪相关动态的同时，对于制度背景进行了较为全面的分析，结合我国国情对审计报告模式改革和关键审计事项准则实施态势提出了具有建设性的意见和建议。柳木华等（2015）以期望差、信息差和沟通差为框架对本次国际准则的改革内容进行了综合分析，认为清晰说明职责有助于缩小期望差、引入关键审计事项有助于缩小信息差、合理调整报告结构有助于缩小沟通差，国际审计准则的一系列调整对提高审计质量和使用者对审计质量的感知具有积极作用。唐建华（2015）对本次国际审计准则变革的历史背景、主要内容和预期影响进行了梳理和分析，列举了IAASB在调查中发现的若干问题，如现行审计报告的最大缺陷是信息含量不足，投资者所需信息和可获知信息之间存在信息差距，投资者对审计过程不甚了解，并且需要若干额外披露信息。认为就关键审计事项内容而言，应当是审计师在审计过程中投入较大的、从定性或定量角度考虑影响较大的、审计师较为重视和重点核查的事项，这些事项体现了较高风险，从而引起投资者关注，具有决策相关性，有助于提高审计过程的透明度和便于信息使用者理解财务报表。在肯定关键审计事项披露意义的同时，该文也对于该准则的具体实施方面提出了一些疑虑，如审计师对这些事项描述的详细程度，投资者是否具有相应的信息解读能力，以及审计报告的固有局限性无法突破，这些都使关键审计事项是否能有效降低期望差和信息差存在不确定性。阚京华（2017）对国际审计报告准则变革的特征进行了进一步分析，认为本次改革具有如下特点：本次改革标志着审计报告模式正式向非标准化发展，改革出发点由行业保护向关注投资者需求转变，审计报告透明度由隐蔽向清晰化转变，审计报告范畴由财务报表表内向表外扩展，审计报告功能由单一向多元转变，特别强调其风险预警功能。同时还分析了此次国际审计准则变革对我国审计准则制定产生的影响，认为我国注册会计师审计行业所处的环境、社会公众认知和行业自身发展阶段与国外发达审计市场有一定的差距，因此我国在制定相关准则时应当充分考虑标准化与个性化、充分披露与信息超载、全球化与本土化的关系，以提高我国审计报告的质量，发挥出关键审计事项的重要作用。以上结合我国制度背景的分析对于新审计准则在我国的制定和颁布具有重要推动作用，同时也提醒相关制度参与者注意，在研究新审计准则在我国具体实施效果时，既要考虑到审计报告模式的共有特征，也要考虑到我国资本市场背景下存在的特有问题。

我国审计准则修订工作于2016年完成，整体步伐基本保持与国际趋同，以正式颁发《中国注册会计师审计准则1504号——在审计报告中沟通关键事项》等12项审计准则为标志完成了本次改革。罗春华等（2017）和许磊（2017）通过与国际准则的比较分析，针对我国审计准则的颁布实施进行了一系列探讨，对我国关键审计事项准则实施的制度背景进行了论述，在文中分析了我国审计准则中各类要素的主要变化，尤其是关键审计事项在审计报告中的披露内容和重要意义，对关键审计事项与其他审计结论的优先级顺序进行了探讨，并对如何在我国有效实施相关准则提出了若干对策。如在审计过程当中加入更多职业判断、提高事务所执业质量、提高审计师专业胜任能力、强化董事会有效控制机制、加强内部控制建设和审计沟通、相关部门加大监管力度和落实配套政策、提高审计报告使用者自身素质等，为我国审计准则的实施提供了一定理论依据。

闫倩玉和王学龙（2019）基于新制度经济学视角分别从需求侧和供给侧出发分析了审计报告准则改革的动因，认为就需求侧而言，审计行为主体希望获得新的利润，这种利润会随着审计环境的变化而产生，在审计主体中，审计信息使用者希望获取更多外部性信息来辅助决策，审计师希望提供有效信息来规避审计风险和减少责任承担，监管部分希望增加约束手段来降低管理难度。因此，不同主体可以从外部性克服对风险的厌恶和降低交易费用中获得潜在利润，成为审计报告从需求侧改革的动因，其他利益相关者对于信息需求和监管环境的连带作用，也为改革起到了推动作用；就供给侧而言，注册会计师审计制度作为一项正式制度，当原有制度成本大于收益时，则会导致制度变迁，就现有客观环境而言，法律环境的监管体系更加完整、相关法规更加完善、会计与审计准则与国际同步性较高，均标志着制度环境的成熟，信息技术的发展、分析方法的扩增和审计人员素质的提高均为降低制度成本提供有利条件，因此审计准则变革具备良好的客观条件和较强的供给侧动因。在新制度经济学理论框架下，当需求侧和供给侧的条件同时具备，我国审计准则改革才能够成功完成，该理论框架能够较为清晰地列示准则改革所需要的内外部动因，并能够与我国具体制度对照，针对我国制度环境特点对制度要点进行查缺补漏。现有研究在准则修订阶段的调查分析进一步明确了审计报告模式存在的问题和改革方向，对于推动改革进程和关键审计事项准则的颁布实施均具有重要意义。

2.2　关键审计事项披露的内容

在关键审计事项准则实施之后，国内外准则制定结构和职业界相继对具体披露信息内容进行了统计分析。英国财务报告委员会（FRC，2015）对英国首年披露的153份样本的披露数量和内容进行分类比对后发现，关键审计事项准则的有效性初步实现，新模式审计报告能够提供重要性水平和客户风险相关的增量信息。普华永道事务所（PWC，2017b）在报告中指出，英国披露数量前四名事项分别为存货与固定资产定价、税费确认、商誉减值和管理层越权控制；新加坡、马来西亚和香港在新审计准则实施初期披露数量前四项分别为贷款和应收账款的确认、存货和固定资产价值确认、收入确认和商誉减值（PWC，2017a，2017b，SC et al.，2018）；特许注册会计师协会（Association of Chartered Certified Accountants，ACCA，2018）在对巴西、塞浦路斯、肯尼亚、尼日利亚、阿曼、罗马尼亚、南非、阿联酋和津巴布韦各国的审计准则实施首年披露结果分析报告中得出相同结论，在560份审计报告的1321项关键审计事项中，贷款和应收账款的确认、存货和固定资产价值确认、收入确认和商誉减值这四项同样是占比最高的项目；毕马威和德勤分别对澳大利亚和瑞士的新审计准则实施首年披露内容进行分析，发现披露的前三位事项均为商誉减值、收入确认和税费（KPMG，2017；Deloitte，2017）；新西兰的外部报告委员会（External Reporting Board，XRB）和金融市场管理局（Financial Market Authority，FMA）对新西兰179家上市公司在新审计准则实施首年出具的293项关键审计事项进行了总结分析，发现最为常见的事项是由企业合并导致的商誉和无形资产减值，以及投资项目确认，其次为存货和固定资产价值确认、收入确认和生物资产账面价值的确认。以上机构的研究结论对审计准则实施的结果进行了初步肯定，认为披露的关键审计事项内容能够帮助使用者了解审计报告，增强审计师与管理层之间的沟通，督促审计师关注风险内容和进行更为谨慎的审计判断，从而有助于进一步提高审计质量（ACCA，2018；Masor，2018）。然而，也有研究结果认为关键审计事项实施初期的成果还不尽人意，SC等（2018）在报告中，通过问卷调查发现，投资者认为关键审计事项在对风险和审计程序披露上的集中度和准确度均有待提高。

自我国实施关键审计事项准则之后，不少学者对我国的初步披露内容进行了分析。针对我国准则执行首年数据，冉明东和徐耀珍（2017）、路军和张金丹（2018）分别对2016年度依照新准则发布的94家A+H股上市公司的审计报告进行了全样本分析。冉明东和徐耀珍（2017）将我国新模式审计报告与国际、英国、和美国改革后审计报告模式进行了比对分析，发现我国新审计报告的篇幅明显增加，内容上能够在一定程度上反映审计师具体的审计工作，使投资者更加清楚地了解审计过程。在事项类型中基本可以反映投资者关注的风险高发领域，如资产和商誉减值等，也可以通过关键审计事项数量和详细程度考察其信息含量，但也存在一定问题。如（1）行业间差异未能充分体现；（2）存在部分语言表述趋向标准化的问题；（3）事项选择的颗粒度差异较大，详细程度表述各异；（4）披露形式各异，难以横向比较。路军和张金丹（2018）从披露方式、数量分布、详细分类、行业特征和事务所特征等方面进行了全面分析，认为与英国审计准则实施结果相比，我国沟通关键审计事项数量偏低，国内事务所沟通数量低于国际四大所，资产类项目受到审计师最多关注，应对程序设计执行较为充分，但国际四大所和国内某些具体程序设计上存在差异，在披露质量和模式上也存在一定疑虑。以上文章是关于新审计准则实施首年情况的研究，在对于初步实施成果进行了肯定的同时指出的各项问题也对于后续准则的执行具有借鉴意义，说明关键审计事项准则的规范和执行均有较大改进空间。

在我国全面实施新审计准则之后的研究中，余中福等（2019）、屠聪和傅颀（2019）对2017年我国沪深A股上市公司发布的审计报告中的关键审计事项进行了描述统计和相关分析。较首年而言，2017财报年度的数据更为丰富，反映出的各项特征也更具有普遍意义。在余中福等（2019）的研究中，重点从行业和会计师事务所两个维度刻画了关键审计事项的分布特征。在行业特征方面，金融业、房地产业、农林牧渔业的关键审计事项数量平均值居前三位，而金融业更是远高于行业平均值，这可能与今年金融乱象频发而引起注册会计师审计关注有关，房地产业可能由于其开发周期长和成本归集复杂有关。同时受到各项调控政策的影响，排名第三的农林牧副渔业由于生物资产较难以计量，交易形式不固定，存在较大的会计处理弹性空间，审计风险较高，从而受到审计师关注；在事务所特征方面发现国内事务所对收入确认及关联方交易更加敏感，而国际四大所更加关注长期投资及合并、公允价值计量及金融工具运用等事项上。该文研究发现，关键审计事项的披露已呈现个性化趋势，具有较为明显的"马太效应"，肯定了新审计准则全面实施首年关键审计事项的信息价值，同时也从我国会计师事务所对审计市场占有率的增长上看到了新审计准则的完善和审计质量提高的迹象。屠聪和傅颀（2019）对我国2017年沪市主板公司的新审计准则施行情况进行了统计分析，从披露形式、数量和类型上进行了比对，得出与其他研究整体一致的结论。张呈等（2019）对我国2016—2017年披露样本进行了整合分析，从披露形式、披露数量、事项类型和披露内容四个维度统计分析了关键审计事项的披露情况。同时发现我国披露数量与英国相比相对较少，披露事项类型虽然分布较广，但主要集中在资产减值和收入确认方面，事项分布类型明显集中，且披露篇幅差异较大，内容详略不一，描述准确性参差不齐。

除对新审计准则实施初期披露内容的统计分析研究之外，尹蘅和李丽青（2019）对年度截面数据进行了回归分析，运用基于余弦算法的文本相似度计算工具，对93家A+H股公司在新审计准则实施后首年和次年的持续信息增量及其影响因素进行考察，考虑到会计师事务所和所处行业特征的影响，对样本公司2016和2017年度的文本相似度进行了实证检验。研究发现，样本公司在2016和2017年度所披露关键审计事项的文本相似度较高，2017年将近75%的披露内容与2016年披露信息重复，具有明显的信息同质化问题，信息未能及时更新，未能给投资者提供持续的信息增量；文本相似度具有会计师事务所特征和行业特征，当上市公司更换会计师事务所时，文本相似度会出现较大幅度的下降，具有较高的信息增量；与其他行业相比，金融行业中关键审计事项的文本相似度更高，且在更换会计师事务所后，文本相似度的下降幅度较小。该研究为新审计准则的后续执行敲响了警钟，关键审计事项不但应当应用于同一年度横向比较，也应当有利于使用者在年度纵向数据间进行比对和了解，而持续信息增量不足则是标准化和趋同化趋势的另一种体现，对于关键审计事项的信息价值发挥极为不利，是本次改革的潜在风险点。

除对关键审计事项具体披露内容的归纳分析外，也有不少研究使用回归方法对影响披露内容的要素进行分析，这也是关键审计事项信息含量的重要体现。在Pinto和Morais（2018）对欧洲资本市场的研究中，分析了审计费用对关键审计事项的作用关系，认为审计费用越高，客户相关风险越高，审计师关注度越高，因此，会披露更多的关键审计事项，同时关键审计事项体现了一定的风险。阙京华和曹淑颖（2018）以2017年度首次披露关键审计事项的93家A+H股上市公司为样本，从会计师事务所特征、注册会计师个人特征、公司特征三个角度对关键审计事项的影响要素进行了实证研究，发现事务所行业专长和企业偿债能力均与关键审计事项数量显著正相关。当注册会计师为女性时，会披露更多的关键审计事项，而注册会计师的行业专长、企业的盈利能力、成长能力和现金流与关键审计事项之间无显著相关关系。Velte（2018）通过对英国样本的实证研究发现了类似结论，即审计委员会中女性比例也对关键审计事项的可读性产生显著影响，审计委员会中女性比例越多，关键审计事项的可读性越强。这主要是由于女性成员往往实施更严格的监督行为和风险规避行为，以实现对关键审计事项可读性增强的积极影响，当在敏感性测试中修改性别多样性变量和关键审计事项可读性变量时，该结论依然成立。Lin et al.（2020）在研究中发现，当上市公司购买董事及高级职员责任保险时，会通过提高对高级管理人员的道德风险约束，增加关键审计事项的披露数量。在关键审计事项信息内容的特异性方面，王木之和李丹（2019）通过研究关键审计事项数量对股价同步性的影响考察了关键审计事项的信息增量作用。他们在研究中使用双重差分模型对2016年执行关键审计事项准则的上市公司进行了分析，检验发现关键审计事项准则的实施降低了股价同步性，披露的关键审计事项越多，股价同步性越低，当披露更多非行业共有性信息且披露内容越详尽时，两者的负相关关系越明显。股价同步性作为衡量公司特异性信息的指标，其越低则说明公司特异性信息越多，因此，该研究结果对关键审计事项的信息含量进行了肯定，认为关键审计事项提高了公司特异性信息披露程度，增加了审计报告公司特异性信息的含量。

同时，在关键审计事项所披露的内容对审计报告的可读性是否产生影响的议题中，现有研究得出了互相矛盾的结论。Smith（2016）以英国和爱尔兰新审计准则实施前两年2012—2014年的700家上市公司数据为样本，通过文本分析方法，检验了在实施关键审计事项准则前后审计报告可读性的变化，研究发现，在实施关键审计事项准则之后，审计报告的可读性明显增加，更加容易被使用者理解。当语言中使用更多负面或不确定词汇时，则被使用者认为传递了更多相关风险信息，而在第二年的数据中审计师有使用复杂性更低词汇的倾向，这也有助于使用者理解审计报告。然而，Carver和Trinkle（2017）在对美国150名个人投资者进行问卷调查时得出了与以上相反的结论，他们对这些投资者进行2×2组间实验时发现，添加关键审计事项显著降低了审计报告的可读性。但是投资者对于投资价值的评估并不会直接或间接地受此影响，这是因为投资者在评估价值时主要参考企业绩效，而他们主要通过关键审计事项获知管理者信誉的信息，也就是说，关键审计事项的可读性低不会影响投资者的价值评估而是会影响对管理层信用的评估，因此虽然降低了审计报告可读性但未必改变投资者决策。

2.3 关键审计事项对投资者决策的影响

新审计准则颁布实施以来，关键审计事项如何对投资者决策产生影响是一项研究重点，然而在现有文献中，对关键审计事项究竟如何影响投资者决策的研究结论存在较大争议，在国内外的研究中，制度背景、研究方法和研究角度均存在差异，并未形成具有一致性的研究结论。针对个体投资者行为而言，主要通过实验方法对特定实验对象进行问卷调查等方式进行研究。而对群体投资者行为而言，主要通过对样本数据进行模型回归的方式进行研究，总体而言，形成了决策相关论和决策无关论两种研究结论，本书在此分别对支持决策相关论和决策无关论的研究结果进行综述，并对不同制度背景和研究方法下的研究结果进行比较和分析，并从目前研究结论的争议中寻找研究契机。

1.决策相关论

决策相关研究结论是指关键审计事项内容对投资者决策行为产生影响，具有决策相关性，在得出决策相关论的研究中，既有针对个体投资者行为的自然实验研究法，也有通过数据样本回归的模型研究方法，具体研究方法和研究结论又因制度背景和研究对象不同而可能产生差异。在关于关键审计事项对个体投资者行为影响的实验研究中，研究者从不同角度论述了关键审计事项对投资者决策行为的影响作用。在实验研究中，往往选择高校商学院学生、MBA学员、律师或公司职员作为个体投资者的替代对象进行研究。在基于美国准则实施背景下的研究中，Doxey（2012）对80名MBA学生进行调查问卷发现，关键审计事项对于投资者决策具有价值相关性，并且投资者对审计师独立性和管理层声誉的认知也会影响他们对于错报可能性的判断。Christensen et al.（2014）将141名高校商学院学生作为非专业投资者进行问卷调查，研究发现相比较标准审计报告而言，带有关键审计事项的审计报告更加能够改变投资者决策，而当增加对如何解决关键审计事项进行说明的段落时，这种效应会降低。Dennis et al.（2015）以102名MBA学生为研究对象，通过问卷调查发现成段落的关键审计事项对于个体投资者而言能够提高审计报告的信息价值，而简短的关键审计事项则不具有信息价值，认为丰富具体的披露信息更加符合资本市场信号理论。Pelzer（2016）对个体投资者调查研究发现，当在审计报告中增加关键审计事项后，风险偏好型投资者比风险规避型投资者的投资意愿更高。Kipp（2017）以191名公司职员作为个体研究者进行调查问卷分析，指出关键审计事项能够通过详细描述审计过程增强投资者的信心。但是Rapley et al.（2018）对美国292名个体投资者进行调查分析，发现关键审计事项会降低投资者的投资意愿。

在以美国之外其他国家为背景的实验研究中，也得出了支持决策有用性的相似结论。Köhler et al.（2016）在以德国为主结合美国、英国、加拿大及其他各国数据为样本的组间实验研究中，以两个维度衡量关键审计事项的信息价值，即是否具有改变使用者对公司经济状况判断的潜在影响，和是否会影响投资者作出判断的信心，结果表明对于专业投资者而言的确对其判断过程产生影响，而对于非专业投资者则不产生影响，这说明非专业投资者对于获取关键审计事项传达的信息存在难度，该文对于非专业投资者的研究结论与Christensen et al.（2014）的研究结论相反。Sirois et al.（2018）对来自加拿大的98名会计系学生使用眼球追踪技术进行了实验研究，结果表明关键审计事项（KAM）具有注意力指引作用，当报告中披露关键审计事项时，使用者对与之相关事项的关注频率和程度都会提高。关键审计事项通过降低使用者对相关性较低信息披露的关注，以提高使用者信息搜索和获取的效率，关键审计事项比其他审计报告部分更加突出、简约和可信，可以作为一种信号，吸引使用者的注意力，同时使用者可以依靠这些信息，降低对其他无关信息的关注程度。Sneller et al.（2017）就IT相关事项对荷兰资本市场中投资者决策的影响进行了调查分析，发现这些信息对投资者而言具有信息价值和决策有用性，Moroney et al.（2020）研究发现投资者能够感知关键审计事项的价值与可靠性，这种效应在非"四大"事务所审计的情况下更为明显，关键审计事项能够吸引投资者注意力，使其更多关注扩展信息。

在对于面板数据的回归分析中，也得到了若干支持决策相关论的研究结果。投资者对于审计报告出具后产生的市场反应是研究投资者整体决策行为的重要参数，因此，往往通过异常交易量或异常收益率来考察关键审计事项对投资者感知和决策的影响。Reid et al.（2015a）对英国2012—2013年间293家公司进行了回归分析，研究发现在实施新审计准则之后超额交易量明显增加。王艳艳等（2018）通过对我国新审计准则实施首年的81家公司进行倾向得分配对，对加入A股对照组后的共计162个样本进行了回归分析。研究发现披露关键审计事项的公司的累计超额收益率在披露前后的变化显著高于未披露公司，说明新审计准则实施首年的关键审计事项产生了显著的市场反应，体现了关键审计事项的沟通价值。并且通过进一步研究发现，审计报告沟通价值的提升效应主要体现于国际四大所、审计投入多以及客户重要性高的样本中，同时文本特征与责任归属也会显著影响审计报告沟通价值。陈丽红等（2019）利用2015—2016年我国A股上市公司数据对关键审计事项披露与盈余价值的相关性进行了回归分析。研究发现，与未披露关键审计事项的公司相比，A+H股公司在披露关键审计事项之后，盈余价值相关性显著下降，说明关键审计事项提供的增量风险信息能够引起投资者关注，增强了投资者感知的盈余不确定性，从而降低了投资者决策中对盈余的依赖程度，并通过进一步研究发现与商誉减值、固定资产减值、存货减值、股权投资相关的关键审计事项披露对盈余价值相关性的影响更显著。易玄等（2019）采用事件研究法对我国实施新审计准则初期A+H股公司市场反应进行实证检验，发现市场短期反应显著为正，盈余反应系数显著为负，关键审计事项增强了投资者对审计报告的信任，同时详实披露更能增强投资者的风险感知。许嘉麟和刘儒昺（2019）在对2016

和2017年我国上市公司市场反应的分析中得出了相似结论，并认为非标准审计意见会降低关键审计事项的信息含量。通过对面板数据回归的结论表明，从整体投资者行为而言，关键审计事项通过一定机制对投资者决策产生影响，为评估新审计准则实施结果提供了更为丰富的经验证据。与实验研究相比，面板数据回归方法得出的研究结论更加普遍客观，更有利于对整体结果的考察，而对于具体机制和实现路径的考察，则实验研究更加具有针对性和借鉴性，但由于受到研究样本等因素影响，部分研究中仅对关键审计事项的政策效应进行分析，而非对关键审计事项内容与影响作用的关系进行深入探讨。

在现有研究中，可以通过委托代理理论中的利益相关者代理理论对决策相关论进行支撑（Velte和Issa，2019）。根据该理论，外部投资者和其他利益关系人无法获知上市公司的实际经营状况，因此，需要审计师担任其看门人和公共监督者的角色，以中介行为保护其利益（Ross，1973；Jensen和Meckling，1976；Chow，1982；Kraakman，1986）。由于现有的审计制度利益关系人之间无法达成信息的完全互通和一致理解，比如信息使用者对财务报告信息质量保障程度、审计固有局限或审计范围理解不足，或审计准则和审计工作存在不足等导致代理冲突问题，从而造成审计期望差距（Liggio，1974；Cohen，1978；Porter，1993；Carcello，2012）。在这种情况下，更加透明化的审计报告可以降低预期差距并增加利益相关者的信任（Gold et al.，2012），因此，关键审计事项可以作为一项重要的信息披露工具，符合相关者利益需求，缓解代理冲突。Velte 和Issa（2019）认为，利益相关者理论可以有效解释关键审计事项准则受到投资者和其他信息使用者欢迎的调查结果，因为关键审计事项准则的披露更加符合利益相关人的心理预期，有助于降低信息非对称性和缓解代理冲突，进而影响投资者决策。

2.决策无关论

虽然诸多研究表明关键审计事项对投资者决策能够从不同方面产生影响，但也不乏有研究表明关键审计事项无法提供与决策相关的增量信息，不具有决策相关性，这些结论主要是通过面板数据回归方法研究得出的。

　　Lennox et al.（2017）以2013年英国出具的488份审计报告为样本检验了资本市场对于关键审计事项的短期市场反应，结果表明投资者并未产生显著市场反应，而在较长窗口期下进行检验发现，虽然关键审计事项能够体现会计处理的不确定性，但也无法提供增量信息内容，认为可能由于大部分风险信息已经通过年报前发布的盈利公告、会议公告或以前年度财务报告进行了披露，关键审计事项中的风险已经被投资者知悉，因此无法产生增量的决策相关信息。Almulla和Bradbury（2018）对2017年新西兰发布的132分扩展式审计报告进行了研究，其研究结论与Lennox et al.（2017）相似，发现投资者关注的风险信息并没有在关键审计事项中体现出来，关键审计事项披露出的内容对投资者而言不具有价值相关性和决策有用性。Gutierrez et al.（2018）的研究结果也与之相似，他们运用双重差分法对英国2011—2015年间的一千余家上市公司实施关键审计事项准则前后两年的投资者市场反应情况进行考察，发现实施准则前后的投资者市场反应并无显著差异，也就是说关键审计事项对投资者整体不具有决策相关性。Bédard et al.（2019）通过对法国2002—2011间的审计报告进行研究得出了与英国一致的结论，研究对象为Justifications of Assessments（JOAs），其内容与关键审计事项类似，作者在文中检验了审计报告改革初始两年2003和2004年披露该内容在短期时间窗口下，对投资者异常收益率和异常交易量的影响，发现在短时间窗口内该事项的发布并不会引起异常收益率和异常交易量的变化，对投资者整体而言不具有决策有用性。

　　高子健和李小林（2019）在对比我国内地和香港资本市场投资者反应时也发现了不一致之处。他们在研究中将关键审计事项准则实施首年A股市场与H股市场对其的反应进行了比较，通过事件研究法分析发现，A股市场对关键审计事项反应积极，而H股市场对关键审计事项反应不足，且A股和H股的市场反应均存在事务所效应，投资者对国际四大所出具的关键审计事项的反应强于非四大所，其中对普华永道中天的市场反应最大。作者分析，该现象说明本次改革受到了内地投资者的欢迎，向投资者提供了更多决策有用性的信息，而香港资本市场的金融监管制度较为完善，有效性高于内地市场，因此，香港市场投资者更为理性，A+H股上市公司大多由以前的国有企业改制而成，存在受内地相关政府机关干预的现象，并未受到香港投资者欢迎。

Velte 和Issa（2019）认为与利益相关者代理理论相比，行为代理理论从宏观层面讨论关键审计事项对投资者的整体影响方面较有解释力。根据行为代理理论，行为代理人具有时间贴现、偏好不确定性、合理预期与损失厌恶的特点。接收代理行为的委托人对于风险的偏好程度不同，产生了不同程度的风险规避行为，因此，在委托人内部存在认知的异质性。比如风险厌恶型投资者作为委托人，会对关键审计事项持有更为消极的态度，而理性和非理性的投资者对关键审计事项的理解和评估也会不同，因此，关键审计事项在不同投资者中既可能产生正向反应也可能产生负向反应。市场反应作为投资者行为的总和，则可能难以避免地出现不一致性，行为代理理论能够较好地支持决策无关的研究结论，这种决策无关效应可能是资本市场中投资者行为差异总和的体现，如成熟投资者与不成熟投资者的市场反应差异，及理智投资者和非理智投资者的决策差异（Kahneman和Tversky，1979；Wiseman和Gomez-Mejia，1998；Pepper和Gore，2015），因此整体而言，难以形成一致的决策相关性。

2.4 关键审计事项对其他利益关系人的影响

2.4.1 对审计师的影响

与针对关键审计事项和投资者决策关系的研究相比，对于其他利益关系人影响的研究稍显庞杂，本书以利益关系人类型作为分类依据，对此部分研究内容进行综述。就审计师而言，目前对关键审计事项如何影响审计师的研究，主要聚焦于关键审计事项对审计人员具体责任和审计质量的影响，这二者与审计师自身利益密切相关，也关系到是否可以切实提高其审计职能，以充分发挥注册会计师审计制度的中介职能和市场监督职能。本书在此部分分别综述在投资者及信息使用者视角下关键审计事项准则对审计责任的潜在影响，以及在审计师视角下对审计质量和审计费用的影响。其中，对于审计责任感知的研究以实验方法为主，而对审计质量和审计费用的研究分别运用到实验方法和模型回归方法。

1. 审计责任

信息使用者对审计责任的理解会成为影响审计风险的潜在因素，在此部分的研究通常以个体投资者视角进行实验分析，从研究结论上看存在一定争议性。

一部分研究认为，披露关键审计事项在某些条件下会增加投资者视角下审计责任的感知，或加重他们对于审计疏漏的关注。如在Backof et al.（2014）的调查研究中由242名高校学生担任陪审团角色，发现当在审计报告中没有对审计责任明确说明时，披露关键审计事项会加重陪审团对审计责任的感知，认为审计师并没有充分检测错报，存在工作疏忽。而当在审计报告中明确沟通审计责任时，陪审团成员则认为审计师已经充分履行审计责任，尤其是该事项与为检错错报相关时，陪审团则认为审计师已经对审计结果进行较高程度的保证且几乎不存在疏忽。Vinson et al.（2018）对后续年度移除某项关键审计事项是否会影响审计责任进行了研究，通过对美国168位个体投资者进行调查问卷分析发现，如果在初始年度披露了某项关键审计事项，而在以后年度不再披露该事项时，则会增加审计师责任。

另一部分研究结论认为，关键审计事项与增加审计责任无关，甚至会降低审计责任。Kachelmeier et al.（2014）在对来自美国的70名律师、150名MBA学生和50名财务分析师进行问卷调查实验后发现，关键审计事项是具有一定"免责效应"的，即当关键审计事项内容在以后被认定为存在错报，审计师也会因其在关键审计事项中披露了相关内容而降低了使用者的审计责任感知。Gimbar et al.（2016）以234位美国高校学生作为陪审团成员，对关键审计事项是否提高了陪审团对审计责任的判定进行了问卷调查。结果显示，当披露的关键审计事项与未发现错报相关时，陪审团将降低对于审计疏忽的认定，这与Backof et al.（2014）的部分研究结果一致，而当披露的关键审计事项与未发现错报不相关时，则陪审团对于审计责任的认定与关键审计事项没有显著关系。另外，会计准则的使用也对陪审团关于审计责任的认定具有影响，在原则导向的会计准则下，陪审团会增强对于审计师疏忽的感知，而在规则导向的会计准则下并不会导致陪审团增加审计责任认定。在Brasel et al.（2016）的研究中发现，不论披露的关键审计事项是否与潜在的重大错报风险相关，均会减低陪审团对于审计疏忽的认定，从而降低审计责任。Brown et al.（2014）在研究中将个体投资者分为未经培训组和经过培训组，实验发现对于未经培训组而言，披露关键审计事项对审计责任评估具有降低作用，而对培训组对象的责任认定结果无显著作用。

在以我国资本市场为背景的研究中，韩冬梅和张继勋（2018）基于心理和行为的视角，通过1×3被试间实验设计，分别研究了传统审计报告、无关键审计事项的新模式审计报告和有关键审计事项的新模式审计报告对于审计师责任感知的影响。研究发现与传统的审计报告相比，在披露关键审计事项的新模式审计报告下审计师感知的审计责任更低，关键审计事项降低了审计师感知的由重大错报引起的审计责任。该研究实验对象为来自会计师事务所的具有经验的审计师，该研究与国外基于使用者视角的研究不同，以审计师视角为出发点，能够在一定程度上反映审计师的真实心理，具有重要的实际意义和启示作用。

2. 审计质量和审计费用

在国内外对关键审计事项与审计行为变化的研究当中，研究人员也结合了基于审计师视角的实验方法和基于数据模型回归的实证研究方法，对在实施新审计准则之后审计师在制订审计计划、执行审计程序、审计客户沟通和审计费用定价过程当中是否会受到影响进行了调查和分析，对最终是否会影响审计质量进行了关注和讨论。

一部分研究认为，关键审计事项准则的实施有助于提高审计质量或审计费用。Ratzingersakel和Theis（2017）通过对73名德国审计师使用2×2组间实验方法研究发现，当审计师在审计报告中沟通关键审计事项时，则较之不沟通的情况降低了职业怀疑，而且倾向于使用客户偏好的会计处理方法。Li et al.（2018）对新西兰关键审计事项实施初期就审计质量和审计收费的影响进行了研究，发现该审计准则实施通过降低异常应计盈余绝对值提高了审计质量，审计收费也显著提高，认为审计质量的提高也意味着审计成本的增加。杨明增（2018）对我国新审计准则实施前后数据运用双重差分法分析后也发现，披露关键审计事项显著降低了企业应计盈余管理和真实盈余管理程度，提高了审计质量，审计报告中披露的关键审计事项信息量越多，审计质量越高。陈高才与谢汗青（2018）通过博弈模型分析发现，强制披露关键审计事项这一监管政策的逐步强化会促使事务所更加谨慎，这与在美国SOX法案颁布之后的诸多现象相一致，比如在审计过程中对各种审计证据、审计程序、审计判断和审计报告等更加小心谨慎，抱有高度职业怀疑态度等，这些均有助于事务所提高审计质量。在一些研究中，作者也将提高审计质量视为提高注册会计师审计报告信息含量的等价表现形式。鄢翔等（2018）在对2017年率先实施关键审计事项的A+H股上市公司的研究中，通过双重差分法分析了该政策出台对审计师具体审计工作的影响。研究发现受到审计师"学习效应""溢出效应"和制度环境的影响，这种效应会外溢到其他与A+H股共享审计师的A股公司，在新审计准则实施前后能够明显看到审计质量的变化，审计师更可能出具非标准审计意见的审计报告。该研究表明，新审计准则实施对审计师的具体工作进行了进一步约束和规范，使得审计师的职业判断和审计工作更为审慎。

另一部分研究认为，在执行关键审计事项准则之后，审计收费或审计质量并未受到显著影响。Asbahr 和Ruhnke（2017）通过2×2组间实验方法对来自国际四大所对145名审计人员进行调查研究，发现审计师对于会计估计合理性的判断不会受到关键审计事项准则和客户压力的影响。Almulla和Bradbury（2018）在研究中通过对审计行为的调查发现，关键审计事项准则在实施前后的审计费用、审计报告延迟和异常应计项目绝对值均没有发生显著变化。Bédard et al.（2019）在研究中得出了相似的结论，他们在研究法国新审计准则实施前两年的市场反应的同时，也发现执行新审计准则对审计报告延迟、审计质量和审计费用均无显著影响。在关于审计费用的研究中，Reid et al.（2015b）研究发现，在新审计准则实施后注册会计师的职业怀疑程度有所提高，被审计单位的异常应计项目绝对值显著下降，审计质量有所提高，但对审计报告延迟和审计费用并无显著影响。Gutierrez et al.（2018）在对英国2011—2015年间数据进行回归分析时也发现，新审计准则实施对于审计质量和审计收费均不产生显著影响。

2.4.2　对上市公司治理当局的影响

关键审计事项是由审计师和上市公司治理层讨论的重要内容，反映了审计师与上市公司治理层、管理层和其他人员互动的结果，在国内外的文献中，也有不少研究聚焦于关键审计事项与管理当局相关行为之间的影响作用。在研究方法上，也同时采用了对实验个体进行问卷调查的实验研究方法和基于面板数据回归分析的实证研究方法。在实验研究中主要从上市公司治理当局视角出发，研究实施新审计准则后其行为和沟通的变化，在实证研究中主要以应计盈余管理数据衡量新审计准则前后财务信息质量的变化。

在实验研究中主要探讨了关键审计事项对董事会成员和管理层成员的行为产生何种影响。Cade和Hodge（2014）调查研究发现，当审计师想要在审计报告中披露新的信息时，管理层与审计师沟通私有信息的意愿有所降低，比如不愿沟通与审计报告披露内容相关的会计估计等，但是当针对在审计报告中只披露审计程序的内容时，其沟通意愿不会降低，同时当上市公司和审计师之间的信任度较高时，沟通意愿降低的情况将会缓解。Bentley et al.（2017）对来自美国的高级经理进行了实验调查，研究发现由于披露成本上升，披露关键审计事项会降低管理层低风险交易的意愿。Klueber et al.（2018）以德国财报数据为样本，研究发现当关键审计事项披露了公司特异性信息时，由于增加了信息准确性和透明度而抑制了管理层的盈余管理行为，而当关键审计事项内容不太具有信息含量和准确度时，这种抑制效应则不复存在。张继勋等（2016）通过2×2被试间实验方法，测试了在标准化审计报告和改进后审计报告模式下，管理人员与审计人员的关系对二者之间沟通意愿的影响。研究发现，在管理人员与审计人员关系较好的情况下，审计报告改进前后沟通意愿均较强且无显著差异，而在管理人员与审计人员关系一般的情况下，审计报告改进后二者的沟通意愿明显增强。陈高才与谢汗青（2018）在研究中以2018年1月起执行《中国注册会计师审计准则第1504号——在审计报告中沟通关键审计事项》中关键审计事项的严重程度和处理为例，运用博弈模型分析了客户和事务所的策略选择和监管政策变动效应，发现出具关键审计事项这一监管强化行为对于客户的策略选择影响有限，随着监管政策的逐步强化，客户未必采取更为谨慎的策略。综合现阶段实验方法研究结论来看，虽然部分研究结果显示关键审计事项对于加强沟通和缓解代理冲突有一定积极作用，但难以形成一致性结论。

在实证研究中，有一部分研究认为关键审计事项有助于抑制盈余管理行为，对财务报告信息质量的提高具有积极作用。Reid等（2015）在后续研究中发现，实施审计报告改革之后，上市公司财务报表中的绝对异常应计项目减少，迎合分析师预测的倾向减少，财务报告信息质量有所提高。Almulla和Bradbury（2018）以及Li et al.（2018）在对新西兰上市公司审计报告的研究中均指出，关键审计事项能够抑制上市公司应计盈余管理行为，从而提高财务报告信息质量。李延喜等（2019）和董钰凯等（2019）分别对我国2016年实施关键审计事项准则的A+H股公司进行了实证研究，发现在样本整体范围内，沟通关键审计事项显著降低了上市公司应计盈余管理程度，且相比于关键审计事项数目少的公司，关键审计事项数目多的公司应计盈余管理程度显著较低，对于真实盈余管理并无显著影响。但是董钰凯等（2019）通过分组分析发现，在低审计质量样本组中，披露收入类关键审计事项能够显著降低真实盈余管理总量；披露资产类关键审计事项和收入类关键审计事项通过影响异常现金流量和异常生产成本，进而抑制了真实盈余总量，但对异常酌量性费用没有影响。因此，在一定条件下，关键审计事项准则的实施对两类盈余管理有一定的抑制作用，对于整体财务信息质量的提高和信息环境的优化具有潜在积极影响。

另一部分实证研究结果则表明关键审计事项对应计盈余管理行为无显著关系。Gutierrez et al.（2018）基于英国上市公司的研究结果和Bédard et al.（2019）基于法国上市公司的研究结果均表明，关键审计事项对应计盈余管理行为并无显著影响，难以因此提高财务报告的信息质量。

2.4.3　对其他利益相关者的影响

除审计师、审计客户和投资者外，在资本市场的信息传递链条当中，还有其他信息使用者和利益相关者受到关键审计事项信息披露的影响，如供应商、客户、上市公司普通员工、债权人和分析师等。

在对于上市公司经营链条中的供应商、客户和普通员工的调查分析当中，得出了高度一致的结论，认为关键审计事项的披露对他们而言提高了审计报告的信息价值。Simnett和Huggins（2014）、Prasad和Chand（2016）以及Tiron-Tudor et al.（2018）分别就来自各国的利益相关者对IAASB征求意见稿的看法进行调查分析时发现，这些利益相关者均认为关键审计事项提供了具有价值的增量信息。但是Prasad和Chand（2016）同时指出，信息含量的增加可能会导致审计成本和审计责任的增加，而对于审计质量的影响尚不明确。而Simnett和Huggins（2014）发现来自北美的利益相关者的反馈弱于来自欧洲和南非的反馈，对改革的支持性较弱。

国内外也不乏研究聚焦于关键审计事项对债权人的影响。Trpeska et al.（2017）在对31名银行贷款专员的调查研究中发现，债权人高度重视关键审计事项、持续经营内容和与发现错报相关的审计程序，肯定了关键审计事项的信息价值。那么，增量信息是否会影响债权人决策和信贷条款呢？现有研究得出了不一致的结论：Boolaky和Quick（2016）在对德国银行董事会成员的问卷调查中发现，披露关键审计事项并不会影响债权人决策。Porump et al.（2018）对英国数据研究发现，披露关键审计事项增加了贷款人对借款人风险评估的能力，增进了对借款人具体情况的了解，因此，贷款人会采用相对宽松的信贷条款，同时当相关事项显示重大错报风险越低时，信贷条款对借款人越有利。而涂建明和朱渊媛（2019）对我国

2017—2018年沪深A股上市公司研究时得出了相反结论。研究发现关键审计事项的披露数量与银行新增贷款总额呈显著负相关关系，审计报告改革所提供的增量风险信息影响到银行对上市企业的新增贷款，总体上使得银行对上市企业的新增贷款额显著缩减。

此外，证券分析师作为资本市场的关键信息中介，关键审计事项对证券分析师预测的影响也具有较高研究价值。赵刚等（2019）从分析师盈余预测准确性的视角，采用新审计准则实施首年即2016年A+H股上市公司数据，采用双重差分模型，探讨了关键审计事项准则实施对资本市场信息环境如何产生影响。该研究发现，关键审计事项准则实施提高了分析师盈余预测准确性，且审计报告中披露的关键审计事项越多，这种效应越明显。这主要是由于关键审计事项降低了分析师的预测，提高了分析师个人层面的预测准确性，此外，这种效应在信息透明度低的公司中更加明显。这说明关键审计事项不仅具有审计工作过程中的内在促进作用，也对资本市场整体信息传递有效性的提高具有外部性和特异性作用，对提高资本市场整体信息保障程度和各种信息披露制度协同发展具有重要作用。

2.5 文献评述

关键审计事项准则自形成、修订和颁布实施以来已经形成了较为丰富的初步研究成果，国内外相关机构在准则修订阶段充分参考职业界与学术界意见，致力于降低预期使用者对审计报告模式的期望差距，通过沟通关键审计事项准则提高审计报告的信息价值，因此，在实施后得到了广泛支持。然而，在新审计准则实施初期的文献研究中，也存在一定不足之处，从基础理论研究来看，现有文献中还缺乏完整的理论分析框架，正如杨明增（2013）指出，现有的新审计准则框架是建立在调查或逻辑推理基础上的产物，是基于审计实务需求而建立的，缺乏完善的理论推演，因此，亟需更加具有说服力和前瞻性的审计理论体系作为支撑。在现有的理论分析中，难以形成完整的和坚实的理论基础，如新制度经济学理论在分析制度变革的内外部动因时较具有说服力，但是在分析投资者的复杂行为方面较为缺乏解释力；而代理理论多从相关者的行为和心理出发，在解释市场行为时较有优势，但是该理论并未强调审计行为的制度特征，也无法剖析关键审计事项的具体信息含量，难以系统解释关键审计事项对投资者行为产生影响的内在机理。

现有的审计理论分析框架的不完整性还体现在难以充分展现投资者视角，而更多向审计师视角偏重，以审计师视角为出发点的理论偏向于关注如何将审计信息传输给投资者，以及如何降低审计风险、规避法律责任，难以真正达到审计实务满足投资者信息需求的目的。因此，在理论分析体系中，应当更多融入投资者视角，从投资者信息需求出发，找到影响投资者决策的内在动因，以建立评价审计信息含量的合理标准和完整体系，为解决传统审计报告缺陷提供更加具有根本性和前瞻性的依据，为投资者避免陷入"决策信息不足"或"披露超载陷阱"提供坚实可靠的论证依据，无论是改革方案的贯彻实施，还是明确新审计准则进一步的改革方向，均需要丰富扩展现阶段的审计理论研究，为审计报告深化改革和研究奠定基础。

就目前国内外新审计准则实施初步阶段披露内容的研究而言，审计报告表述内容的自主化和丰富化的确有助于提高审计报告的信息含量，基于我国和其他国家的分析结果来看，我国在具体实施过程中存在一些特点和问题：（1）我国在事项披露内容上与世界其他国家和地区有共同之处，如商誉减值、贷款和应收账款账面价值确认和收入确认等项目均受到了重点关注；（2）在披露事项数量上还需要进一步增加，若数量不足，则难以全面覆盖风险领域，无法切实改善信息不足问题；（3）需要寻找语言表述规范化和丰富化的平衡点，标准化语言容易丧失信息特异性，而多样化语言表述可能会妨碍信息使用者理解和进行横向比较；（4）在行业特异性和风险警示性方面还亟待提高，尤其是客户特异性风险，应当在关键审计事项准则中进一步体现；（5）持续增量价值有待进一步提高，应当体现年度特征，避免前后年度间同质性过强；（6）对于信息含量的回归分析研究还存在不足，尚未建立描述关键审计事项披露内容影响因素的完整模型，难以将信息含量全面化和层次化，也没有对披露的相关风险进行系统分类。

在对新审计准则实施效果的研究中，视角较为多元，方法较为丰富，然而，在不同的研究方法、研究对象和研究背景下，研究结论具有高度不一致性，甚至形成了完全对立的研究观点，本书认为研究结论的高度不一致性可能由以下原因导致：（1）研究数据不足。新审计准则在国内外均刚刚实施不久，并且经历了从部分实施到全面实施的过程，数据样本非常有限，也造成了研究方法的局限性；（2）研究方法差异。以调查研究为基础的实验方法和基于面板数据的回归分析方法往往形成了不一致的结论，以个体研究者为研究对象的调查问卷分析能够具有针对性地剖析投资者的行为和心理活动，而采用样本数据回归分析方法则会观测到投资者整体行为总和，在同时存在理性和非理性、成熟与非成熟研究对象的情况下，个体行为可能会被淹没，导致二者结论产生冲突。同样，在使用不同回归模型的前提下，也得出了不同的研究结论；（3）制度环境不同。各国家和地区的资本市场监管制度完善度、社会环境和文化环境的差异度，均会影响信息使用者的心理和行为活动，在一定程度上局限了研究范围，导致研究结论的普适性不强；（4）变量选取差异。如在关于审计质量的研究中，既有使用异常应计盈余来衡量审计质量的研究，也有运用审计费用来衡量审计质量的研究。就该问题而言运用审计费用衡量的合理性存在一定争议，因为审计费用也是审计独立性和审计效率综合作用的结果，难以通过审计费用的变化直接衡量在新审计准则实施前后审计质量是否发生变化，因此不同研究变量的选用也导致研究结论存在差异。

综合关于现阶段新审计准则的实施效果研究而言，现阶段研究主要存在以下缺陷和不足：（1）审计理论基础不够完善。对于投资者信息需求缺乏根本性的分析，因此，难以体现关键审计事项实现信息增量价值和具备决策有用性的内在机制；（2）缺少对审计意见和关键审计事项信息含量区分和联系的研究。在部分研究中通过实验方法具有针对性地研究了关键审计事项具备的特异性信息，而在运用回归模型的研究当中，则并未对审计意见和关键审计事项的信息含量进行区分，也缺乏对不同审计意见下关键审计事项所具有的增量风险披露信息的研究；（3）关键审计事项对投资者影响的研究最具有争议，尤其在实证研究方面，以倾向得分配对方法和双重差分法对新审计准则实施前后的市场反应进行对比为代表，主要通过有限的样本对新审计准则实施的政策效应进行研究，而难以聚焦事项内容本身产生的决策效应。通过沟通关键审计事项改善审计报告的投资决策有用性是本次改革的重点和要点，然而目前研究无法就此成果得出一致性结论，尤其缺乏对我国整体投资者行为的综合分析，因此，亟需针对关键审计事项内容产生决策效应的定量研究；（4）缺乏对审计意见和关键审计事项决策有用性区分和联系的研究。现有研究往往是对审计报告的整体信息含量的改进效果进行研究，难以体现在不同审计意见下关键审计事项的决策有用性是否存在差异，同时尚不明确关键审计事项在审计意见的基础上进一步影响投资者决策的机制；（5）在对投资者市场反应研究中，难以排除其他信息噪音，现有研究的时间窗口过短，通常为3～10天，而在审计报告公布日前后可能存在影响投资者市场反应的其他因素。过短的时间窗口难以排除这些因素的影响，现有文章中并未对此多做分析和论述，因此，研究结果中可能存在噪音干扰。

总体而言，在关键审计事项实施初期的研究成果为后续研究提供了切入点和突破口，现阶段研究存在的问题和不足，是未来研究和改进的契机，为理论分析、研究方法、变量选取和研究角度等方面指明了方向。在现有研究中，对于投资者决策有用性的研究受到最多关注和争议，随着新审计准则在我国的进一步实施和样本量增加，亟需更为丰富的研究以客观评价新审计准则的实施效果。相对于对个体投资者的影响而言，对于投资者整体行为影响的研究更能够客观评价新审计准则的综合实施效果，由于满足投资者需求是本次新审计准则制定实施的主要目的，因此，本书后续将从理论方面深入剖析财务信息使用者的需求，探讨关键审计事项满足投资者需求的机制，将关键审计事项所披露的风险进行多层次和多维度分解，并且在实证方面将关键审计事项和审计意见的信息含量进行甄别和区分，以投资者视角为切入点，研究关键审计事项在审计意见基础上的增量风险披露内容和投资者决策有用性。

第3章 关键审计事项准则的历史沿革和实施现状

作为审计报告模式改革整体框架下的核心内容，关键审计事项准则是审计报告模式历经数年探索和改革的产物，注册会计师审计报告模式的历史沿革是关键审计事项准则形成的制度基础，理解审计报告各部分主要信息含量的形成过程是研究关键审计事项准则具体内容和实施效果的前提。因此，本章首先对审计报告模式的历史沿革进行梳理，论述审计报告各部分内容的信息含量和不足，分析关键审计事项产生的制度背景，继而重点对关键审计事项在我国的实施现状进行分析，以关键审计事项在我国开始颁布至全面实施以来2016—2018年度的数据样本为研究对象，对关键审计事项的具体披露内容、结构和其他特征进行较为全面的总结与数理统计分析，为下文的理论分析和实证研究提供依据。

3.1 关键审计事项准则的历史沿革

审计报告作为注册会计师审计制度的信息载体和制度表征，是使用者的重要决策依据。随着审计需求、审计方法和审计目标的发展，注册会计师审计制度进行了一系列演化，相应地，审计报告模式也经历了从非标准化（1918年之前）——一段式（证明式，1918年至1934年）——两段式（意见式，1934年至1988年）——三段式（标准化，1988年至本次改革之前）——扩充式（本次改革以后）的变革。在审计报告模式的变化中，披露内容逐渐丰富，语言措辞和披露格式逐渐规范化，逐渐形成以审计意见为主要信息含量的披露模式。本次审计报告模式改革主要通过关键审计事项披露审计师在审计过程中关注的重要事项，从而在传统标准化审计报告基础上产生增量信息内容。那么标准化审计报告究竟具有哪些信息含量？标准化审计报告模式存在哪些缺陷？关键审计事项如何在标准化审计报告的基础上进行改进？为研究这些问题，本节先梳理标准化审计报告中主要信息含量的演化过程，阐释关键审计事项准则产生的制度背景和历史沿革，明晰关键审计事项如何在标准化审计报告基础上形成的，以及具有哪些改进之处。

3.1.1 标准化审计报告主要内容的历史沿革

1. 审计意见

审计意见是审计报告使用者最主要的信息来源，是注册会计师审计工作的重点和结论，在注册会计师审计制度和审计报告模式的演化过程中，审计意见的形成也经历了一系列变革。

在19世纪英国完成工业革命之后，生产力大幅发展，股份制企业数量增加，资本市场初步形成，独立审计师开始出现。在注册会计师审计制度形成初期，西方资本市场处于方兴未艾的阶段，审计需求和审计目的主要以查错纠弊为主，在此阶段报告使用者与审计师的联动不强，社会公众对于审计工作的认知也不甚清晰全面。由于此阶段经济业务较为简单，审计需求和审计方法并未产生较强冲突，审计风险也相对不高，审计报告模式处于初步探索阶段。因此，在审计报告的非标准化和一段式格式时期，报告整体格式长短不一，语言表达措辞随意，尚未形成模式化的审计意见。而在第一次世界大战之后，美国经济迅速发展，股票市场快速扩张，而当时制度监管不力，导致财务欺诈与舞弊案时有发生，直至1929—1933年美国发生经济危机，令社会各界意识到真实财务信息的重要性，资本市场秩序亟待进一步规范，社会公众对审计职能提出更高的要求和期望。而此时经济业务逐渐复杂化，审计师意识到在当前技术水平下无法对防范所有舞弊提供绝对保证，而将审计目标发展为对财务报告整体信息的可信性提供保障。受到社会经济背景变化的影响，1934年美国会计师协会（AIA，美国注册会计师协会的前身）和纽约证券交易所（NYSE）联合颁布《公司账户审计》，规定在纽交所上市的公司强制披露审计报告，并确立了"意见式"审计报告模式，规范了标准审计意见的用语，标准无保留审计意见就此诞生。此后，随着一系列《审计程序公告》（SAP）的出台和审计程序及报表编制基础的改变，审计意见的出具依据、种类和措辞得到了进一步规范。1939年，在SAP No.1中首次规定在会计处理存在缺陷或审计范围受到限制时允许审计师拒绝发表审计意见（withheld opinion）；1947年，SAP No.23 中规范了审计师可以出具以下三种意见类型的审计报告：无保留意见（unqualified opinion）、保留意见（qualified opinion）和无法表示意见（disclaimer of opinion）；由于SAP No.23中并未包含在财务报告没有进行公允表达时应当出具的意见类型，1962年，SAP No.32针对此种情形增加了否定意见（adverse opinion）类型审计报告，至此四种基本审计意见类型形成。

1988年美国《审计准则声明》第58号中确立三段式审计报告之后一直延续了无保留意见、保留意见、否定意见和无法表示意见四种审计意见类型，最终演化成为表达财务报告重大错报风险的主要信息载体。很多学者在研究中对审计意见的决策有用性和信息价值进行了肯定，认为审计意见具备决策有用性，能够产生一定的市场反应（Firth，1978；Ball et al.，2014；Chen，2010；宋常、恽碧琰，2005；任主恩、郭志勇，2014；杨芳、杨悦莹，2017）。但是也有研究表明审计意见的信息含量存在一定不足：首先，部分研究表明投资者有时无法对几种非标准意见进行甄别（李增泉，1999；Chen，2010），这说明由于受到专业知识的局限或者审计意见信息含量不足，投资者有时无法对几种非标准无保留审计意见进行区分，对于这部分投资者而言审计意见提供的信息是二元性的，即"是"或"否"，非对即错，信息传递功能具有局限性；其次，部分研究表明审计意见对投资者决策并没有显著影响（陈梅花，2002），或在研究中指出在非清洁审计意见公布之前已经出现负向异常报酬率（Dodd et al.，1984），这说明审计意见并非投资者进行决策的唯一信息来源，审计意见的信息价值难以体现；第三，审计意见无法对经营的重大不确定性事项进行披露（Gloeck 和 De Jager，1993）。因此，以披露重大错报风险为主的审计意见并不能为投资者决策提供充分依据，无法充分弥合期望差距。审计报告模式需要在审计意见的基础上进一步扩展。标准化审计报告模式虽然具有信息明确的优点，但是产生了信息含量不足的问题，国内外重大舞弊案和金融危机的发生均暴露了传统标准化审计报告模式下审计意见风险预警能力不足的缺陷，为国际范围内审计报告模式改革埋下伏笔。

2. 审计责任

在注册会计师审计制度的发展和审计报告的演化过程当中，不时出现社会公众由于专业知识壁垒、对审计职能存在误解或过高期望等原因增加审计师诉讼风险的现象，审计风险的变化导致审计师对审计责任产生更多考量，并在审计报告中逐渐明确，风险规避和行业保护等动机在审计报告的标准化历程中发挥了推动作用。在非标准化和一段式审计报告时期，审计报告中并未有专门段落对审计责任进行单独描述，报告使用者往往因为不规范的措辞对审计责任产生误解。在一段式审计报告时期，审计师在审计报告中广泛使用"证明"（Certify）一词，以体现被审计单位财务状况的真实性，这种措辞导致了使用者对审计工作保障程度存在过高期望。1924年，美国一家会计师事务所因未能查出审计客户的舞弊欺诈行为而遭到信息使用者厄特马斯公司的起诉，引起了审计师职业界对审计责任的思考，希望在审计报告中通过相应措辞的改进向使用者说明审计师无法对全部信息承担绝对责任。受此影响，在1934年颁布的《公司账户审计》中确立了两段式审计报告，同时由"证明式"转变为"意见式"，避免对审计结果进行绝对化的保证，以发布意见的形式减免承担过多的审计责任（Geiger，1993；King，2003）。然而，通过这种方式并不能有效降低信息使用者对审计责任的期望，这种隐晦而委婉的表达方式并不能使投资者认清审计责任边界。随着注册会计师审计制度的建立和发展，在经济业务愈加复杂和审计技术存在局限的情况下，注册会计师的审计目标不再是查

出财务信息的所有错误和舞弊，而是对财务报告整体发表意见，因此，在
1988年，美国注册会计师协会（AICPA）在《审计准则声明》第58号中对
审计报告模式进行了重大修订，将审计报告模式规范为由引言段、范围段
和意见段组成了"三段式"标准化审计报告，在报告中对审计责任范围进
行进一步明确：（1）在引言段中增加对管理层责任的陈述，意在向报告
使用者说明财务报告的最终产出方为公司管理层而非审计师；（2）在审
计范围段中说明审计师责任及审计职能的局限性，明确强调注册会计师对
财务报表整体不存在重大错报提供合理保证而非绝对保证（Church et al.，
2008）。自此，在审计报告中基本完成了与使用者关于审计责任的沟通，
在以后的审计准则修订中并未突破注册会计师的基本责任范围：（1）审计
对象为财务会计信息，注册会计师基本责任是对财务会计信息承担审计责
任，即便由于审计报告模式的变化增加了对于更多信息的披露责任，也未
能改变注册会计师审计的根本职责范围；（2）审计职能具有固有局限性，
因此注册会计师对财务报告整体不存在重大错报风险只能提供合理保证而
非绝对保证。

一直以来，职业界普遍认为投资者对于审计工作存在过高期望的
原因之一是对于审计师的职责范围不够了解，这种误解造成了期望差距
（IAASB，2011），但是，仅凭在审计报告中对审计责任进行声明，虽然
有助于审计师规避诉讼风险，但难以从根本上降低投资者对审计工作的期
望，这是因为对于审计责任的陈述并不能为投资者提供决策有用性的信
息，无法从根本上满足投资者的信息需求（Gay和Schellugh，2010；Gold，
2012；Salehi，2011；Ruhnke和Schmidt，2014；Litjens et al.，2015）。虽
然进入21世纪之后，经济模式更加多元化，交易环境更加复杂，但与此同
时随着信息技术的发展，审计技术和方法已经较之前有了大幅进步，审计
工作满足报告使用者需求的能力在逐步加强，作为资本市场监督机制中难
以被替代的经济监督与信息中介制度，报告使用者对审计工作具有较强依
赖性，相比通过降低期望和限定责任来规避审计风险而言，增强审计报告
的信息披露能力和风险警示能力更有助于审计制度健康长远的发展。

3.经营不确定事项

随着资本市场的发展和上市公司规模的扩张，投资者渐渐意识到除上市公司的舞弊错报会影响投资收益的安全性之外，影响上市公司存续能力的风险因素也对投资收益的可获得性产生重要影响，对于上市公司的一切财务会计核算和投资收益预计都是建立在持续经营前提下的，一旦公司发生破产倒闭，带给投资者的损失则难以估量。因此，投资者希望在审计报告中除审计意见披露重大错报风险信息外，也能够对影响持续经营能力的风险因素进行警示，所以审计报告中对经营不确定事项的披露也随着投资者需求的变化经历了一系列发展与改革。

在审计报告非标准化模式时期，经营不确定事项的披露曾一度成为审计意见的一部分。第一次世界大战末期之后，随着资源的重新配置和投机活动的兴起，商业规模显著扩张和经营环境复杂化导致审计意见无法涵盖所有与经营相关的风险，为解决这一问题，审计师从20世纪20年代开始使用"subject to"（鉴于）型保留意见披露与经营相关的各种重大不确定事项，但在此时对于这种审计意见的适用范围并无明确规定，因此投资者难以理解这种保留意见的真正含义。为了解决这种问题，在1962年颁布的SAP No.32中将保留意见分为"except for"（除外）和"subject to"（鉴于）两种类型，在1974年AICPA发布的《审计准则公告第2号——审计报告》（SAS No.2）中对二者进行了明确区分：规定违背编制基础和审计范围受限时应出具"except for"型保留意见，而对于经营不确定性事项应当通过"subject to"型意见披露。然而在实践中，注册会计师对两种类型保留意见的使用依然常常出现混淆，投资者仍然难以理解两种保留意见对于财务信息质量的保证程度。最终在1988年美国注册会计师协会（AICPA）颁布的《审计准则公告第59号——审计师对主体持续经营能力的考虑》（SAS No.59）中正式取消"subject to"型审计意见，替代为增加说明段的无保留审计意见，自此不确定事项的披露与审计意见正式剥离（Cohen，1978；Geiger，1993；Church et al.，2008）。

此后，经过审计准则的进一步规范和修订，经营不确定事项主要通过强调事项段等方式进行披露。1995年SAS No.79中对强调事项段的出具条件进行规定，2005年到2015年间IAASB陆续对于ISA706中强调事项段和其他事项段的披露做出了一系列修订，我国的审计准则修订也经历了相应变革。自此审计报告中对经营不确定事项和重大错报风险的披露分工逐渐明确：审计意见反映财务信息的重大错报风险，而持续经营不确定性事项、异常诉讼结果不确定性、重大期后事项、提前应用新审计准则或特大灾难等，造成重大经营风险的因素则在强调事项段中进行披露（IAASB，ISA706；CICPA，1503号；CICPA，1324号）。同时，我国审计准则规定了其他事项段的披露情形作为进一步补充内容，我国相应准则的变革历程如表2.1所示，强调事项段和其他事项段的披露情形应同时包括经营不确定事项和其他类型事项，但是在具体准则实施过程中，以披露经营不确定事项为主，而披露其他类型事项的情形较少。

表2.1　我国审计准则中对强调事项段和其他事项段规定的变化

事项段	内容	2007版	2010版	2016版
强调事项段	定义	审计报告的强调事项段是指注册会计师在审计意见段之后增加的对重大事项予以强调的段落。强调事项段需要同时满足两个条件：一是可能对财务报表产生重大影响，但被审计单位进行了恰当的会计处理，且在财务报表中作出充分披露；二是不影响注册会计师发表审计意见	强调事项段，是指审计报告中含有的一个段落，该段落提及已在财务报表中恰当列报或披露的事项，根据注册会计师的职业判断，该事项对财务报表使用者理解财务报表至关重要	与2010版相同

续表

事项段	内容	2007版	2010版	2016版
强调事项段	适用情形	在1502号、1332号、1511号和1521号等准则中规定了以下出具情形：1.对持续经营能力产生重大疑虑；2.重大不确定事项；3.期后修改原财务报表事项、上期财务报表未经更正及重新出具审计报告的重大错报、对简要财务报表出具审计报告等	在准则中未明确规定。在附则和指南中列举四类披露情形：1.就审计业务约定条款达成一致意见；2.持续经营重大不确定性；3.期后修改原财务报表；4.对按照特殊目的编制基础编制的财务报表审计的特殊考虑	并未规定披露情形。认为有必要提醒财务报告使用者已在财务报告中披露，且同时满足一下两个条件：1.该事项不会导致注册会计师出具非无保留意见；2.该事项未被确定为在审计报告中沟通的关键审计事项
	特征	定义中强调了该事项的"重大不确定性"特征和不影响审计意见	强调事项段应当仅提及已在财务报表中列报或披露的信息。披露情形与2007年相比稍有变化	1.与非无保留审计意见进行区分；2.与关键审计事项进行区分
其他事项段	定义		未在财报中列示，但是注册会计师通过职业判断认为有必要沟通的与使用者了解审计工作、审计责任或审计报告相关的事项	与2010版相同
	适用情形	无	在附则中规定披露情形：1.期后事项；2.比较信息/比较财务报表；3.其他信息	同时满足以下条件时，应当增加其他事项段：1.未被法律法规禁止；2.未被确定为关键审计事项
	特征		强调该事项并未在财务报告中进行披露	1.未在财务报告中披露；2.强调未被法律法规禁止；3.与关键审计事项进行区分

　　在审计报告对经营不确定事项信息披露变革的过程中，很多研究肯定了这些信息披露的决策有用性。以持续经营审计意见为例，"Subject to"

型保留意见作为持续经营审计意见的前身，已经具备一定信息含量，如会造成股票市场的负向反应，并对投资风险具有一定的警示作用（Banks和Kinney，1982；Dopuch，1986；Frost，1991；Fields和Wilkins，1991；Loudder，1992；Fargher和Wilkins，1998；Schaub，2006）。此后随着SAS No.59准则的出台，"subject to"型保留意见被持续经营审计意见替代，虽然有学者批评这仅仅是审计报告格式的改变，并未增加信息含量（Schaub，2006），但有研究发现审计报告中审计意见和经营不确定事项的分流促使审计师出具了更多持续经营意见，有效弥合了期望差距（Raghunandan 和 Rama，1995）。此外有很多研究表明持续经营意见具有较高的信息含量，能够反映审计师对公司生存和经营能力的判断，对投资者决策具有重要作用，能够使投资者在持续经营审计意见发布的短期或中期内做出负向反应（Fleak 和 Wilson，1994；Carlson，1998；Holder-Webb和Wilkins，2000；Menon和Williams，2010；Herbohn et al.，2014），另有相关文献验证了在我国资本市场条件下持续经营审计意见具备决策有用性（宋常、恽碧琰，2005；廖义刚，2007；廖义刚等，2010）。

在经营不确定事项信息的决策有用性受到一定肯定的同时，也有诸多研究指出其不足：首先，不乏研究认为经营不确定事项的披露可能由于信息含量不足或因其与其他信息一起披露而导致投资者的混淆或者市场反应不足（Elliott，1982；Blay和Geiger，2001；Elias和Johnston，2001；Myers et al.，2015）；第二，在我国存在强调事项段与保留意见混淆变通使用的情况，比如以带强调事项段的无保留意见替代保留意见，模糊了持续经营风险与重大错报风险的界限，使得投资者无法准确获知审计结论，弱化了审计意见的信号作用（孙铮、王跃堂，1999；李爽、吴溪，2002；陈关亭，2005；蔡利剑、张人骥，2005；刘学华、徐荣华，2008）；第三，在审计准则中，对于在审计报告中披露经营不确定事项的约束力不强，在审计结论中对于经营不确定事项的披露不具有强制性，导致很多破产公司在破产前并未被出具持续经营审计意见，造成了投资者不满，这在经济危机发生时尤为显著（Venuti，2004）。因此，在实践中并未充分发挥强调事项段与其他事项段的风险警示作用，由于注册会计师的信息披露不足，这部分内容无法为投资者提供充足的持续经营风险预警信息，除少数披露公司外，投资者无法获知绝大多数公司的持续经营风险信息，难以对其未来收益可获得性提供合理保证，因此，对投资者而言审计报告的信息含量还存在不足，其风险警示能力还需要进一步提高。

4. 其他信息

我国于2016年新修订的《中国注册会计师审计准则第1521号——注册会计师对其他信息的责任》中，将其中内容较2010版本进行了实质性修订，明确规定了注册会计师应当获取、阅读并考虑被审计单位年度报告中包含的除财务报表和审计报告以外的财务信息和非财务信息，并在其他信息存在重大不一致或错误的迹象时进行应对和报告，实现了与国际审计准则（ISA720）的趋同。

1521号其他信息准则的要求，体现了审计报告体系中对于更丰富和全面信息的关注，引导审计师全面关注年度报告和非财务信息，顺应了资本市场中政策制定者对非财务信息愈加重视的发展趋势，有助于进一步满足投资者的信息需求。然而，在1521号其他信息准则中明确规定了注册会计师不具有对于其他信息的鉴证责任，这也说明对于其他信息的保障程度并不高，对其披露也不具有强制性，因此，在现有的审计报告中很少出现对于其他信息的披露内容，在准则实施以来基本没有审计报告在其他信息中披露决策相关内容。目前的研究中也缺乏证明审计报告中对于其他信息的披露具有沟通价值的经验性证据，因此，在现有阶段，其他信息的信息价值难以体现，难以构成审计报告的主要信息含量。

3.1.2　关键审计事项的形成

通过对标准化审计报告模式变革的梳理和总结可知，标准化审计报告的信息含量体现在审计结论当中，投资者主要通过几种类型审计意见和强调事项段等方式披露的重大持续经营不确定事项获知决策信息，这些信息是注册会计师审计工作的最终汇总结论，而审计过程对于信息使用者而言依然秘而不宣。投资者和审计师对于上市公司具体风险信息的认知存在严重不对等现象，使用者对于审计师在审计过程中识别出的决策相关性风险信息的获知能力非常有限，在传统标准化审计报告模式下，审计师无法将这部分风险传递给投资者，难以降低投资者和上市公司之间的信息差距。随着资本市场的扩张与发展，投资者对审计报告的信息价值提出了更高要求，期望注册会计师出具具有更高信息含量和决策相关性的审计报告，以降低资本市场的不确定性和信息不对称带来的风险。基于传统标准化审计报告模式存在的缺陷和不足，在本轮审计报告模式改革当中，在传统审计报告模式基础上增设关键审计事项部分，披露审计师在审计工作过程中的重点难点内容等审计项目的个性化信息，包括重大错报风险高发领域、涉及重大管理层判断事项和本期重大交易或事项等内容，并披露某事项被认定为关键审计事项的原因和针对该事项具体实施的对策。关键审计事项准则的颁布，为信息使用者进一步开阔了视野，使其能够借由审计师的视角获知审计过程中值得关注的更为丰富的风险信息。

在审计报告模式演化的历程中，审计过程并非首次被纳入审计报告。在审计报告的非标准化时期，审计过程曾在长式审计报告中以对具体账户和交易的审计工作进行详细描述的方式出现，也曾在更为普遍的"证书式"（一段式）审计报告中被一笔带过。此后，为了增加审计报告的信息含量，帮助审计报告使用者理解审计工作，在1934年美国会计师协会（AIA）和纽约证券交易所（NYSE）联合颁布的《公司账户审计》中，首次将审计过程在审计范围段中进行描述，与审计意见分段列示（King和Case，2003）。直至1948年美国颁布通用审计准则，职业界认为由于审计过程中应当执行的审计程序已经在准则中明确规范，并且当时的使用者已经能够较过去更好地理解审计报告内容和审计师职责，于是在美国会计师协会颁布的SAP No.24中对审计范围段内容进行大幅变更，删除了审计范围段中对审计过程的具体表述，仅以"以通用审计准则为审计依据"作为概括。然而，当时的社会公众对于审计报告和审计师责任的理解程度并未达到审计职业界的预期（Geiger，1993）。此时在审计报告中对于审计过程的删减在一定程度上更减少了审计报告的信息含量，对预期使用者而言无异于雪上加霜，为期望差的加剧埋下了隐患。

在此后的六十余年当中，对于审计报告信息含量的讨论从未停止，在传统标准审计报告模式下，审计报告只披露最终的审计结果，而审计过程对于报告使用者而言依然是一个"黑匣子"。在审计结论中披露的重大错报风险信息或重大不确定性事项，要远少于审计师在审计过程中识别或关注的各类风险信息，虽然这些风险在实施审计程序之后不一定会最终构成重大错报，但其依然成为影响财务信息质量与未来经营及盈利能力的潜在风险，甚至影响审计质量。正如Defond（2014）指出，高质量审计要求审计师应当致力于呈现被审计单位全面而真实的经营和经济状况，而非仅仅出具审计结论。为增加审计过程的透明度，帮助社会公众理解审计工作，在国际范围内陆续开展了审计报告模式改革工作，国际审计与鉴证准则理事会（International Auditing and Assurance Standards Board，IAASB）和美国公众公司会计监督委员会（Public Conpany Accounting Oversight Board，PCAOB）等机构陆续发布了一系列准则修订议案，讨论如何对传统审计报告模式进行修改（IAASB，2011；PCAOB，2011，2012，2013a，2013b），引入关键审计事项，以弥补传统标准模式下审计报告对于审计过程披露的不足。在充分征求各界意见后，英国财务报告理事会（FRC）、欧盟（EU），国际审计与鉴证准则理事会（IAASB），美国公众公司会计监督委员会（PCAOB）等机构陆续颁布了对披露关键审计事项相关内容进行规范的准则，我国于2016年正式颁布1504号关键审计事项准则，实现了与国际审计准则模式的接轨。自此，审计报告使用者可以借助审计师的职业判断更加深入了解财务报告的风险信息，审计过程重新构成审计报告信息含量的重要组成部分。

根据审计报告模式的改革历程，关键审计事项的披露具有以下特征：第一，在形式上，关键审计事项准则是继1934年美国《公司账户审计》颁布后首次对审计过程进行单独披露，与《公司账户审计》不同的是，关键审计事项并不是将审计过程在审计范围段列示，而是经过审计师与被审计单位治理层沟通之后，结合审计师的职业判断，在单独段落进行总结列示，这种形式更有助于吸引审计报告使用者的注意力，并且更加方便使用者阅读；第二，在内容上，关键审计事项与鉴于型（subject to）审计意见和强调事项段相比，是对于经营不确定信息披露的进一步优化和发展。鉴于型审计意见和强调事项段是将经营不确定信息作为审计结论（审计意见）进行披露，可能造成投资者无法在审计结论中分辨持续经营风险和重大错报风险，从而造成混淆和决策偏差（Cohen，1978），而关键审计事项不作为审计意见单独列示，是在不改变审计结论的基础上进行增量披露，通过对审计过程中风险识别的关注扩增了风险披露内容，因此在增加信息含量的同时不会与既已得出的审计结论发生混淆。

综上所述，关键审计事项准则是在标准化审计报告基础上的重大突破，是审计报告改革历程的重要里程碑，既是注册会计师行业反省总结的成果，也是紧跟资本市场发展而形成的产物。在我国特有的制度背景下，关键审计事项准则的实施是否能够适应我国的资本市场环境，是否能够达到准则制定的预期效果，本书接下来将进一步研究关键审计事项准则在我国正式颁布以来的实施现状，分析沟通关键审计事项的篇幅布局和特点，为后续理论分析和经验性研究提供基础。

3.2 关键审计事项准则在我国的实施现状

关键审计事项准则在世界各个国家地区陆续实施以来，英国财务报告委员会（FRC，2015）、普华永道会计师事务所（PWC，2017b）、毕马威会计师事务所（KPMG，2017）、德勤会计师事务所（Deloitte，2017）、特许注册会计师协会（Association of Chartered Certified Accountants，ACCA，2018）、新西兰的外部报告委员会（External Reporting Board，XRB）和金融市场管理局（Financial Market Authority，FMA）等机构分别对关键审计事项准则在英国、澳大利亚、新西兰、南美、非洲、东南亚

等国家和地区的首年实施现状进行了分析和报告。Masdor 和Shamsuddin
（2018）对这些报告结果进行了分析比对，发现影响披露内容的因素各异。
张呈等（2019）对中国和英国新审计准则实施首年的披露现状进行了对比
分析，发现与英国相比，在报告中对事项描述的精确性、审计程序的逻辑
性、审计应对的清晰性均存在差异。那么随着新审计准则在我国的进一步
实施，关键审计事项在结构和内容方面体现了哪些特征呢？在实践中有哪
些发展和变化呢？本节将以我国2016—2018年的数据为样本，对我国新审计
准则全面实施以来的整体数据进行分析，对比2017年和2018年度在内容和结
构上的变化和特征，以动态视角分析关键审计事项在我国的实施现状。

　　我国于2016年12月正式发布《中国注册会计师审计准则第1504
号——在审计报告中沟通关键审计事项》（以下简称关键审计事项准
则），将关键审计事项定义为注册会计师根据职业判断认为对本期财务报
表审计最为重要的事项，应当从与治理层沟通过的事项中选取，从以下几
方面进行确定：（1）重大错报风险较高的领域，或识别出的特别风险；
（2）与财务报表中涉及重大管理层判断（包括被认为具有高度估计不确
定性的会计估计）的领域和相关的重大审计判断；（3）本期重大交易或
事项对审计的影响。在这三种类别中，重大错报风险领域无疑是与投资者
决策联系最为紧密的内容，可能作为衡量投资风险较为直接的判断依据，
涉及重大管理层判断和重大审计判断的事项也是影响财务信息质量和审计
质量的高危领域，本期重大交易事项可能成为经营不确定性的重要因素。
那么在实际披露结果中是否体现了审计师对相关领域的高度重视？在具体
内容中又有哪些侧重？审计师在沟通关键审计事项的过程中是否会受到被
审计单位行业特征的影响，或被事务所特征所影响？在不同审计结论下，
沟通的关键审计事项是否有所差别？本书将在以下部分对这些问题进行分
析探讨。

　　除关键审计事项内容之外，1504号关键审计事项准则中要求将针对关
键审计事项实施的审计程序与关键审计事项一并披露，因此，在审计报告
中关键审计事项段落由沟通关键审计事项内容和具体应对措施两部分共同

组成，应对措施的内容也可能成为投资者决策的参考内容，因此，本书也将对应对措施和关键审计事项的相对结构进行分析，较为全面地探讨了关键审计事项准则在我国的实施现状。

3.2.1 关键审计事项披露结构分析

自2017年关键审计事项准则全面实施以来，在2017年和2018年分别有3 422和3 503家公司在审计报告中沟通了关键审计事项，本书在对披露字数等连续变量进行1%～99%的Winsorize处理之后对披露样本进行了描述性统计，并删除了几项数据中有缺失的样本结果（如表3.1和表3.2所示）。综合表3.1中这两年披露结果来看，平均每家公司披露了2条关键审计事项，平均篇幅为521字，相应应对措施平均为11条，平均字数为617字，应对措施与关键审计事项的数量比平均为5.38，即审计师平均对每条关键审计事项实施5.38项应对审计程序，相对于关键审计事项的篇幅而言，应对措施的篇幅稍多。通过对比表3.2中这两年执行结果来看，关键审计事项和应对措施的披露数量无显著变化，但二者的披露篇幅都在第二年显著增加。同时，相对于关键审计事项而言，应对措施的相对数量和篇幅均在第二年显著增加。纵观这两年来披露结构的变化，在数量上，关键审计事项的信息含量基本保持稳定，而就篇幅和相对结构而言，关键审计事项的内容得到了进一步丰富和扩展。但是关键审计事项数量未显著变化说明风险披露内容并未显著扩增，风险披露能力是否得到提高还有待考察。

表3.1　2017—2018年我国关键审计事项披露相对结构统计表

变量	样本量	平均值	标准差	最小值	P25	中位数	P75	最大值
关键审计事项条数	6 925	2.089	0.651	1	2	2	2	4
应对措施条数	6 925	11.161	4.039	4	9	11	13	25
关键审计事项字数	6 925	521.333	242.847	114	351	486	646	1 340
应对措施字数	6 925	617.085	258.917	159	442	577	750	1 521
应对措施事项数量比	6 925	5.38	1.213	3	4.5	5.25	6	9
应对措施事项字数比	6 925	1.309	0.545	0.453	0.935	1.203	1.554	3.447

表3.2 2017—2018我国关键审计事项披露相对结构变化统计表

变量	年度	样本量	平均值	标准差	最小值	中位数	最大值	均值差异检验
关键审计事项条数	2017	3 422	2.083	0.641	1	2	4	−0.012
	2018	3 503	2.095	0.661	1	2	4	（−0.73）
应对措施条数	2017	3 422	10.654	3.756	4	10	22	−8.969
	2018	3 503	11.656	4.241	4	11	25	（−1.54）
关键审计事项字数	2017	3 422	516.796	240.146	117	479	1 340	1.002***
	2018	3 503	525.765	245.41	114	492	1 319	（−10.4）
应对措施字数	2017	3 422	600.475	252.353	159	562	1 459	32.835***
	2018	3 503	633.311	264.202	162	596	1 521	（−5.29）
应对措施事项数量比	2017	3 422	5.157	1.153	3	5	8.667	0.441 8***
	2018	3 503	5.599	1.231	3	5.5	9	（−15.4）
应对措施事项字数比	2017	3 422	1.287	0.543	0.453	1.178	3.273	0.044***
	2018	3 503	1.331	0.545	0.459	1.223	3.447	（−3.35）

注：*、**、*** 分别表示在0.1、0.05、0.01 的显著性水平下显著。

3.2.2 关键审计事项披露内容统计

1. 关键审计事项准则执行首年的披露内容统计

2016年为关键审计事项准则实施首年，按照准则规定，共有93家A+H股公司在审计报告中沟通了关键审计事项，合计227项，平均在每份审计报告中沟通了2.44项关键审计事项。如表3.3所示，涉及到管理层重大判断的相关事项共有178项，占总数的78.41%，在数量上远远超过重大错报风险领域事项（44项，占总数19.38%）及重大交易事项（5项，占总数2.20%）。与冉明东和徐耀珍（2017）的研究发现相一致的是，资产减值是在此年最受关注的领域，同时收入相关的事项也受到了高度关注。综合来看，对于经济业务相关报表项目的具体会计处理受到审计师的更多关注，审计师对财务信息质量相关事项的关注比对经营风险事项的关注更多。由于新审计准则实施第一年的具体范围受到客观条件限制，未必能够客观全面地反映我国上市公司的全貌，因此，本书接下来对全面实施关键审计事项的2017

年和2018年数据进行进一步分析。

表3.3　2016年我国上市公司关键审计事项披露内容统计表

关键事项类型	关键审计事项	频次汇总
重大错报风险和特别风险相关	收入与费用确认	39
	关联方交易	2
	业务系统升级	2
	营业税改征增值税	1
管理层重大判断相关	非金融资产的确认与减值	120
	金融工具的相关会计处理	21
	企业合并与投资的会计处理	29
	租赁的会计处理	4
	未决诉讼	2
	政府补助	2
重大交易等	重大资产并购重组	5
合计		227

2. 2017—2018年关键审计事项披露内容统计

根据注册会计师审计报告中对关键审计事项的描述及其交易实质，笔者将2017—2018年披露的关键审计事项按照新审计准则规定的三类来源进行进一步分类（重大错报领域，管理层判断，当期重大交易事项），具体内容如表3.4所示。2017和2018年分别披露了7 159和7 334条关键审计事项，其中，涉及到管理层重大判断领域的事项占比最高，分别占比61.8%和65.07%。具体来看，资产的价值判断是审计师最为关注的内容，资产减值类和估值类项目占整体50%以上，按照完工百分比法确认收入，由于涉及到管理层对会计估计的判断运用，也是注册会计师审计的重点。占总数比例第二高的类别是涉及到重大错报风险和特别风险领域的事项，分别占总数33%以上。收入、成本费用的确认、关联方交易、投资收益和重大债务重组等事项由于可能对净利润产生巨大影响而得到审计师的重点关注，只收入占总数30%左右，可见关键审计事项的披露内容具备了一定的风险相关性，值得投资者关注和深入理解。由于重大交易的特殊性，两年来在数量上占比不大（分别为1.69%和1.13%），但是值得关注的是，2017年在关键审计事项中披露的其他事项超过了180项，而在2018年大幅减少，只有10项，说明审计师对关键审计事项的关注更加集中，这既可能说明披露关键审计事项具备风险相关性，也可能说明关键审计事项披露具有标准化和统一性的趋势，这种现象对投资者而言是否有利值得进一步商榷。

表3.4 2017—2018年上市公司关键审计事项披露内容统计表

事项类型	17年数量	占比	18年数量	占比	变动
一、与财务报表中涉及重大管理层判断（包括被认为具有高度估计不确定性的会计估计）的领域相关的重大审计判断	4 424	61.80%	4 772	65.07%	7.87%
1.资产减值及估值类	3 654	51.04%	3 999	54.53%	9.44%
应收项目减值	1 317	18.40%	1 339	18.26%	1.67%
商誉减值	842	11.76%	1 081	14.74%	28.38%
存货减值	728	10.17%	738	10.06%	1.37%
固定资产和在建工程	334	4.67%	320	4.36%	−4.19%
其他长期资产减值	154	2.15%	168	2.29%	9.09%
无形资产摊销	140	1.96%	141	1.92%	0.71%
金融资产估值	106	1.48%	180	2.45%	69.81%
其他资产估值	33	0.46%	32	0.44%	−3.03%
2.完工百分比法确认（建造）合同收入	253	3.53%	233	3.18%	−7.91%
3.股权投资与收购	202	2.82%	284	3.87%	40.59%
4 涉税项目（递延所得税，土地增值税等）	104	1.45%	70	0.95%	−32.69%
5.预计负债（诉讼仲裁、产品质量保证金等）	78	1.09%	43	0.59%	−44.87%
6.政府补助	88	1.23%	99	1.35%	12.50%

续表

事项类型	17年数量	占比	18年数量	占比	变动
7.研发支出	25	0.35%	24	0.33%	−4.00%
8.薪酬福利（包括股份支付）	20	0.28%	20	0.27%	0.00%
二、评估的重大错报风险较高的领域或识别出的特别风险	2 433	33.99%	2 468	33.65%	1.44%
1.收入（除按完工百分比法确认）	2 079	29.04%	2 279	31.07%	9.62%
2.投资收益确认	150	2.10%	69	0.94%	−54.00%
3.关联方交易	96	1.34%	19	0.26%	−80.21%
4.成本确认	56	0.78%	59	0.80%	5.36%
5.费用确认	35	0.49%	35	0.48%	0.00%
6.债务重组	17	0.24%	7	0.10%	−58.82%
三、本期重大交易或事项	122	1.70%	84	1.15%	−31.15%
并购重组及重大资产处置	122	1.70%	84	1.15%	−31.15%
其他事项	180	2.51%	10	0.14%	−94.44%
总计	7 159	100.00%	7 334	100.00%	2.44%

综合新审计准则正式实施以来的披露内容来看，披露事项与经济业务实质的相关性较强，较能体现被审计单位在经营过程中的风险常发事项，对于容易通过管理层判断进行粉饰的报表项目和错报常发领域的关注度较高，尤其是对资产质量方面高度关注，资产账面价值和减值的确认关系到资产质量、资产抵债能力甚至存续经营能力，同时具有较大的会计处理空间，为舞弊事项多发领域，对此部分的高度关注体现了关键审计事项的高度风险相关性，对于投资者评价历史会计信息的可靠性具有重要作用。然而，在新审计准则实施以来，对于本期重大交易事项的披露数量明显减少，这不利于投资者了解影响上市公司持续经营能力的风险因素，而这些因素可能对上市公司的持续经营产生难以估计甚至不可逆转的重大影响，因此在后续的事项披露中，审计师应当提高对重大交易事项的关注程度，为投资者充分揭示可能影响上市公司持续经营能力的风险信息。

3.2.3　关键审计事项的行业特征分析

表3.5显示了各行业披露关键审计事项的平均数量、平均篇幅和沟通频次最高的三项关键审计事项，以及这些关键审计事项占该行业沟通事项总数的比例。如下表所示，各行业平均沟通事项数量在2条左右，并未出现大的波动，应对措施与篇幅比例也相对稳定，与总样本相比并未在行业间出现明显差异。在披露内容上，总体而言，收入、经营类资产项目减值和商誉减值占比最高，披露最为集中，这与样本总体分析结果基本一致。其中，在信息、卫生、文化和综合类行业中，商誉减值数量仅次于收入事项，位列第二，商誉往往与日常业务无关，其会计处理需要管理层进行判断，并对当期经营结果产生重要影响，因此应当受到投资者的重点关注。

具体而言，多数情况下关键审计事项往往与行业和业务特征紧密联系，如在建筑业和水利、环境和公共设施管理业，多采用完工比例法核算收入，其特殊的收入核算方式受到了审计师的关注；在农、林、牧、副、渔和批发零售业，存货的可变现净值将对资产质量产生较大影响，因此审计师重点关注存货跌价准备的计提；交通运输业的特许权使用情况较为特殊，因此无形资产项目往往被列为关键审计事项；房地产行业当中，因其存货的特殊性质，其房屋土地存货的可变现净值也受到重点关注，受到该行业中业务特殊性的影响，土地增值税的计提普遍被列为关键审计事项。总之，从2017—2018年关键审计事项在各个行业中的分布来看，既能够反映共有风险，也能够在一定程度上反映出行业特有风险，进一步肯定了关键审计事项的信息价值。但是，在同一行业中的同质化披露可能会降低同一行业内不同公司之间风险披露的特异性，未来在披露中应当在进一步关注公司特异性信息，使报告使用者能够更有针对性地了解上市公司的实际经营状况，辅助投资者通过对比行业内不同公司的风险信息优化投资策略。

表3.5　关键审计事项行业特征统计表

行业名称	代码	样本	KAM平均数量	KAM平均篇幅	应对措施平均数量	应对措施平均篇幅	频次最高事项	占比
农、林、副、牧、渔业	A	80	2.09	503.33	10.99	572.71	收入；存货跌价准备；生物资产减值	65.87%
采矿业	B	148	1.97	490.06	10.37	542.01	收入；资产减值；应收账款坏账	65.29%
制造业	C	4365	2.07	506.83	11.26	612.12	收入；应收项目减值；商誉减值	67.47%
电力、热力、燃气及水生产和供应业	D	210	1.93	474.63	9.95	553.50	收入；固定资产减值；商誉减值	62.81%
建筑业	E	184	2.17	515.72	11.51	629.10	建造合同收入；应收账款；房地产销售收入	85.00%
批发和零售业	F	322	2.10	524.06	11.26	645.84	收入；存货跌价准备；商誉减值	54.81%
交通运输、仓储和邮政业	G	191	1.88	525.94	9.81	578.69	收入；应收账款；无形资产	84.17%
住宿和餐饮业	H	18	1.83	508.33	10.33	633.28	收入；资产减值	69.70%
信息传输、软件和信息技术服务业	I	514	2.15	549.16	11.58	639.24	收入；商誉减值；应收账款	79.42%

行业名称	代码	样本	KAM平均数量	KAM平均篇幅	应对措施平均数量	应对措施平均篇幅	频次最高事项	占比
金融业	J	167	2.71	919.12	11.82	867.00	金融资产减值准备；合并范围确定；商誉减值	65.49%
房地产业	K	241	2.26	600.68	11.09	654.04	收入；存货可变现净值；土地增值税	66.36%
租赁和商务服务业	L	95	2.14	562.24	11.56	698.44	收入；应收账款；商誉减值	67.98%
科学研究和技术服务业	M	100	2.11	532.67	11.36	634.61	收入；应收账款；商誉减值	88.63%
水利、环境和公共设施管理业	N	96	2.07	529.72	10.72	618.09	建造合同收入；营业收入；应收账款	82.91%
居民服务、修理和其他服务业	O	2	2.00	815.50	14.50	792.50	收入；商誉减值	100.0%
教育	P	11	2.18	434.36	11.09	575.64	收入；商誉减值	79.17%
卫生和社会工作	Q	20	1.75	411.85	9.05	496.35	收入；商誉减值；应收账款	91.43%
文化、体育和娱乐业	R	116	2.15	506.30	11.68	603.85	收入；商誉减值；应收账款	76.31%
综合	S	45	2.07	570.31	9.82	550.29	收入；商誉减值；应收项目	47.31%
总计		6 925	2.09	524.93	11.18	619.87		

3.2.4 关键审计事项的会计师事务所特征分析

关键审计事项的披露与审计师的职业判断密切相关，因此，除了业务实质和行业特征之外，我们也有必要关注关键审计事项的披露内容和形式是否也受到会计师事务所特征的影响。本书通过表3.6列举了国际四大会计师事务所、国内大规模会计师事务所和其他小规模会计师事务所之间披露关键审计事项结果的差异。如表所示，在披露形式上，国际四大会计师事务所对每家公司披露的关键审计事项数量显著多于国内会计师事务所，而针对每项关键审计事项实施的审计程序却少于国内会计师事务所，该结果反映出国际四大会计师事务所注册会计师的沟通意愿更强，或对风险信息更为关注，而国内会计师事务所实施审计程序更为全面而谨慎。对比篇幅的相对结构可知，国际四大会计师事务所的相对表述最为精炼，不倾向于使用更多篇幅阐释应对措施，而国内大所和其他所的相对篇幅依次升高，反映出国内事务所具有规避风险的倾向。

在披露内容上，由于资产减值类和收入类项目分别是管理层判断领域和重大错报风险领域沟通频次最高的两类事项，因此，本书就国内外会计师事务所对该类项目的关注度（每家会计师事务所对该类项目沟通数/该事务所沟通关键审计事项总数）进行比对，以分析不同会计师事务所沟通关键审计事项的侧重点。如表3.6所示，国际四大会计师事务所对于资产减值类项目更为关注（差异为8.11%），而国内会计师事务所更为关注收入类事项，国内前六大会计师事务所和其他事务所分别在关注程度上比国际四大所高出8.19%和6.17%。该结果表明，国际四大会计师事务所和国内会计师事务所的关注重点和工作重点有所不同，国内所更为关注重大错报风险领域，而国际四大会计师事务所更为关注由于管理层判断和会计估计运用可能导致的财务信息质量低下等风险。这些事务所特征差异和事务所品牌效应的存在虽然可能有助于事项披露的个性化和特异性，但也可能为投资者对信息的接收和使用产生障碍，使投资者难以分辨披露内容的区别是由事务所工作风格差异造成的，还是由信息自身差异造成的，从而造成理解偏差，在以后新审计准则实施过程中，应当进一步寻求信息特异性与信息可比性的平衡点，在为投资者提供有效信息的同时避免投资者出现混淆或误解。此外下文将进一步就事务所声誉对关键审计事项决策效应的影响作出进一步研究，探讨事务所特征是否会影响到投资者的决策行为。

表3.6 关键审计事项的事务所分布统计表

会计师事务所	样本量	总事项	资产减值类事项关注度	收入类事项关注度	平均关键审计事项数量	应对措施与事项数量比	应对措施与事项篇幅比
国际四大							
普华永道中天	134	273	28.21%	26.74%	2.04	5.41	1.25
安永华明	131	320	35.63%	15.31%	2.44	4.26	0.80
德勤华永	105	221	32.13%	27.60%	2.10	4.61	1.00
毕马威华振	56	136	28.68%	30.15%	2.43	5.62	1.24
小计	426	950	31.37%	23.26%	2.23	4.89	1.05
国内前六大							
立信	1 118	2 237	23.11%	38.13%	2.00	5.30	1.22
天健	787	1 745	29.17%	34.79%	2.22	5.80	1.27
瑞华	641	1 388	26.22%	35.45%	2.17	5.37	1.24
大华	451	929	27.88%	32.08%	2.06	5.87	1.51
信永中和	441	867	28.26%	30.68%	1.97	5.30	1.34
致同	357	768	27.34%	30.99%	2.15	5.21	1.42
小计	3 795	7 934	26.53%	34.72%	2.09	5.48	1.30
其他会计师事务所							
小计	2 704	5 609	27.13%	33.30%	2.07	5.35	1.38
总计	6 925	14 493	33.98%	33.42%	2.09	5.39	1.32
均值差异（四大非四大）					0.146 2*** （−4.40）	0.540 3*** （8.50）	0.283 3*** （9.64）
均值差异（国内大所与其他）					0.016 3 （−1.00）	0.121 2 （−3.82）	−0.076 2*** （5.08）

注：*、**、***分别表示在0.1、0.05、0.01的显著性水平下显著。

3.2.5　关键审计事项与审计意见类型分析

我国关键审计事项准则明确规定，关键审计事项的出具不影响审计结论，也就是说，关键审计事项的内容与审计意见并无直接关系。但是，对于投资者而言，不同审计意见的信息含量是不同的，作为审计意见基础上的增量信息，关键审计事项在不同审计意见下的特征也值得关注。表3.7列示了不同审计意见下关键审计事项的平均数量和相对篇幅分布。根据新

表3.7　关键审计事项与审计意见分布统计表

审计意见	样本量	关键审计事项	应对措施	应对措施事项数量比	应对措施事项篇幅比
标准无保留意见	6 653	2.09	11.15	5.39	1.32
带强调事项段的无保留意见	167	2.34	12.91	5.53	1.29
保留意见	104	1.93	10.88	5.62	1.34
无法表示意见	1	3.00	10.00	3.33	1.13
总计	6 925	2.09	11.18	5.39	1.32

审计准则相关规定，在出具无法表示意见时，不在审计报告中沟通关键审计事项，因此在无法表示意见下仅有的一例样本不作为重点分析对象。通过对比表3.8中均值差异可以得知，与标准审计意见相比，在带强调

表3.8　不同审计意见下关键审计事项数量均值差异检验

审计意见	关键审计事项	应对措施	应对措施事项数量比	应对措施事项篇幅比
带强调事项段的无保留意见与标准无保留意见	0.25*** （−4.75）	1.76*** （−5.43）	0.14 （−1.45）	−0.03 （0.65）
保留意见与标准无保留审计意见	−0.16** （−2.41）	−0.27 （−0.67）	0.23* （1.83）	0.02 （0.37）
保留意见与带强调事项段的无保留意见	−0.40*** （−3.72）	−2.04*** （−2.8）	0.09 （0.5）	0.05 （0.71）

注: *、**、***分别表示在0.1、0.05、0.01的显著性水平下显著。

事项段的审计意见报告中沟通的关键审计事项数量显著增多，应对措施也显著增多，但是相对比例和篇幅并无显著变化；保留意见审计报告中的关键审计事项数量显著少于标准无保留审计报告，而应对措施的相对数量显著增加，这可能由于保留意见比标准审计意见具有更强的信号作用，能够较为清晰明确地传递风险信息，此时，在审计报告中沟通关键审计事项的信号作用相对而言较弱，导致审计师的沟通与披露意愿相应降低。与带强调事项段的无保留意见相比，在保留意见审计报告中披露的关键审计事项数量和应对措施数量均显著减少，这也侧面印证了非标准审计意见的信号作用较强，关键审计事项的信号作用未必强于审计意见，与新审计准则的相关规定和指引相一致，这对于理解和研究审计报告具有重要意义。同时，也说明了在进一步实施中应当加强在保留意见下的相关信息披露，以满足投资者的决策需求。

就我国关键审计事项准则实施初步现状而言，已经获得初步成果，具备一定信息含量，但总体而言也存在一定改进空间：第一，整体披露结构尚不稳定，在实施两年以来关键审计事项和应对措施的披露数量并未发生明显变化，但是篇幅发生了较大变动，语言描述更为翔实，这一方面为投资者提供了更多辅助决策的细节信息，但是是否切实有助于提高投资者的信息理解和接收能力还有待考察；第二，风险信息具有集中化趋势，就整体披露内容而言向涉及管理层判断领域事项集中，且同一行业中披露事项具有较高同质性，这均可能成为促使关键审计事项向统一化或标准化发展的潜在不利因素，在今后的实施中，应当进一步强化关键审计事项披露信息的公司特异性，使披露信息更能够反映被审计单位的实际经营问题，避免关键审计事项趋向程式化；第三，会计师事务所风格差异导致披露内容差异，从目前披露现状来看，国际四大会计师事务所用语较国内会计事务所更为简洁精炼，实施的审计程序也更少，关注领域也有差别，这不利于投资者在不同事务所的被审计单位之间进行比较，难以分辨导致信息差异的原因是事务所特征还是关键审计事项本身，因此，在进一步实施中应当强化信息可比性，避免误导信息使用者；第四，关键审计事项披露内容在不同审计意见下存在差异，尤其是在保留意见下的披露内容更少，可能造成不同审计意见的审计报告存在沟通能力差异，在今后实施中，应当进一步扩增在非标准审计意见下的披露信息，更好地体现审计意见与关键审计事项信息含量的区别，实现关键审计事项的增量信息价值，进一步满足投资者的决策信息需求。

3.3　本章小结

本章作为支撑本书理论分析和实证检验的基础，主要从两个方面进行论述。首先，本章梳理了注册会计师审计报告的演化过程，对注册会计师审计报告主要内容的历史沿革进行了总结分析，使关键审计事项的形成基础和演化脉络更加清晰。关键审计事项是在审计报告模式不断演化的基础上产生的，在内容上增量披露了审计师在审计过程中识别和沟通的各种风险，在形式上又不改变审计意见，而是作为单独的增量内容进行披露，使审计报告结构更加丰富，在补充传统模式审计报告内容的同时，对于理解、使用和研究审计报告具有重要意义。

其次，本书从关键审计事项准则实施以来在结构和内容上的动态变化进行分析，并从整体上就行业特征、事务所特征和审计意见分布等方面对新审计准则的实施现状进行了统计分析。在结构上，关键审计事项和应对措施的数量在新审计准则颁布以来基本维持稳定，但总体而言披露篇幅进一步增加，就相对结构而言，应对措施的数量和篇幅相对于事项本身均进一步增加，说明关键审计事项的增量信息不断丰富和扩展。在内容上，关键审计事项对于涉及到管理层判断和会计估计变更领域的事项披露占比最多，涉及到重大错报领域的事项次之，而对当期重大交易事项的披露占比较少，说明关键审计事项体现了审计师对交易实质等信息的关注，具备对相关风险深入披露的能力，但也存在披露内容趋同化风险；同时，关键审计事项的内容能够在一定程度上体现行业特征，与经济业务实质密切相关；不同会计师事务所对于关键审计事项的侧重点有所差异，国际四大会计师事务所和国内会计师事务所在事项关注和披露结构上也具有差异，关键审计事项披露内容受到不同事务所注册会计师工作风格或职业判断差异的影响；在不同审计意见下，关键审计事项也存在披露内容的差异，说明关键审计事项和审计意见既有区别也有联系，作为审计结论，审计意见具有不可替代的作用，在研究关键审计事项的信息增量作用时，应当将审计意见作为先决条件进行研究，对二者的信息内容进行清晰界定。本章研究对于后续章节具有重要启示作用，是后续章节的研究基础。

　　虽然我国关键审计事项准则实施初期已经能够体现一定的信息含量和风险相关性，但是其具体增量信息价值还有待验证，比如被审计单位的特异性风险信息是否得到充分披露，关键审计事项所披露的风险是否能够被投资者所接收并作为投资决策参考，关键审计事项所披露的风险与审计意见有何异同。为进一步解决这些问题，下文将通过理论分析和实证检验等方式对关键审计事项的风险预警机制和投资者决策有用性进行深入探讨。

第4章　理论分析与假设提出

　　前文对关键审计事项相关研究成果、发展脉络和在我国的实施现状进行了分析，本章在此基础上，基于现有理论和实证研究存在的薄弱之处，以及实施现状存在的不足，建立关键审计事项满足投资者决策信息需求的理论分析模型，明确关键审计事项在审计意见基础上传递增量风险信息和具备决策有用性的具体机制，并进一步提出研究假设。在理论分析方面，本章运用马克思资本商品理论对投资者的决策信息需求进行深入分析，从资本商品的特殊属性和定价机制出发，对于投资者决策信息需求的层次和维度进行拓展和分解，进而分析关键审计事项在既有审计意见基础上的增量风险披露能力，并以信号传递理论和制度经济学理论为基础，探究关键审计事项对加强审计报告制度表征职能和信号传递功能的作用，分析审计事项在审计意见基础上影响投资者决策的作用机制。本章在理论分析的基础上进一步提出研究假设，形成后续章节实证检验的理论基础。

4.1　基于资本商品理论的关键审计事项风险预警机制的机理分析

　　注册会计师审计制度是资本市场形成之后出现的经济监督制度，担负维护资本市场中资本商品流通秩序的重要职责，审计报告是投资者交易资本商品时的直接决策依据，在传统模式审计报告中，审计意见是投资者的主要决策信息来源，但审计意见由于信息含量不足并不能充分满足投资者的决策信息需求，导致投资者对注册会计师审计报告的沟通能力产生不满，为进一步增加审计报告的信息含量以满足投资者需求，在传统模式审计报告中增加披露关键审计事项，在不改变原有审计意见的基础上增量披露决策相关信息。为明确关键审计事项提供增量信息的机理，本节首先对投资者的决策信息需求进行分析，基于马克思资本商品理论，以资本商品的特殊属性和定价方式论述投资者进行决策时的考量因素，细化投资者需要从审计报告中获取风险信息的类型和层次，并分析传统标准化审计报告的信息含量的不足之处，推导出关键审计事项在既有审计结论的基础上产生增量信息价值的作用机制。

投资者是注册会计师审计服务的主要需求者，在以股票为代表的资本市场形成后，需要根据可靠的会计信息进行投资决策。审计报告作为难以被替代的信息传输机制，成为投资者对于历史会计信息真实性和未来投资收益保障性进行判断的主要依据，投资者对于审计报告的信息需求受到其投资标的物定价机制的影响。在资本市场形成之后，投资者已经不是一般产业资本的投资者，而主要是资本商品或称虚拟资本的交易者，资本商品交易者与以往产业资本投资者对审计服务的需求有着很大的区别，其信息需求与资本商品的特有属性息息相关。

1. 资本商品的性质

在历史上资本商品最早的形式是借贷资本，借贷资本与商品资本及货币资本不同，不是实际执行职能的资本。借贷资本通过贷放和回流，价值获得了直接的增值，现实的再生产过程变成了一个中介过程，借贷资本变成了一种特别的商品，变成了直接能够自行增值的资本商品。马克思指出：借贷资本具有独特的流通形式，A把货币贷给B，货币在B手中实际转化为资本，完成G—W—G'运动，然后作为G'，作为G+$\triangle$G回到A手中，在这里，$\triangle$G代表利息，这样运动就是：

$$G—G—W—G'—G'$$

在这里，出现两次的是货币，作为资本的支出以及货币作为已经实现的资本的流回。通过这一过程生息资本得以形成，并造成这样的结果：每一个确定的和有规则的货币收入都表现为一个资本的利息，这种资本是虚拟的资本。①这种形成虚拟资本的过程被称作资本化，每次按规则反复取得的收入按平均利息率来计算，把它算作是按这个利息率贷出会获得的收益，这样就把这个收入资本化了，因此，收入和资本的现实增值过程进行了分离，资本自行增值的观念就此形成。上市公司的股票是具有代表性的资本商品，是投资者直接的投资工具，投资者可以通过股票收益和股票买卖实现财富的直接增值。马克思指出：所有这些证券实际上都是代表已积累的对于未来生产的索取权或权利证书，有了这种证书，只是在法律上有权索取这部分资本应该获得的一部分剩余价值。但是，这种证书也就成为现实资本的纸质复本，这种复本之所以会成为生息资本的形式，不仅因为它们保证取得一定的收益，而且因为可以通过它们的出售而能得到它们的资本价值的偿付。②

随着工业革命的出现，企业规模的扩大，企业的组织形式也发生了深刻的变化，普遍采取股份公司的形式，并且公司股票通过资本市场进行交易，资本商品普遍采取了股票资本的形式。资本商品交易更加便利，社会可以动员更加广泛的资金投入到生产经营的领域中，资本商品具有了广泛的社会性。商品是用来交换的人类劳动产品，资本商品既具有商品的一般特征，又具有资本的特征。与一般的消费品交易相比，资本商品交易具有以下鲜明的特征：

（1）资本商品的交易目的是为了价值的直接增值

马克思在分析货币转化为资本的过程时指出：作为货币的货币和作为资本的货币的区别，首先在于它们具有不同的流通形式：商品流通的直接形式是W—G—W，商品转化为货币，货币再转化为商品，为买而卖；而货币作为资本的流通，其形式为G—W—G，货币转化为商品，商品再转化为货币，为卖而买。在W—G—W循环中，初始端是一种商品，终端是另一种商品，后者退出流通，转入消费，因此，这一循环的最终目的是消费，是满足

---

① 《资本论》第三卷527页。

② 《资本论》第三卷540页

需要，体现了交易物的使用价值；而G—W—G循环是从货币一端出发，最后又返回初始端，因此，这一循环的动机和决定目的是交换价值本身。

物品的有用性决定商品体的属性，离开了商品本身就不复存在，使用价值只是在使用或消费中得到实现，基于这种特征对一般消费品和资本商品进行分析可知，一般消费品交易的目的是商品的使用价值，资本商品的交易目的是商品的价值本身，是直接的价值增值。而且，资本商品与产业资本相比，价值增加的过程往往不可见，尤其是在上市公司中所有权和经营权逐渐分离，大多数投资者无法参与到资本增值过程中，而只看到其增值的结果，这一属性更加得以凸显。当然，一般消费品和资本商品在一定条件下可以根据商品的使用目的发生转换。

（2）资本商品交易的无限性，一般消费品交易的有限性

马克思指出，在简单商品流通中，交易初始端和最终端具有同样的经济形式，即二者都是商品，而且是价值量相等的商品[①]；而G—W—G这个流通则不同，两级具有同样的经济形式，二者都是货币，这一过程之所以有内容，不是因为交易两端有质的区别，而只是因为它们有量的不同。最后从流通中取出的货币，多于起初投入的货币。原预付价值不仅在流通中保存下来，而且在流通中改变了自己的价值量，加上了一个剩余价值，即增值。马克思又进一步指出：为买而卖的过程的重复或更新，与这一过程本身一样，以达到这一过程以外的最终目的，即消费或满足一定需要为限。相反，在为卖而买的过程中，初始端和终端是一样的，都是货币，都是交换价值，单是由于这一点，这种运动就已经是没有止境的了。作为资本的货币的流通本身就是目的，因为只是在这个不断更新的运动中才有价值的增值。因此，资本的运动是没有限度的。而相比于资本商品交易的无限性而言，人们使用一般消费品是有限的，商品的使用价值的属性会满足人们不同需求，人们对每一种使用价值的需要都是有限的，不可能无限地使用同一种使用价值，如人们对粮食的需求，对各种具体的使用价值的需

---

① 《资本论》第一卷第175页，176页

求都是有限的，因而一般消费品的运动具有有限的形式。资本商品运动代表了人们对于价值的追求和对于财富的追求，人们对财富价值的需求远高于对于一般商品的需求，因此，资本商品得以不断循环往复地进行交易。在资本商品循环往复的交易当中，存在脱离内在价值的风险，影响其交易价格的因素也会变得更加复杂，因此投资风险性也会相应增高，投资者为保障收益，需要对资本商品的价值变化趋势做出判定，相比较对于一般商品的交易而言，需要进行更为复杂的投资决策。

（3）在交易中资本商品的定价机制与一般消费品有着显著区别

一般消费品定价是过去决定现在，既商品的价格主要由成本来决定，成本是过去生产产品的结果，这一结果一般情况下是固定不变的，成本信息来自于过去；而资本商品的定价是由未来决定的，未来决定现在，对资本商品的定价依据的是对未来价值的判断，因为资本是能够带来剩余价值的价值，资本本身的价值是根据能够带来的剩余价值决定的，未来的剩余价值越多，资本现在的价值就越高。马克思指出：资本商品的市场价值，会随着它们有权索取的收益大小和可靠程度而发生变化，这种证券的市场价值部分地有投机的性质，因为它不是由现实的收入决定的，而是由预期得到的、预先计算的收入决定的。[①]未来收入的资本化，历来是决定资本商品价格的基本方法，现实中普遍采用的资本资产定价模型，就是资本商品理论的具体运用。因而，对资本商品定价的依据是对未来价值的判断，对未来的预测取决于现在的经济信息，经济信息最主要的来源形式是会计信息，因此资本商品的定价依赖于现在会计信息的可靠性以及对未来预测的准确性。因此，对于资本市场中的股票投资者而言，他们一方面十分关心股票的价格，因为他们可以通过直接买卖股票而获得利益，另一方面会关心所投资企业的收益，因为他们可以按投资份额分享企业收益中的一部分，在企业经营收益方面，投资者既关心企业发布历史区间投资收益的真实性，又关心企业未来经营能力的持续性，以保障未来收益的可获得性。

---

① 《资本论》第三卷第530页

2. 投资者决策问题的改变

在资本市场出现之前，投资者由于转让资本的困难性，使得投资者与管理者之间的关系相对密切且稳定，投资者决策的问题通常是如何监督管理者，要求管理者充分履行受托经济责任，为投资者资本的保值增值提供服务，同时要求企业遵守法律法规，履行社会责任，保证企业安全持续经营下去。在此情况下，投资者需要管理者提供与其投资有关的安全与效率的信息，报告他们履行受托经济责任的结果。在资本市场发展到一定阶段后，投资者在资本市场上转让资本十分便利，控制权和所有权分离使得投资者难以参与企业运营，无法切实了解企业的实际经营状况，大量的投资者与管理者之间的关系十分疏远并且很不稳定。虽然对于投资者整体而言，由于法律和契约的约束不能随意退出企业，企业获得了法人地位，但是对于投资者个体而言，他们可以轻易地将投资转让出去，投资者整体的稳定性与投资者个体的流动性相结合，既保证了企业稳定发展，又保证了投资者对企业投资的选择和变化，便于对经济资源进行动态调整和优化配置。

随着资本市场的快速发展，资本商品的交易种类日益繁多，交易环境日益复杂，此时投资者在进行决策时，不仅需要对投资安全性进行考量，更受到资本商品增值的驱动力对投资策略进行优化，以保障投资收益的最大化，从众多可投资公司中筛选出投资收益性和安全性更有保障的投资对象。此时，对于大量的个体投资者而言，决策的主要问题不再是如何监督所投资企业的管理者，而转为如何评价所投资企业的未来收益和风险。投资者的目光不再主要盯在现实所投资的企业上面，而转为盯在资本市场中的所有企业上面，在收益和风险的比较中不断改变投资策略。在此情况下，投资者需要所有的企业都要提供与预期收益和风险高度相关的信息，充分体现公司特异性风险，并且保证这些信息的可靠性和决策相关性，以便投资者进行择优逐劣的投资选择。

3.投资者的决策信息需求

资本市场上投资者的目的是直接的价值增值，他们需要通过会计信息判断企业的经营成果、企业风险和未来的投资价值，同时需要对不同企业的投资收益性进行判断，从而获得更高收益。基于资本商品的定价机制，投资者对会计信息会有两个方面的需求：一是投资者需要得到可靠的会计信息，以便根据这些信息对未来的投资价值进行合理预测，因此需要获知影响财务信息质量的风险因素，当这些影响因素越多时，财务信息质量风险越高，财务信息质量越低，历史财务会计信息越可能存在不同程度的粉饰和不准确性，可靠性程度越低，投资者对于资本商品价值判断越可能会不准确，难以获得预期收益，因此投资者需要注册会计师充分揭示财务信息质量风险；二是需要通过会计信息了解未来收益的稳定性和可获得性，了解企业是否具有资不抵债等影响持续经营能力的风险因素，导致未来经营状况堪忧甚至破产清算，这些因素越多，则持续经营风险越高，对未来收益可获得性的保障程度越低，造成投资损失的可能性越高，因此投资者需要通过审计报告揭示持续经营风险（韩丽荣、刘志洋；2017）。投资者在考虑到投资收益性和安全性的同时，也需要优化投资策略，也就是说投资者需要向信息真实的经营状况好的公司投资，因此需要对风险程度进行揭示，以便在众多公司中选择出较优的投资标的公司。注册会计师审计作为企业会计信息发布链条上不可或缺的关键环节，投资者期望注册会计师通过审计报告对企业的财务信息质量高低和持续经营风险高低进行充分揭示。通过以上分析，投资者对审计报告两个维度的信息需求如表4.1所示。

表4.1 投资者决策信息需求表

财务信息质量风险 持续经营风险	低	高
低	A财务信息质量风险和持续经营风险均低	B财务信息质量风险高
高	C持续经营风险高	D财务信息质量风险和持续经营风险均高

如表4.1所示，投资者基于决策需求，对审计报告信息含量的最高期望

是通过审计工作得到两个层次的信息：财务信息质量是否得到较高程度的保障和持续经营能力是否良好。A区间表示财务信息质量高且持续经营能力良好，影响未来收益的持续经营风险因素较少，可以较好保障影响未来投资的安全性和可获得性，由于财务信息质量较高，整体财务信息具有可信度，投资者对于资本商品价值和未来收益判断的准确度较高，这是最受投资者青睐的情况；B区间表示存在由于舞弊或差错导致的重大错报，或者其他财务信息质量风险导致的整体财务会计信息可信度较差，难以成为投资者的可靠决策依据，投资者应谨慎投资；C区间表示虽然会计信息较为真实可信，但是企业持续经营能力并不理想，可能导致未来收益不稳定或难以获得，投资者应谨慎投资；D区间表示该公司既存在会计信息失真风险，又存在较大的持续经营不确定性，投资失败可能性较高，应当谨慎投资。由此可见，投资者既关心两种风险的有无，也关心两种风险的程度，进而在目标区间内的公司中进行择优投资。

4. 关键审计事项的风险披露机制原理

资本商品增值原理与投资者决策问题的改变决定了投资者的信息需求，通过马克思资本商品理论对投资者决策信息需求的分析和解构，可以得知传统标准化审计报告模式无法满足投资者决策信息需求的原因。投资者期望获知具有公司特异性的多元风险信息，以量化相关风险程度，而以往的审计报告模式提供的财务信息是否可靠，是否存在重大持续经营不确定性的信息。但是缺乏财务信息可靠程度和持续经营风险程度的信息，尤其是在被出具同一类型审计意见的公司之中，难以进一步区分相关风险的高低。具体从表4.1的各区间来看，在A区间和B区间，投资者不仅希望审计师对财务会计信息是否公允进行鉴定，也希望获知该上市公司财务信息质量的高低，而在标准化审计报告的审计意见中，只对是否存在重大错报风险进行界定，重大错报风险意味着财务信息质量风险极高，然而在不存在重大错报风险的情况下，审计意见无法反映出是否存在一般程度的财务信息质量风险，也无法反映财务信息质量风险的变化程度；对于C区间和D区间，投资者不仅希望获知该企业是否有持续经营的重大不确定性，也希望获知可能影响公司持续经营风险的潜在风险因素，而这些难以在标准化审计报告的审计意见中得到体现，当不在强调事项段中披露持续经营审计意见时，投资者无法从审计意见中得知持续经营风险的高低，因此对于绝大多数公司而言投资者无法了解其影响持续经营能力的风险因素。

在传统模式审计报告中，审计意见对风险水平的整体揭示能力存在局限，审计师在审计过程中识别出的各种公司特异性风险难以通过审计意见得以揭示，审计师作为具有会计专长的职业人士，他们在审计过程中识别出的各种风险和针对性审计程序对于投资者而言无疑具有重要借鉴意义，投资者希望借助审计师工作，获知更多的公司特异性风险。在关键审计事项涉及的重大错报风险领域、管理层判断领域与当期重大交易等内容中，均与投资者决策需求具有较高相关性：重大错报多发领域和管理层判断领域容易发生通过财务造假和管理层操纵影响财务信息质量的事项，产生财务信息质量风险，审计师沟通这些事项越多，说明投资者可了解到的影响财务信息质量的风险因素越多；错报多发领域（如营业收入情况）、管理层判断领域（如资产价值评估）和当期重大交易（如重组合并等）等事项可能影响企业持续获得经营现金和偿还债务的能力，甚至可能导致企业的持续经营能力产生不可逆转的变化，因此通过关键审计事项可以获知影响持续经营能力的风险因素，披露事项越多，说明可能造成持续经营风险的因素越多。因此，在审计报告中沟通关键审计事项，是对既有审计意见信息的深入和补充，通过披露在审计过程中关注和识别的风险信息，既能够丰富A、B区间的信息层次，帮助投资者在审计意见的基础上判断上市公司财务信息质量的高低差别，以决定对历史会计信息的信赖程度，提高对未来收益金额判断的准确性，同时也丰富了C、D区间的信息层次，通过披露审计师在审计过程中识别和关注的影响上市公司持续经营风险的因素，来判断未来收益的可获得性和安全性。因此，关键审计事项通过披露决策相关性信息，使审计报告更加符合资本商品的本质属性和定价方式，有利于在审计意见的基础上提供增量信息，进一步满足投资者需求，辅助投资者优化投资策略。

4.2　基于信号传递理论的关键审计事项投资者决策有用性分析

　　信息不对称是信息经济学的主要研究议题之一。由于社会分工、信息成本和不确定性等因素的影响，经济活动中的一部分参与者拥有另一部分参与者不拥有的信息，从而产生了信息不对称现象（张维迎，2004）。逆向选择是信息不对称问题造成的后果之一，当买方处于信息劣势时，无法通过有效信息评价产品质量，故而以不合理价格购买相对劣质商品，此时双方交易无法达到帕累托最优。Akerlof（1970）通过建立"柠檬模型"分析了产品质量与不确定性之间的关系，奠定了逆向选择问题的理论基础。研究发现当买方无法通过充分信息获知产品的具体质量时，往往通过商品的市场均值价格进行估值，因此卖方倾向于降低产品质量从而实现更高收益，导致交易产品质量的下降，不但无法实现帕累托最优，甚至导致市场萎缩。在信息不对称的情况下，信号传递是解决逆向选择问题的有效方法。Spence（1973）以劳动力市场为例，分析认为当公司与求职者存在信息不对称的情况下，招聘人员难以获知求职者实际工作能力，因此求职者容易获得不公平待遇，在此情况下，求职者可以借由教育背景等信息传递工作能力的信号，从而获得更为满意的薪酬。以上经典研究说明了信号传递对降低信息不对称的重要作用，此后信号传递理论广泛运用于管理学等社会科学领域，用以研究企业内外部不同主体之间存在的信息不对称问题。如企业与企业之间以市场行动和战略制定等方式吸引投资、企业与顾客之间以优秀品牌提高传递信誉获得顾客认可，以及企业与投资者之间通过发放股利传递利好消息等方式，均是信号传递理论的具体运用（陈浪南、姚正春，2000；孔小文、于笑坤，2003；范培华、吴昀桥，2016）。

　　在资本市场中，"柠檬问题"也存在于资本商品交易的过程当中，由于上市公司的所有权和经营权分离，投资者不直接参与上市公司的经营过程，因而在上市公司和投资者之间存在着信息不对称问题，此时财务会计信息能够作为一种信号，向投资者传递信息，为保证财务会计信息的真实可信，需要注册会计师审计制度对其信号质量提供保障（李明辉，2001）。注册会计师审计报告，是信号传递过程中的重要信任机制，具有强化信号显示功能的重要作用，Akerlof（1970）在对柠檬模型的分析当中提出信任机制是产品提供方保障产品质量的有效手段，Spence（1973）亦在研究中以教育背景为例证实了信用机制对于信号传递的重要作用。在资本市场当中，注册会计师审计制度作为第三方监督制度，通过对上市公司财务信息进行鉴证形成信任机制，以出具审计报告的方式提高上市公司对投资者的信号传递质量，在上市公司与投资者之间进一步发挥信号传递的作用，以防止投资者由于信息不对称购买劣质资本商品。此时审计报告本身作为一种高质量信号，帮助投资者对资本商品价格进行更为合理的判断，为投资者决策提供依据。

在审计实际工作当中，传统模式审计报告的信号传递能力存在局限性。这是由于在传统模式审计报告中，审计报告的信号传递功能主要通过审计意见实现，审计意见作为审计工作的结果，只向投资者传递了最终审计结论的信号，而并未向投资者传递审计过程信号。在投资者不了解审计过程的情况下，上市公司到投资者之间的信号传递路径并未完全打开，无法充分解决上市公司和投资者之间的信息不对称问题。由注册会计师审计制度参与的上市公司信号传递链条具体由两部分组成：第一，审计师通过实施审计程序将上市公司的财务会计信息向审计师传递；第二，审计师通过出具审计报告，将财务会计信息从审计师向投资者传递。财务报告相关信息在经由上市公司、审计师到投资者的传递过程中，在上市公司、注册会计师和投资者之间均存在信息不对称。以审计意见为主要信息含量的标准化审计报告，主要完成第二部分的信号传递功能，但是对于投资者而言，第一部分依然是一个尚未打开的"黑匣子"。造成"黑匣子"的原因主要有两点，首先，在有限的条件和审计程序下，审计师很难发现上市公司全部刻意隐瞒和粉饰的信息，无法对上市公司管理层和治理层的所有违法违规行为承担全部责任；第二，由于审计师在实施审计程序的过程中需要运用大量职业判断，这是一种高度专业性的行为，外部投资者无法在不具备相关专业知识的情况下了解审计过程，也无法判断审计师是否恪尽职守地向投资者传递了高质量信号，在不了解审计过程的情况下难以判断对审计结论的信赖程度。因此，在投资者对审计过程不知情的情况下，无法有效解决上市公司与投资者之间的信息不对称问题，投资者无法充分理解和运用审计报告的信号传递功能，甚至对审计意见存在过分依赖或过高期望。因此，传统标准化审计报告由于无法完全畅通信号传递路径，既不利于投资者获取充足决策信息，也不利于投资者理解审计工作，加重了审计期望差距（Humphrey et al.，1993；Baron et al.，1977；Beck et al.，1973；Porter，1993；Ruhnke和Schmidt，2014；Best，2001；Fadzly和Ahmad，2004；Dixon，2006；Simona，2011；Babatunde和Uadiale，2011；Akhidime和Famous，2013）。因此，在审计报告中适当沟通审计工作过程，打开投资者视角中的"黑匣子"，有助于提高信号传递链条的完整性和有效性，加强审计报告的信号传递功能。

在审计报告中沟通关键审计事项，是打开"黑匣子"的有效方法。投资者通常并不了解审计师具体如何实施审计工作，也不了解审计师风险识别和风险应对的具体程序，审计过程的不透明降低了信号传递的有效性。因此，在审计报告中披露审计师和上市公司治理层及管理层沟通的风险信息，和审计师运用职业判断和实施审计程序的过程，有助于使不具备相关专业知识的投资者了解审计工作，对审计过程和审计范围产生更加具体直观的印象，减少投资者对审计工作的误解，并借助审计师工作获知更多的风险信息，进一步降低上市公司和投资者之间的信息不对称，改善投资者的信息劣势处境，在审计意见的基础上区分不同质量的企业，做出正确的投资决策，防止投资失败，使注册会计师审计报告的信号传递功能更加有效地发挥出来。同时，由于沟通关键审计事项并未在原有审计工作基础上追加审计工作，而是将审计师与上市公司治理层沟通过的内容披露出来，并未增加审计程序和披露成本，因此，根据信号传递理论，在审计报告中沟通关键审计事项原则上并未增加信号传递成本，是一种低成本、高收益的信号传递行为，对于提高审计报告对投资者的决策有用性具有积极影响。

综上所述，信号传递理论能够较为有力地解释信息不对称现象对资本市场中信号传递流程的影响，并解释关键审计事项打开财务会计信息传递路径和增强审计报告信号的作用机理。本书在基于信号传递理论分析关键审计事项解决投资者逆向选择问题的同时，将进一步运用制度经济学理论解释了关键审计事项如何具体影响投资者博弈策略和决策行为。

4.3 基于青木昌彦制度经济学理论的关键审计事项决策有用性分析

前文对关键审计事项提供增量信息价值和完善信息传递流程的机制进行理论分析，在此基础上，制度经济学能够进一步解释关键审计事项通过加强审计报告的制度表征职能对投资者决策行为产生影响的原理。青木昌彦在《比较制度分析》（2001）中指出，在社会嵌入状态，参与者同时属于社会交换域和另一个被联结的域，不属于初始域的第三方中介机构可以进行域之间的捆绑，从而实现制度化关联，博弈之间的关联会改变博弈的信息和激励机制，使某些在关联之前不可信的策略决策变得可信。

在资本市场中，注册会计师审计即可以作为第三方信息中介，对上市公司和投资者双方初始博弈人进行整合性捆绑，通过其监督作用降低外部投资的不确定性，并根据联结不同博弈的激励收取捆绑带来的租金。在资本市场形成之后，注册会计师审计制度逐渐发展法定的信息中介制度，作为资本市场中不可替代的独立第三方经济监督制度，注册会计师审计制度也具备一般制度的要素，由制度参与者、共有信念、博弈规则、激励机制、约束机制和概要表征六种要素共同组成。审计报告是注册会计师审计制度的制度表征，是注册会计师审计制度的最终外部体现，在传统的标准化审计报告中，审计报告的制度表征职能主要通过审计意见实现，审计意见具有清晰明了的特点，能够富有效率地传递制度信号，然而随着制度参与者博弈策略的变化，审计意见已经不足以降低投资者的投资不确定性。在注册会计师审计报告中沟通关键审计事项，意味着制度表征职能的转变，体现了制度要素的变化，也对制度参与者博弈策略具有影响。

由于注册会计师审计制度的制度捆绑功能，关键审计事项在影响制度表征职能同时，对于制度参与者（即投资者）的博弈策略也会产生影响。传统标准化审计报告的信号传递功能的缺陷造成了审计报告的制度表征职能存在缺陷，在审计报告中沟通关键审计事项可以作为增量信号，在既有的审计意见信号基础上，通过增加额外披露信息对原有信号进行强化和丰富，使投资者具有更多依据对信息质量进行估计，具有更强的判断能力。这样，注册会计师通过外在监督作用使低投资质量的公司不得不降价出售其资本商品，降低了投资者花高价购买低质量资本商品的可能性。虽然对于投资者而言，识别更加复杂的信号意味着更高的识别成本，但无疑同时降低了搜索其他决策相关信息的成本，有助于判断投资价值的准确程度，降低投资不确定性。因此，在投资者具有更高信息需求的情况下，通过在审计报告中沟通关键审计事项有助于审计报告行使制度表征职能，促使注册会计师审计制度的制度参与者形成新的博弈均衡，为投资者提供更为丰富的决策信息，帮助他们制定更为有效的博弈策略，从而获取更高的投资收益。

综上所述，在审计报告中沟通关键审计事项反映了注册会计师审计制度要素的变化，通过制度表征职能的变化对相关制度参与者的博弈策略产生影响，形成新的博弈均衡，这是关键审计事项对投资者决策行为产生影响的理论基础。接下来，本书将通过假设提出和实证分析，探究关键审计事项在审计意见基础上完善信息传递路径和影响投资者决策行为的具体机制，以投资者视角评析关键审计事项准则是否实现改革初衷。

4.4　假设提出

4.4.1　关键审计事项信息增量相关假设

前文分别基于马克思资本商品理论、信号传递理论和制度经济学理论和从完善信号传递链条和满足投资者决策需求等方面讨论了关键审计事项实现增量价值和决策有用性的理论依据。根据马克思资本商品理论，资本商品直接增值的特点决定其定价机制与一般商品不同，投资者需要考量影响其投资收益可靠性和持续性的风险因素，同时需要在众多投资目标中进行择优，以获得更高收益。关键审计事项实现风险预警的机制为通过在审计意见的基础上增量披露财务信息质量风险和持续经营风险的程度，满足信息使用者决策需求。由于关键审计事项的增量性是在审计意见的基础上实现的，为了更好地检验其增量信息价值，本书对其与审计意见进行区别和联系，在不同审计意见信息的基础上，分别探讨关键审计事项的增量风险披露信息，探讨实现沟通价值的具体机制。

1.出具标准无保留审计意见的审计报告

标准无保留审计意见，是指审计师认为被审计者编制的财务报表已按照适用的会计准则的规定编制并在所有重大方面公允反映了被审计者的财务状况、经营成果和现金流量，且不带有强调说明事项。出具不带有强调说明事项的标准无保留审计意见，意味着财务会计信息整体公允和符合准则，并且不具备重大持续经营风险，对于投资者而言，是一种利好信号，视为"会计信息为真"。然而，以往研究表明标准无保留审计意见难以完全满足投资者的决策需求（Dodd等，1984；Wallace和Wallace，1988；Gloeck和De Jager ,1993；陈梅花，2002），具体原因主要体现在两个方面：首先，"整体为真"与"财务信息质量高"并非等价的概念，"真"并不一定意味着"质量高"，在整体为真的财务信息中，也可能存在财务信息质量低的可能性，或者存在影响未来收益持续性的风险因素，而标准无保留审计意见无法反映出任何可能存在的财务信息质量风险信息和持续经营风险信息；其次，标准无保留审计意见的表达格式单一，千篇一律，难以具备公司特异性信息，不利于投资者横向比较，以达到优中择优和合理配置投资资源的目的。因此，标准无保留审计意见向投资者传递的信号是无差别的，在审计意见一致且为利好的情况下，注册会计师在审计过程中识别出的风险对投资者而言变得尤为重要，在增加披露关键审计事项之后，这种无差别信号传递现象得到了改善，关键审计事项可以通过披露个性化信息向投资者传递更为丰富的风险信号。根据马克思资本商品理论，资本商品的市场价值会随着它们有权索取的收益的大小和可靠程度而发生变化。因而，投资者需要的信息是面向未来的有关资本商品是否能够增值的收益和风险信息，一方面需要获知历史财务会计信息质量的高低，以评价决策依据信息的可信性，另一方面需要获知影响企业持续经营能力的风险因素，以评价未来收益可获得性。因此，投资者在需要审计报告揭示不同程度的财务信息质量风险信息和持续经营风险信息，在标准无保留审计意见无法揭示相关信息时，关键审计事项在标准无保留审计意见基础上提供增量风险信息的具体实现机理如下。

由于上市公司治理层和管理层的报酬往往与业绩相关，因此存在为了自身利益而掩盖财务信息质量风险和持续经营风险的动机，而原则导向的会计准则为他们提供了操纵的空间和机会（Church等，2008）。管理层可以通过运用各种会计估计和会计政策，在可能引起投资者关注的领域，对影响历史财务信息质量和未来持续经营能力的风险因素进行调整和掩盖，使之不反映在审计意见中，而是将风险压缩在"黑匣子"里。此时，审计师需要根据上市公司治理层和管理层的具体行为，通过职业判断对可能存在风险的领域进行评估，并制定和调整相关审计策略，关键审计事项能够较为全面地反映了这一过程，从而打开审计过程的"黑匣子"。关键审计事项的具体内容来源于重大错报风险领域、到管理层判断领域与当期重大交易事项，就财务信息质量风险而言，与重大错报相关事项可能涉及到数据粉饰等问题，与管理层判断相关事项可能通过运用会计政策和会计估计等方法调整有关项目账面金额，这些情况均是影响财务信息质量的重要风险因素，审计师对这些事项的披露越多，说明风险因素越多，财务信息质量风险越高；就持续经营风险而言，错报多发领域（如营业收入情况）、管理层判断领域（如资产价值评估）和当期重大交易事项（如重组合并等）事项均会产生影响企业持续获得经营现金能力或偿还债务能力的风险因素，甚至使企业的持续经营能力产生不可逆转的变化，审计师沟通相关事项越多，说明可能造成持续经营风险的因素越多，持续经营风险越高。Inês和Morais（2019）通过对英国、法国和荷兰审计报告中关键审计事项数量的研究发现，审计师在审计过程当中与上市公司治理层及管理层的博弈行为，会最终体现在关键审计事项数量上，关键审计事项的数量可以有效反映出审计师在审计过程当中被审计单位的业务复杂程度和会计政策运用的准确性。通过前文对关键审计事项实施现状的归纳和总结可知，审计师关注的事项和领域与财务信息质量风险和持续经营风险密切相关，结合关键审计事项的信号传递功能、制度表征职能和弥合投资需求功能，关键审计事项沟通内容越多，代表审计师根据职业判断认为可能存在的风险领域越多，潜在的财务信息质量风险和持续经营风险越高。因此，关键审计事项可以在标准无保留审计意见的基础上进一步披露财务信息质量风险和持续经营风险，揭示风险的程度可以通过沟通关键审计事项的内容多少体现出来。

基于以上分析，本书提出如下假设：

H1.1：在标准无保留审计意见下，财务信息质量与关键审计事项沟通内容多少呈正相关关系。

H1.2：在标准无保留审计意见下，持续经营风险与关键审计事项沟通内容多少呈正相关关系。

2.出具非标准审计意见的审计报告

非标准审计意见包括带有强调事项段和其他事项段的无保留审计意见、保留意见、否定意见和无法表示意见。通常非标准审计意见意味着被审计单位的会计信息质量较低或者持续经营不确定性较高，被视为负面的信息内容（Firth，1978；Ball et al.，2014；Chen，2010；宋常、恽碧琰，2005；肖金锋，2013；任主恩、郭志勇，2014；杨芳、杨悦莹，2017），本书将分析不同类型的非标准审计意见的信息含量，并探讨关键审计事项在非标准审计意见基础上可能具备的增量信息风险披露能力及实现机制。

非标准审计意见包括带有强调事项段和其他事项段的无保留审计意见和非无保留审计意见。强调事项段是在无保留审计意见的基础上增加的强调说明内容，表示该上市公司的会计信息基本符合会计准则，在所有重大方面具有公允性，但是包含需要提醒审计报告使用者注意的其他风险事项（包括持续经营重大疑虑）。Czerney et al.（2014）的研究中发现美国在2000—2014年之间的强调事项和其他事项主要由以下五部分组成：（1）与以前的财务报表不一致（采用新会计准则、发生重述和其他可比性事项）；（2）财务报告中的强调事项（如重大交易、估计或诉讼）；（3）审计相关信息（审计责任、范围限制和其他审计相关披露）；（4）持续经营相关事项；（5）其他补充信息的相关说明。宋夏云和尤宁（2017）通过问卷调查对我国2011—2014年的审计报告研究得知，当上市公司存在以下情形时通常被出具强调事项段：企业存在重大的内部控制缺陷、企业当期进行重大合并或重组等活动、企业存在重大的未决诉讼、企业在上市前后出现业绩剧烈变化的现象、企业信用状况恶化或连续三年违约、企业对外提供新的重大担保、企业会计政策发生重大调整、当年出现频繁的关联方之间交易、企业海外子公司所在国家或地区发生重大政治或军事事件、企业净资产连续三年为负、企业会计估计发生重大修订、企业所在行业的产业政策发生重大调整，以及企业利润结构出现重大变化等事项。这些事项既可能影响财务信息质量，也可能构成影响企业持续经营能力的风险因素。

在我国实施关键审计事项准则之后的2017年和2018年，共有171家公司被出具无保留意见+强调说明段的审计报告，其中，持续经营审计意见87份，其余涉及证监会调查或处分、诉讼及违规调查、企业重组、金融衍生品和关联方交易等事项。通过对国内外新审计准则实施前后强调事项段的分析可知，强调事项段中披露的内容既有与财务信息质量风险相关的事项，也有与重大持续经营风险相关的因素，因此，强调事项段对企业的财务信息质量风险和持续经营风险具有一定的揭示能力。

非无保留审计意见包括保留意见、否定意见或无法表示意见。保留意见说明除某些会计信息披露不恰当之外，财务报告其他部分于整体而言是公允恰当的，或者由于审计范围受限，无法获得充分适当的审计证据。在我国2017年和2018年发布的审计报告中，并未出现由于审计范围受限而出具的保留意见，说明形成保留意见的原因均是因为部分披露不符合我国企业会计准则和相关会计制度的规定；否定意见或无法表示意见的审计报告，说明该上市公司的财务报告违反公允性或者审计范围受到严重限制，这两种审计意见说明上市公司的财务信息质量存在重大风险。在我国2017年和2018年发布的审计报告中，并未出具无法表示意见，在出具否定意见的审计报告中，由于关键审计事项准则的相关规定，在出具否定意见时可以按规定不沟通关键审计事项，因此，在我国出具非无保留审计意见的审计报告中，只有保留意见的审计报告中沟通了关键审计事项。综上所述，非标准审计意见中主要由于财务信息质量低和存在重大持续经营风险因素造成。

在传统标准化审计报告模式中，非标准审计意见因其出具条件被划分为"财务信息质量低"或"持续经营风险高"，已经通过审计结论向投资者传递了非常明确的风险信号，格式规范清晰，不需要投资者进行进一步的分析和理解，较为容易接受，同时由于存在较长时间，符合投资者的阅读习惯和决策习惯。而在审计结论信息如此明确的情况下，关键审计事项是否具有增量信息价值，可通过对比关键审计事项和非标准审计意见之间的联系与区别以及优先级的不同来确认，本书认为它们之间可能存在两种关系：（1）非标准审计意见作为传统审计报告的组成部分，可能因其表述模式化而具有传统标准化审计报告信息含量不足的缺陷，无法作为投资者决策的充分依据（Blay 和 Geiger，2001；Elias 和 Johnston，2001）。关键审计事项披露的内容反映了审计师识别和应对风险的过程，代表了审计师的职业判断和审计努力，在审计结论为负面的情况下，这些职业判断和审计工作依然对投资者具有参考价值。通过揭示审计过程扩展投资者视野，使投资者可以借由审计师在审计过程中通过职业判断识别出的各种风险，进一步甄别被投资单位财务信息质量与持续经营风险的高低，因此，根据信号传递理论和马克思资本商品理论，当风险因素并未完全体现在审计意见中时，关键审计事项能够传递审计师在审计过程中识别出的财务信息质量风险和持续经营风险，进一步满足投资者需求。在审计意见的基础上加强审计报告的信号传递作用，通过关键审计事项的内容增量信息体现以上两种风险，关键审计事项内容越多，则以上两种风险越高。（2）审计意见代表了审计工作的结果和审计努力的总和，是风险的加总表征，其信号作用和优先级均高于审计过程，当审计意见表示会计整体信息可信赖程度低或对持续经营能力产生重大疑虑时，已经证明财务信息质量风险极高或持续经营风险极高，此时再进行披露审计过程中发现的财务信息质量风险和持续经营风险因素，也无法改变整体财务信息质量低或持续经营风险高的事实。披露少的关键审计事项，也无法提高财务信息质量和降低持续经营风险，而披露较多关键审计事项，也无法强化审计结论，因此，在审计结论已经充分揭示风险水平的情况下，关键审计事项的数量无法进一步反映财务信息质量风险和持续经营风险。综上，通过对关键审计事项和非标准审计意见内容的对比分析，本书提出如下对立假设：

H2.1a：在出具非标准审计意见的审计报告中，财务信息质量风险与关键审计事项内容多少呈正相关关系。

H2.1b：在出具非标准审计意见的审计报告中，财务信息质量风险与关键审计事项内容多少不存在正相关关系。

H2.2a：在出具非标准审计意见的审计报告中，持续经营风险与关键审计事项内容多少呈正相关关系。

H2.2b：在出具非标准审计意见的审计报告中，持续经营风险与关键审计事项内容多少不存在正相关关系。

4.4.2 关键审计事项投资者决策有用性相关假设

根据信号传递理论和制度经济学理论，关键审计事项能够帮助投资者了解审计师工作内容，通过完善信息传递链条，进一步降低投资者与上市公司之间的信息不对称，并通过改善注册会计师审计制度表征职能改善投资者博弈策略，使其在不增加信息交易成本的前提下选择更为优质的资本商品进行交易，从而提高投资收益。关键审计事项作为审计意见基础上的增量披露内容，在探讨其决策有用时需要考虑既有审计意见的影响，因此本书分别探讨在不同类型审计意见下，关键审计事项是否对投资者而言具有附加决策效应。

2. 出具标准无保留意见的审计报告

在改革之前的标准化审计报告中，标准无保留审计意见对投资者决策的影响往往通过与非标准审计意见的对比得到体现，如杨芳和杨悦莹（2017）在研究中发现，在2010—2014年的时间范围内，标准审计意见与非标准审计意见两组的超额收益率在审计报告发布两天之内的时间内有明显差异，相对标准无保留审计意见而言，非标准审计意见的每日平均超额收益率有显著的负面反应，相比而言，标准无保留审计意见对投资者而言是一种利好信号。然而，在国内外历年出具的审计报告中，标准无保留意见占据绝大多数，投资者不仅需要将标准无保留审计意见和非标准审计意见进行区分，从而避免对于少数公司的投资失败，更需要在绝大多数标准无保留审计意见中进行区分，选择更为优质的投资对象，进行更为有效的资源配置，从而获取更高收益。根据资本商品理论分析投资者决策需求可知，投资者需要对不同风险程度的披露信息有所了解，仅凭标准无保留审计意见这一审计结论，无法有层次地体现出上市公司财务信息质量和持续经营风险，因此无法提供给投资者足够的决策信息，这也是造成期望差距和信息差距的重要原因之一（李增泉，1999；Chen，2010；Dodd et al.，1984；Gloeck和De Jager，1993）。此时，对于标准无保留审计意见而言，关键审计事项的增量信息变得尤为重要。

　　基于前文分析，本书认为在标准无保留审计意见下，关键审计事项因其增量信息的存在可对投资者决策产生一定影响。首先，根据信号传递理论和资本商品理论，关键审计事项能够提供与资本商品定价更为相关的财务信息质量风险信息，加强投资者对上市公司与审计师之间沟通过程的了解，降低上市公司和投资者之间的信息不对称。现有文献中从个体投资者行为与关键审计事项政策效应等角度提供证据，支持了关键审计事项的决策有用观，Christensen（2014）等人在研究中以在校研究生作为非专业投资者进行实验研究，发现披露关键审计事项的审计报告比标准审计报告更能有效改变非专业投资者的投资决策。王艳艳等（2018）以我国首批发布试点为样本，通过双重差分法检验了关键审计事项颁布前后对投资者决策的影响，发现从异常报酬率来看关键审计事项确实具有决策有用性。那么，在我国新审计准则实施以来的全样本下，关键审计事项能否在标准审计意见基础上进一步对投资者行为产生影响呢？本书认为，根据资本商品理论、信号传递理论和制度经济学理论分析，当关键审计事项在标准无保留审计意见的基础上能够进一步提供财务信息质量风险信息和持续经营风险信息时，会为投资者增加分辨投资风险的决策依据，降低上市公司与投资者之间的信息不对称，加强审计报告的信号作用，改善投资者的信息劣势处境和逆向选择问题，使投资者制定更优投资策略，达到新的博弈均衡。如果关键审计事项内容能够反映相应风险程度，当投资者接收这一信号时，会据此作出判断，并作出相应的市场反应，并最终反映在股价当中。当关键审计事项数量较多时，一方面可能说明财务信息质量风险较高，投资者判断股票价值的历史财务会计信息可靠性较低，可能造成对股票价值的误判从而难以获得预期收益，从而降低投资意愿；另一方面可能说明持续经营风险较高，投资者未来获得收益的可能性难以得到保障，也会相应降低投资意愿。因此，当沟通关键审计事项越多时，投资者获知的风险信息越多，投资意愿越低，会在审计意见的基础上产生负向的市场反应。通过以上分析，本书提出如下假设：

　　H3：在标准无保留审计意见下，关键审计事项沟通内容多少与投资者市场反应呈负相关关系。

2. 出具非标准审计意见的审计报告

通过前文对非标准审计意见的出具条件和出具情况分析可知，非标准审计意见往往因为被视为会计信息失真或具有持续经营风险，因而与标准无保留意见相比，往往产生负向的市场反应，这在李增泉（1999）、宋常和恽碧琰（2005）、肖金锋（2013）、杨芳和杨悦莹（2017）和Chen（2010）等的研究中得到了证实。不过，现有研究中对非标准审计意见的信号作用也存在一些疑虑，如肖金锋（2013）、杨芳和杨悦莹（2017）分别在研究中通过对比审计报告发布日前后短期窗口发现，虽然非标准审计意见使证券市场产生了负面的反应，但是这种负面效应在非标准审计意见公告前已表现在证券市场的股价上，且只反映在短期窗口内，而在审计意见公告后市场反应并不显著，说明市场反应并不一定由非标准审计意见的信息含量产生，或者非标准审计意见的信息含量被其他因素干扰，亦或者市场可能对这种信息含量的反应存在着一定的滞后性。而李增泉（1999）和Chen（2010）均在研究中指出，投资者无法对不同类型的非标准审计意见进行区分，在带有强调事项段和非无保留意见之间并不能产生具有显著差异的市场反应，这说明非标准审计意见的信号作用可能存在混淆的问题。

根据审计意见准则，不同类型的非标准审计意见的出具依据是不同的，其信息含量应当存在差异，但是投资者却不一定能够准确区分，那么在这种情况下，关键审计事项能否帮助投资者区分信息信号并进一步理解审计报告呢？关键审计事项在不同类型非标准审计意见的基础上是否具有增量的决策有用性呢？本书将对不同类型的非标准审计意见进行分类讨论。

（1）带有强调事项段的无保留意见审计报告

带有强调事项段的审计报告说明该上市公司的财务会计信息不具有重大错报风险，但是具有影响财务信息质量的个别因素，或者存在经营风险，因此往往使投资者产生负面的决策行为（Banks和Kinney，1982；

Dopuch，1986；Frost，1991；Fields和Wilkins，1991；Loudder，1992；
Fargher和 Wilkins，1998；Schaub，2006；Fleak和Wilson，1994；Carlson，
1998；Holder-Webb和Wilkins，2000；Herbohn et al.，2014；Geiger和
Abdullah，2018；Jean et al.，2018；宋常和恽碧琰，2005；廖义刚，2007；
廖义刚等，2010）。在针对我国资本市场的研究中，发现强调事项段的市
场反应存在一些特点：阙京华（2008）在研究中将强调事项段分为非限制
性强调事项和限制性强调事项，发现我国投资者对非限制性强调事项的无
保留审计意见有显著的负面效应，但是在非限制性强调事项和限制性强调
事项的市场反应之间不存在显著差异，这说明我国投资者在决策时会受到
审计意见变通和信息误导的影响。张勇和陈俊（2012）在研究中得出了相
似的结论，他们将强调事项段进一步分类为对持续经营能力产生重大疑虑
的强调事项段和由于重大不确定事项出具的带强调事项段无保留意见，虽
然投资者对二者都产生负面的市场反应，但是在二者间并无显著差异，
投资者的区分和辨别能力有限。但是，当赋予带强调事项段的审计意见
一定信号意义时，投资者具有一定甄别能力。如韩丽荣等（2015）以我国
2008—2013年沪深两市中审计师首次出具的带强调事项段无保留审计意见
为研究对象，认为该种审计意见传递了战略运营风险，这种风险信号能够
被投资者接受。韩丽荣和刘志洋（2017）根据企业实际经营状况将强调事
项段传递的战略运营风险进一步细分为持续经营风险和盈余管理风险，发
现投资者能够对两种风险进行有效区分。张晓岚和宋敏（2007）对我国上
市公司持续经营审计意见信息含量的差异性进行了研究，证实了持续经营
审计意见具有显著的负面信息含量，且市场能够区分持续经营审计意见和
除持续经营以外的非标准审计意见。

　　通过分析强调事项段的具体内容可知，相对于标准无保留审计意见，
强调说明事项代表着可能存在财务信息质量风险或持续经营风险，并且
已经能够对投资者决策产生影响。那么，关键审计事项是否在此基础上
具有增量决策有用性呢？能否加强原有审计意见的信号作用呢？本书认
为存在两种可能性：（1）强调事项段的决策有用性和市场反应还存在不

足（Elliott，1982；Blay和Geiger，2001；Elias和Johnston，2001；Myers et al.，2015），或者虽然强调说明事项对于投资者而言整体信号有效，但是投资者在得知投资收益可能无法得到保障的情况下非常关心具体影响因素，需要通过关键审计事项对相关风险进行进一步理解和辨别，以判定上市公司的财务信息质量和持续经营风险程度，因此，投资者可能对关键审计事项传递的风险信息敏感，关键审计事项内容会对市场反应产生影响，沟通事项越多，说明风险因素越多，越会影响投资者决策并产生负向的市场反应；（2）审计意见由于对风险进行了充分揭示，已经具备明确信号作用和决策有用性，注册会计师在审计过程中识别出的风险并不强于审计意见，投资者对于审计意见的信赖多过审计过程，在该种审计意见下关键审计事项的信息含量有限或者投资者关注程度不高，导致投资者对关键审计事项信息不具有敏感性，关键审计事项对投资者决策不会产生进一步影响。因此，本书提出如下假设：

H4a：在带有强调事项段的无保留审计意见下，关键审计事项沟通内容多少与投资者市场反应呈负相关关系。

H4b：在带有强调事项段的无保留审计意见下，关键审计事项沟通内容多少与投资者市场反应不存在负相关关系。

（2）出具非无保留审计意见的审计报告

与无保留审计意见中对财务信息质量的保障不同，非无保留审计意见代表着较高的重大错报风险，该上市公司的财务信息质量很低，投资者对于历史会计信息的可信赖程度低，更难以预测未来收益，因此，非无保留审计意见向投资者传递了较为清晰的负面信号。单鑫（1999）在文章中重点分析了保留意见的市场反应，研究发现保留意见审计报告的披露对股价是具有显著的负面效应的，结合前人对于非标准审计意见的研究，可以得知非无保留审计意见能够较为明确地降低投资者决策意愿。

那么，关键审计事项能否在明确的审计结论基础上进一步影响投资者决策呢？本书认为存在以下两种可能性：（1）就投资者博弈策略而言，投资者不仅需要优中择优，也需要劣中逐劣，因此，当审计过程具有风险信息含量时，对审计过程中发现的相关风险的披露能够进一步降低上市公司和投资者之间的信息不对称，优化投资者决策策略，进一步降低投资者的投资意愿，当投资者在可能无法获得预期收益的情况下，需要由关键审计事项深入了解可能导致投资损失的风险因素，此时披露关键审计事项内容越多，投资者的投资意愿越低，市场反应越趋近负向；（2）当审计意见已经具有明确信号作用时，此时由于审计过程的信息含量弱于审计意见，使关键审计事项无法在审计意见的基础上传递增量信号，或者由于投资者对于审计结论的信赖，导致其不愿在审计结论的基础上关注附加风险信息，因此，在审计结论已经传递较为明确的负面信号时，关键审计事项无法有效降低上市公司与投资者之间的信息不对称，无法通过提供增量风险信息为投资者变更策略，无法产生附加市场反应并反映到股价中。综上所述，根据以上分析本书提出如下竞争性假设：

H5a：在非无保留审计意见下，关键审计事项沟通内容多少与投资者市场反应呈负相关关系。

H5b：在非无保留审计意见下，关键审计事项沟通内容多少与投资者市场反应不存在负相关关系。

4.5 本章小结

本章通过理论分析论证了关键审计事项在审计意见的基础上具备增量风险预警能力和决策有用性的机制。首先，本书运用马克思资本商品理论分析了投资者决策信息需求的层次性以及关键审计事项产生信息增量风险预警能力的原理，从资本商品交易与流通的本质和特征推演出资本市场中投资者的决策需求信息，投资者既需要判断历史财务信息的准确性和可靠性，又需要判断未来收益的安全性和可获得性，因此，在决策时需要能够帮助其优化投资策略的财务信息质量风险信息和持续经营风险信息。在传统标准化审计报告中，审计意见对两种风险信息披露的内容和程度均存在不足，因此关键审计事项能够在审计意见的基础上通过披露审计过程中识别出的风险进一步丰富风险披露层次和维度；其次，本书通过信号传递理论解释了资本商品交易双方之间存在信息不对称的现象，论证了关键审计事项通过增强投资者对审计过程的了解从而降低信息不对称的机制，其增量价值主要体现在打开了投资者视角中上市公司与审计师之间的信息盲区，使信号传递链条更为完整，从而解决投资者的逆向选择问题；第三，本书通过制度经济学理论分析了关键审计事项对于优化审计报告制度表征职能的重要积极意义，以及对审计师审计制度各方参与者博弈策略的影响，从而推导出关键审计事项影响投资者决策行为的可能性。

在理论分析的基础上，本章结合前人研究结论，对关键审计事项在审计意见基础上的增量信息价值和决策有用性分别提出研究假设，并且对关键审计事项与审计意见的关系进行了区别与联系，审计意见是其他增量披露内容不可动摇的审计结论，即便传统标准化审计报告中审计意见可能存在信息含量不足的情况，其信息含量也不应被忽略。因此，本书在假设提出时根据审计意见进行分类，首先分为标准无保留审计意见和非标准审计意见，分析了关键审计事项信息具备增量风险预警能力的作用机制，并根据审计意见出具依据和风险披露层次的不同，将非标准审计意见进一步划分为带有强调事项段的无保留审计意见和非无保留审计意见，在不同种类审计意见的基础上分析了关键审计事项信息具备决策有用性的实现机制，从而提出相关研究假设。本章较为深入地分析了关键审计事项实现风险预警功能和具备决策有用性的理论基础和实现机制，本章提出的相关假设将在接下来的章节中进行实证检验。

第5章　关键审计事项风险预警机制的实证检验

在第四章中，本书基于马克思资本商品理论等对关键审计事项在审计意见基础上为披露增量风险信息的实现机理进行分析，并提出相关假设。根据马克思资本商品理论，资本商品是投资者在资本市场中交易的标的物，其增值方式与定价机制决定了投资者在进行投资决策时需要考量财务信息质量风险与持续经营风险以评估未来收益的可靠性，当审计意见无法对这两种风险进行充分揭示时，需要关键审计事项提供增量风险披露信息以辅助投资者进行判断，实现优化投资策略和提高投资收益的目的。为验证假设1和假设2，本章对不同审计意见下关键审计事项的风险披露能力进行实证检验，发现在标准无保留审计意见下，关键审计事项具有反映被审计单位财务信息质量风险和持续经营风险的能力，而在非标准审计意见下，关键审计事项无法进一步揭示被审计单位的财务信息质量风险和持续经营风险。本章在主模型和稳健性检验中分别以财务报告重述和应计盈余管理作为财务信息质量的衡量指标，以偿债能力指标衡量持续经营风险，采取关键审计事项数量、应对措施数量、关键审计事项篇幅等多种变量指标衡量关键审计事项内容，进行了较为完备的稳健性检验，并使用工具变量以两阶段最小二乘方法（2SLS）方法进行内生性检验，证实本章实证结论稳健、可靠。

5.1 实证研究设计

5.1.1 变量定义与模型设计

1. 变量定义

在第四章理论分析时指出，关键审计事项的增量风险披露信息体现在审计意见基础上对于财务信息质量风险和持续经营风险的进一步揭示能力，本章对假设H1和假设H2进行验证，研究在不同的审计意见下，财务信息质量风险和持续经营风险能否通过关键审计事项内容进行体现。Inês和Morais（2019）在研究中发现，审计师在审计过程当中与上市公司治理层及管理层的博弈行为，会最终体现在关键审计事项数量上，关键审计事项的数量可以有效反映出被审计单位的业务复杂程度和会计政策运用的准确性，这二者均与本书研究的风险领域息息相关。因此，本章被解释变量为关键审计事项的数量，该数据以注册会计师在审计报告中披露的条目数量为准，每披露一项事项为一条。在本书解释变量中，以财务报告重述次数衡量财务信息质量风险，上市公司发生财务报告重述说明在该会计年度的财务信息有披露不准确的地方，或是审计师未能正确鉴证相关财务信息，导致需要在以后期间进行修改，重述次数越多意味着该年报期间存在披露错漏越多，已有诸多研究指出上市公司发生财务报告重述虽不一定意味着审计失败，但能够表明其在差错发生期的财务报告质量较低，甚至具有较高的重大错报风险（Kinney et al.，2004；曹强、葛晓舰，2009；曹强等，2012；李青原、赵艳秉，2014），因此，本书以财务报告重述次数作为财务信息质量风险的替代指标，重述次数越多，财务信息质量风险越高。

本书在对持续经营风险变量的选取上，主要参照以下研究进行考量：童盼和陆正飞（2005）在研究中发现，企业的偿债能力是影响企业存续发展的重要风险因素，当企业负债比率较高时，企业偿债能力较差，对企业的经营发展造成压力。Kovenock和Phillips（1997）、姚益龙等（2010）

均在研究中指出资产负债率与公司倒闭的可能性存在显著相关关系。夏新平等（2006）研究发现公司负债水平与破产风险之间存在正相关关系。Mutchler et al.（1997）和Callaghan et al.（2009）分别在研究中发现企业资产负债率与被出具持续经营审计意见的可能性存在显著正相关关系。廖义刚（2007）也在研究中发现资产负债率与上市公司持续经营能力的显著相关性，以上研究说明企业的资产负债水平是影响持续经营能力的重要风险因素，因此，本书将资产偿债能力作为衡量持续经营风险的指标之一，资产负债率越高，资产偿债能力越差，持续经营风险越高。除资产偿债水平外，Altman（1968）在研究中指出现金流量对企业债务的偿还能力也是构成企业破产风险的影响因素，现金流偿债能力越差，企业破产风险可能性越高，持续经营风险越高。本书综合前人研究结论与新审计准则实施现状，同时借鉴Inês和 Morais（2019）的研究，分别以资产偿债能力和现金流偿债能力衡量公司持续经营风险，以资产负债率和经营活动现金流负债比作为研究变量，本书以资产负债率（LEV）表示上市公司整体资产偿债能力，该指标越高，则说明该公司资不抵债的可能性越高，持续经营风险越高。以经营活动产生现金流和负债的比例（CASH）作为现金流偿债能力的替代变量，反映现金流量对负债的偿付能力，为保障该指标与风险程度相一致，因此将该比例乘以负一，该指标数值越高，表示现金流偿债能力越差，越容易发生经营失败或破产，持续经营风险越高。为了分别验证假设H1和假设H2中在不同审计意见下关键审计事项的信息含量，本书通过审计意见对研究样本进行分组，分为标准无保留审计意见（STANDARD）和非标准审计意见（NO_ STANDARD）。

在控制变量的选取方面，本书考虑到上市公司基本经营情况、治理特征和事务所特征等因素对关键审计事项内容披露的影响，据此选取控制变量。公司规模是影响审计师具体工作的重要因素，公司规模越大往往意味着可能发生风险领域越多，审计工作量越大，需要审计师保持高度关注并充分执行审计程序，因此，影响关键审计事项披露内容。公司经营成果是公司业绩的最终体现，也是错报风险多发领域，因此，公司业绩是影响关键审计事项沟通内容的重要因素，而公司的治理环境特征直接关系到上市公司治理层和管理层是否具有抑制或促使相关风险发生的客观条件，四大事务所审计和审计费用的高低。可以从一定程度上反映出审计质量，以考量审计师发现并披露相关风险因素的可能性（Lennox，1999；漆江娜等，2004；刘峰和周福源，2007；王咏梅和王鹏，2011；王兵等，2011；齐鲁光等，2016）。综合关键审计事项披露内容的影响因素，本书参考王艳艳（2018）、鄢翔等（2018）、赵刚等（2019）和 李延喜等（2019）对关键审计事项相关的研究，将公司规模（SIZE）、总资产收益率（ROA）、第一大股东持股比例（TOP1）、股权性质（SOE）、独立董事占比（INP）、会计师事务所规模（BIG4）和审计费用（FEE）作为控制变量，同时控制了行业（IND）和年度（YEAR）的固定效应。其中，公司规模（SIZE）和总资产收益率（ROA）反映了公司基本状况和盈利状况，第一大股东持股比例（TOP1）、股权性质（SOE）和独立董事占比（INP）反映了公司的权力集中程度和监督力度，会计师事务所规模（BIG4）和审计费用（FEE）反映了事务所和审计质量相关特征。具体变量的定义、简称及计算方法如表5.1所示。

表5.1 关键审计事项信息增量价值变量定义表

分类	变量名称	变量符号	变量定义
PanelA：被解释变量			
关键审计事项内容多少		KAM	关键审计事项的沟通条数
PanelB：解释变量			
财务信息质量风险	财务报告重述	RESTATE	财务报告重述次数
持续经营风险	资产负债率	LEV	总负债/总资产
	经营活动现金流负债比	CASH	经营活动产生的现金流量净额/负债合计 × （−1）
PanelC：分组变量			
审计意见	标准无保留审计意见	STANDARD	不带有强调说明事项的标准无保留审计意见

续表

分类	变量名称	变量符号	变量定义
审计意见	非标准审计意见	NO_STANDARD	带有强调事项段（包括持续经营审计意见）或其他事项段，保留意见，否定意见，无法表示意见
PanelD：控制变量			
	公司规模	SIZE	公司总资产取对数
	总资产收益率	ROA	净利润/总资产
	第一大股东持股比例	TOP1	第一大股东持股数/总股数
	股权性质	SOE	1为国有控股公司，0为非国有控股公司
	独立董事占比	INP	独立董事数量/董事会总人数
	会计师事务所规模	BIG4	如果聘请审计的事务所为国际四大所，取值为1；否则为0
	审计费用	FEE	总审计费用取对数
	行业	IND	所属行业证监会行业代码，按照2012年证监会颁布的《上市公司行业分类指引》分类
	年度	YEAR	财务报告年度

2. 模型设计

为了对假设1和假设2进行验证，本书构建模型5.1进行分组检验。

$$KAM = \alpha_0 + \alpha_1 RESTATE + \alpha_2 LEV + \alpha_3 CASH + \alpha_4 SIZE + \alpha_5 ROA + \alpha_6 TOP1 + \alpha_7 SOE$$
$$+ \alpha_8 INP + \alpha_9 BIG4 + \alpha_{10} FEE + \sum IND + \sum YEAR + \varepsilon \qquad (5.1)$$

其中，如在审计意见分组回归下，α_1、α_2和α_3显著为正，则表示财务信息质量风险和持续经营风险与关键审计事项数量呈显著正相关关系，关键审计事项在审计意见的基础上具有增量信息价值，如该系数不显著，则表示无显著相关关系，关键审计事项不具备审计意见基础上的增量风险预警能力。

5.1.2 样本选择与数据来源

本章主要通过实证检验研究财务信息质量风险和持续经营风险与关键审计事项披露数量之间的关系，由于我国关键审计事项准则是从2017年开始全面实施的，因此选择2017—2018财报年沪深两市A股上市公司数据为研究样本，其中关键审计事项披露数量由对上市公司年度财务报告中关键审计事项披露段落进行手工收集和校对得到，其他研究变量和控制变量均取自CSMAR数据库和WIND数据库。在本书数据处理过程中依次剔除金融业公司数据、样本缺失数据和异常值数据，并按照审计意见进行分组。经过以上步骤处理之后，最终得到4 531个标准无保留审计意见样本，106个非标准审计意见样本，共4 637个研究样本，并使用SAS9.4进行实证检验。为了保证实证结果的可靠性和稳健性，本书对所有连续性变量在1%和99%的水平上进行双向缩尾Winsorize处理。

5.2 实证结果分析

5.2.1 样本描述性统计分析

本书已经在第三章中对关键审计事项的相关数据做了一部分描述性统计，由于在实证研究中对于整体数据有所删减，本章对被解释变量、解释变量和控制变量进行了进一步的描述性统计，结果如表5.2所示。

表 5.2 关键审计事项与风险信息变量描述性统计结果

Variables	N	Mean	Std	Min	P25	Median	Q3	Max	Skew
KAM	4 637	2.071	0.653	1	2	2	2	4	0.498
RESTATE	4 637	0.555	0.562	0	0	1	1	3	0.421
LEV	4 637	0.421	0.203	0.06	0.257	0.41	0.568	0.934	0.291
CASH	4 637	−0.17	0.309	−1.501	−0.262	−0.109	−0.011	0.587	1.587

续表

Variables	N	Mean	Std	Min	P25	Median	Q3	Max	Skew
SIZE	4 637	22.322	1.339	19.743	21.374	22.163	23.095	26.398	0.648
ROA	4 637	0.056	0.045	−0.003	0.023	0.045	0.076	0.233	1.369
TOP1	4 637	0.342	0.145	0.085	0.232	0.323	0.438	0.749	0.497
SOE	4 637	0.353	0.478	0	0	0	1	1	0.615
INP	4 637	0.377	0.054	0.333	0.333	0.364	0.429	0.6	1.328
FEE	4 637	13.92	0.68	12.707	13.459	13.816	14.26	16.51	1.08
BIG4	4 637	0.059	0.236	0	0	0	0	1	3.737

表5.2列示的是关键审计事项与风险信息变量的描述性统计结果，如表所示关键审计事项的平均值为2.071条，与第三章中整体样本下平均数2.089基本一致，标准差为0.653，与整体样本下0.651基本一致，最小值、P25值、中值、P75和最大值分布与整体样本一致，可见本书样本能够较好地反映表征总体样本水平，关键审计事项数量较为集中，以两条居多，波动不大。财务报告重述次数从1次到3次分布不等，平均值为0.555，标准差为0.562，中值为1，可见我国上市公司中财务报告重述现象并非个例，不少公司存在财务信息质量风险。持续经营风险指标中均值均在可接受水平，标准差分别为0.203和0.309，数据间差异不大，较为平稳。就公司权力集中程度而言，第一大股东持股比例数据间差异较大，对于大部分公司而言，第一大股东并不具有绝对控制权，但是从最大值74.9%可见也不泛公司存在一股独大的现象，从国有控股公司的数据统计来看，我国国有公司从占比看数量较少，从治理环境而言，独立董事比例基本均达到了法定的30%以上，不泛公司达到60%，这说明我国公司对于监督控制机制的重视程度较高。就审计质量相关指标而言，审计费用标准差为0.68，数据分布差异不大，国际四大会计师事务所审计上市公司的数量相对于总体而言占少数，这与第三章统计结果基本一致。

5.2.2 相关性分析

本节对总体样本下因变量、自变量和控制变量分别进行Pearson和Spearman相关性检验，结果如表5.3所示。通过相关性分析可见，各变量之间的相关系数在两种检验下均显著小于0.5，各变量之间不存在显著的共线性关系。

如表5.3所示，因变量和自变量之间的关系与在关键审计事项具有信息含量的假设条件下的预期方向基本一致，财务报告重述次数和资产负债率与关键审计事项数量之间呈显著正相关关系，经营活动净现金流负债比与关键审计事项之间呈显著正相关关系，也表示持续经营风险和关键审计事项数量之间的同向变动关系；当期ROA与KAM数量之间呈负相关关系，当期经营成果越好，KAM数量越少；股权集中程度与KAM之间均呈负相关关系，而独立董事制度与KAM数量之间没有显著关系；审计质量方面，审计费用与KAM之间具有正相关关系，但是是否由国际四大会计师事务所不会影响KAM的沟通数量，这一点与前文第三章的分析有共通之处。总体而言，主研究变量之间的相关系数分析结果与预期假设并无太大差异，各变量之间不存在共线性关系，但是变量之间具体的关系还需要通过模型检验得知，下文中将对模型检验结果进行进一步分析，以验证假设。

表5.3　因变量与主要自变量和控制变量之间的相关性分析

Variables	KAM	RESTATE	LEV	CASH	SIZE	ROA	TOP1	SOE	INP	FEE	BIG4
KAM	1	0.074***	0.165***	0.138***	0.165***	-0.052***	-0.065***	-0.029**	-0.007	0.173***	0.002
RESTATE	0.067***	1	-0.06***	0.022	-0.049***	-0.064***	-0.191***	-0.191***	0.002	-0.125***	-0.11***
LEV	0.176***	-0.054***	1	0.42***	0.525	-0.245***	0.046***	0.26***	0.004	0.427***	0.124***
CASH	0.142***	0.013	0.428***	1	0.088***	-0.302***	-0.107***	0.057***	0.009	0.073***	-0.038***
SIZE	0.167***	-0.074***	0.517	0.117***	1	-0.067***	0.159***	0.342***	-0.027*	0.72	0.275***
ROA	-0.054***	-0.069***	-0.195***	-0.248***	0.011	1	0.09***	-0.135***	-0.003	-0.07***	-0.014
TOP1	-0.062***	-0.175***	0.049***	-0.088***	0.203***	0.093***	1	0.236***	0.037**	0.103***	0.139***
SOE	-0.032*	-0.181***	0.263***	0.077***	0.351***	-0.047***	0.24***	1	-0.053***	0.193***	0.143***
INP	0.009	0.017	0.009	0.019	0.008	-0.026*	0.041***	-0.042***	1	0.001	0.014
FEE	0.177***	-0.139***	0.419***	0.111***	0.769	-0.029**	0.145***	0.221***	0.028*	1	0.315***
BIG4	0.014	-0.103***	0.119***	-0.02	0.344***	0.018	0.154***	0.143***	0.023	0.446***	1

注：相关系数矩阵右上三角数据为Spearman相关系数，左下三角数据为Pearson相关系数；***表示在1%的统计水平上显著，**表示在5%的统计水平上显著，*表示在10%的统计水平上显著（双尾）。

5.2.3 实证回归结果及分析

本章实证检验路径与假设提出顺序一致，分别检验在标准无保留审计意见和非标准审计意见（包括带有强调事项段的无保留审计意见和非无保留审计意见）的情况下，财务信息质量风险和持续经营风险与关键审计事项数量的关系，对于假设1和假设2的实证检验结如下所示。

1. 标准无保留审计意见下的实证结果分析

表5.4 标准无保留审计意见下关键审计事项风险预警机制的回归结果

	因变量：KAM			
Variables	（1）	（2）	（3）	（4）
Intercept	−1.281 4***	−0.783 0***	−1.037 7***	−0.835 2***
	（−4.91）	（−2.87）	（−3.97）	（−3.06）
RESTATE	0.060 0***			0.061 1***
	（3.49）			（3.56）
LEV		0.332 1***		0.334 6***
		（5.41）		（5.45）
CASH			0.208 9***	0.208 6***
			（6.76）	（6.77）
SIZE	0.065 0***	0.048 6***	0.066 1***	0.043 0***
	（5.12）	（3.65）	（5.27）	（3.20）
ROA	−0.014 3***	−0.012 1***	−0.009 3**	−0.011 1***
	（−3.93）	（−3.30）	（−2.49）	（−3.05）
TOP1	−0.002 2***	−0.002 3***	−0.002 2***	−0.002 0***
	（−3.23）	（−3.39）	（−3.13）	（−2.97）
SOE	−0.072 0***	−0.094 2***	−0.088 2***	−0.084 4***
	（−3.20）	（−4.22）	（−3.98）	（−3.75）
INP	−0.020 1	−0.011 6	−0.027 3	−0.023 0

续表

		因变量：KAM		
Variables	（1）	（2）	（3）	（4）
	（−0.11）	（−0.07）	（−0.15）	（−0.13）
FEE	0.143 0***	0.124 3***	0.126 3***	0.135 2***
	（5.76）	（5.07）	（5.16）	（5.48）
BIG4	−0.173 9***	−0.156 6***	−0.159 0***	−0.153 1***
	（−3.27）	（−2.97）	（−3）	（−2.90）
IND	CONTROL	CONTROL	CONTROL	CONTROL
YEAR	CONTROL	CONTROL	CONTROL	CONTROL
R	7.46%	7.83%	8.10%	8.09%
Adj−R2	6.97%	7.34%	7.61%	7.58%
N	4 531	4 531	4 531	4 531

注：括号内为t值，***表示在1%的统计水平上显著，**表示在5%的统计水平上显著，*表示在10%的统计水平上显著，模型中连续型变量均经过Winsorize双向缩尾处理。

表5.4列示了在标准无保留审计意见中，财务信息质量风险和持续经营风险与关键审计事项数量的实证结果，表中列示的四个模型分别对财务信息质量风险、资产偿债能力、现金流偿债能力和所有研究变量进行主变量回归，并对行业和年度进行控制，各解释变量均在0.01的水平下显著，说明模型整体具有解释力。

从回归结果上看，作为财务信息质量风险指标的财务报告重述次数（RESTATE）在模型（1）和模型（4）中均通过检验，在0.01的水平下显著为正，验证了财务信息质量风险和关键审计事项数量之间呈现正相关关系，即在控制其他条件的情况下，财务信息质量越低的公司，其审计报告中沟通的关键审计事项数量越多，假设H1.1通过验证，在标准无保留审计意见下，关键审计事项数量能够反映公司的财务信息质量风险，具备增量信息价值；表示持续经营风险的资产偿债能力指标资产负债率在模型（2）和（4）中均在0.01水平下显著为正，说明企业的资产偿债风险越高，关键审计事项数量越多，同时，现金流偿债指标（CASH）在模型（3）和模型（4）中显著为正，说明现金偿债能力越差，持续经营风险，沟通关键审计师事项数量越多，结合模型（2）、（3）和模型（4）中对持续经营风险的回归结果，假设H1.2得到验证，即在标准无保留审计意见下，企业持续经营风险与关键审计事项数量具有正相关关系，关键审计事项能够在标准无保留审计意见的基础上进一步披露企业的持续经营能力，具有信息含量。结合由假设H1.1和H1.2实证结果可知，关键审计事项具有帮助投资者在审计意见上没有显示重大错报风险和重大经营风险的公司中进一步筛选，帮助投资者判断上市公司的财务信息可信赖程度和未来收益可获得性，具有较高的信息增量价值，投资者可以通过阅读关键审计事项中注册会计师沟通的各项风险信息，判断具体风险领域，当风险领域越多时，影响投资风险和投资回报的不确定因素越多，投资者可以依据这些信息审慎判断，进一步优化投资策略。

控制变量方面，公司规模与关键审计事项数量显著正相关，规模越大的上市公司经营模式和治理结构越复杂，容易滋生风险的领域越多，越需要审计师保持较高水平的职业怀疑，因此审计师在审计过程中需要关注的风险领域和相关事项也越多；资产收益率反映了企业当年的经营绩效，企业的经营绩效不良可能是企业经营不善的结果，也可能是因为受到外部环境或市场压力的影响，差的经营业绩会成为管理层避免自身利益受损或避免企业价值下跌而粉饰财务数据的动机，因此，也需要审计师关注更多的重大错报风险领域，判断管理层运用会计估计和会计政策的合理性，并就可能产生风险的领域与投资者进行沟通；就企业控制权分布情况来看，第一大股东持股比例和国有控股情况均与关键审计事项数量显著负相关，说明控制权越集中的公司，企业组织架构越清晰明了，没有太多影响经营风险的冗余结构，或由于管理层权力有限而约束了自身粉饰财务信息的行为，因此，审计师需要关注的风险领域也越少；就监督机制而言，独立董事比例与关键审计事项数量无相关关系，说明独立董事制度没有影响到审计师对于风险领域的关注和沟通，这可能由于独立董事的监督职能履行不良，或者缺乏独立董事与审计师的直接沟通对话行为；就审计质量相关指标而言，审计费用与关键审计事项数量显著正相关，较高的审计费用往往与较高的审计风险相关，也需要审计师付出更多审计努力，因此，审计师易在审计报告中披露更多的风险相关领域；而国际四大会计师事务所性质与关键审计事项数量显著负相关，结合第三章实施现状中的相关分析结果，可以推断出国际四大会计师事务所相对而言没有较高的责任风险规避倾向，因此沟通方式更为简洁，而我国国内会计师事务所对于审计责任更加保守，具有更高的责任风险规避倾向，因此更愿意在审计报告中披露更为详尽丰富的风险提示信息。

2.非标准审计意见的实证结果分析

表5.5　非标准审计意见下关键审计事项风险预警机制回归结果

因变量：KAM				
Variables	（1）	（2）	（3）	（4）
Intercept	−9.313 4***	−7.925 3**	−9.084 7***	−8.869 4**
	（−2.86）	（−2.51）	（−2.82）	（−2.50）
RESTATE	0.093 6			0.146 4
	（−0.41）			（1.02）
LEV		0.737 8		0.718 4
		（−1.56）		（1.58）
CASH			0.025 7	0.197 1
			（0.05）	（0.38）
SIZE	0.272 8**	0.320 0***	0.290 4**	0.264 9**
	（−2.15）	（−2.66）	（−2.33）	（−2.24）
ROA	0.010 5	0.016 6	0.009 6	0.020 2
	（−0.68）	（−1.06）	（−0.61）	（−1.38）
TOP1	0.009 9	0.008 1	0.009 1	0.006 9
	（−0.93）	（−0.81）	（−0.87）	（−0.73）
SOE	−0.567 2*	−0.643 0**	−0.608 8**	−0.585 3**
	（−1.88）	（−2.36）	（−2.01）	（−2.24）

续表

	因变量：KAM			
Variables	（1）	（2）	（3）	（4）
INP	−0.192 3	−0.118	−0.338 4	−0.431 3
	（−0.08）	（−0.05）	（−0.14）	（−0.20）
FEE	0.365 4	0.185 7	0.332 8	0.314 2
	（−1.3）	（−0.66）	（−1.22）	（−1.02）
BIG4	−1.650 7**	−1.636 4**	−1.683 6**	−1.553 4**
	（−2.18）	（−2.40）	（−2.17）	（−2.21）
IND	CONTROL	CONTROL	CONTROL	CONTROL
YEAR	CONTROL	CONTROL	CONTROL	CONTROL
R^2	33.69%	36.95%	33.43%	36.09%
Adj−R^2	10.16%	14.58%	9.81%	13.12%
N	106	106	106	106

注：***表示在1%的统计水平上显著，**表示在5%的统计水平上显著，*表示在10%的统计水平上显著，模型中连续型变量均经过Winsorize双向缩尾处理。

表5.5列示了非标准审计意见下关键审计事项风险表征能力的实证结果，表中列示模型均对行业和年度进行控制，分别检验财务信息质量风险和持续经营风险与关键审计事项数量之间的关系。在四个模型中，财务信息质量风险和持续经营风险均与关键审计事项无显著相关关系，因此假设H2.1b和H2.2b得到验证，说明在非标准审计意见下，关键审计事项的数量不再能够反映被审计单位的财务信息质量高低和持续经营风险大小，非标准审计意见已经披露了足够的风险信息，在此基础上多沟通关键审计事项不会强化审计意见中的风险信息并增加信息含量。在控制变量中，企业规模与因变量显著正相关，企业规模越大，企业的经营业务和组织结构也就越复杂，有可能会产生风险的领域越多，而其他控制变量与因变量之间无显著关系。非标准审计意见下的实证结果一方面可能由于审计意见已经披露财务信息质量和持续经营能力方面的重大风险，关键审计事项的信息难以在此程度上进行强化；另一方面可能由于审计师在既有审计结果基础

上，未能对关键审计事项的进一步风险划分能力进行充分重视，没有充分满足投资者的信息需求，使投资者无法充分了解这些公司的全面风险因素，是今后新审计准则实施中应当注意的问题和可待提高之处。同时在非标准审计意见中，模型解释力较弱，本书认为这一方面是由于在删除金融业和缺失样本之后样本含量较小，同时由于新审计准则实施时间较短，本书仅基于关键审计事项实施初始两年的样本得出初步研究结论。

对比表5.4和表5.5的回归结果可知，审计意见和增量披露内容的信息价值存在区别和差异。在标准无保留审计意见下，由于审计意见本身信息含量不足，审计结论是对上市公司财务信息质量的"一刀切"，且未披露任何持续经营风险信息。在这种情况下，通过关键审计事项披露在审计过程中识别出的各项潜在风险变得很有价值，关键审计事项打开了上市公司和审计师之间对于投资者而言的信息盲区，使得投资者更加清楚注册会计师为得出审计结论而做出的具体工作，更加了解上市公司的具体经营现状和组织架构。通过关键审计事项的披露内容深入了解被审计单位的财务信息质量和持续经营能力，为其在绝大多数标准无保留审计意见公司中做出更好的投资决策提供了更为翔实的决策依据信息，因此在标准无保留审计意见下，关键审计事项具有信息增量价值。而在出具非标准审计意见的审计报告中，这种增量信息价值不复存在，本书认为，这是由于非标准审计意见是在注册会计师已经得到充分适当审计证据的基础上得出的审计结论，已经传递了非常具体明确的风险信号。如存在对于持续经营能力的重大疑虑，持续经营风险极高，或者在某些方面未公允表达，财务信息质量风险极低。与在审计过程中关注的"可能"产生各类风险的领域相比，在审计结论中所披露风险的水平更高，审计结论中已提醒投资者注意重大风险事项。因此不再披露风险水平较低事项，但是这种披露现状对于投资者而言也存在弊端，限制了投资者了解公司特异性风险的能力，对于投资者深入了解投资失败风险并无益，需要在以后的新审计准则实施中进一步加强。总体而言，在出具非标准审计意见的情况下，非标准审计意见的信息含量大于关键审计事项的信息含量，则关键审计事项的增量信息价值难以体现。

5.3 稳健性检验

为保证本章研究结论稳健可靠，本章选用以下方法进行稳健性检验：首先采用替换因变量的方法，分别使用应对措施数量、关键审计事项篇幅（关键审计事项字数取自然对数）和总篇幅（关键审计事项字数与应对措施总字数，取自然对数）替代因变量，采用更加丰富的信息内容衡量维度验证结论；其次采用替代自变量的方法，采用盈余管理程度、有形资产负债率［负债合计/（资产总计-无形资产净额-商誉净额）］和现金比率（现金及现金等价物期末余额/流动负债）分别作为财务信息质量风险和持续经营风险的替代变量。下面分别运用这两种方法进行稳健性检验并对结果进行列示和分析。

1. 在标准无保留审计意见下替代因变量

关键审计事项由关键审计事项内容和应对措施内容共同组成，关键审计事项表示审计师在审计过程当中关注与治理层沟通的风险领域，相应的应对措施则代表审计师为了应对这些风险而实施的审计程序。审计程序的复杂程度往往可以表示风险重要性程度和审计师对风险的重视程度，风险越高，越受到重视，审计师越谨慎，并实施更加充分适当的审计程序。通过前文实施现状的分析，关键审计事项数量和应对措施数量具有一定相关关系，因此，本书使用应对措施条数代替因变量进行检验，验证在不同审计意见下相关风险水平和应对措施的关系。此外，本书使用关键审计事项篇幅作为因变量进行检验，关键审计事项篇幅（关键审计事项字数取对数）表明审计师对于该事项的具体描述程度，审计师往往在具体描述中披露该事项的具体内容和金额，以及将该事项作为关键审计事项的原因。当审计师认为该事项业务较为复杂、具有很高风险或者对其颇为重视的话，则有可能使用更长的篇幅对其进行描述，因此，本书在稳健性检验中测试风险因素和关键审计事项篇幅的关系，进一步验证关键审计事项内容能否

反映出相应风险。最后，本节将关键审计事项篇幅总和（即关键审计事项
与应对措施总字数并取对数）作为因变量进行检验，投资者在阅读时，往
往不会只阅读某一部分内容，这样不利于对信息的全面了解和分析，在投
资者对关键审计事项整体内容进行阅读时，该部分篇幅的丰富程度往往综
合反映了审计师对于风险的评价和识别，以及应对风险的具体措施，可以
较为全面地衡量相关风险的程度，因此本节进一步讨论在不同审计意见下
整体篇幅是否能够有效反映相关风险及是否支持假设。由于本书数据源自
手工收集，部分上市公司的相关披露产生缺失值，或由于年报采用图片格
式难以获取具体字数，因此在剔除相关缺失值后，最终得到4 528个标准无
保留意见样本，113个非标准审计意见样本，本部分实证检验同样为了避免
异常值产生影响从而对所有连续性变量在1%和99%的水平上进行Winsorize
处理。最终标准无保留审计意见的实证回归结果如表5.6、表5.7和表5.8所
示，非标准审计意见的回归结果如表5.9、表5.10和表5.11所示。

表5.6　标准无保留审计意见下以应对措施数量作为因变量的稳健性检验结果

因变量：应对措施数量				
Variables	（1）	（2）	（3）	（4）
Intercept	−6.247 1***	−2.855 8*	−4.975 2***	−3.200 5**
	（−4.11）	（−1.79）	（−3.26）	（−2）
RESTATE	0.397 9***			0.405 3***
	（3.68）			（3.76）
LEV		2.268 0***		2.283 9***
		（6.12）		（6.16）
CASH			1.008 8***	1.007 0***
			（−5.35）	（−5.36）
SIZE	0.326 5***	0.213 7***	0.341 4***	0.176 6**
	（4.37）	（2.74）	（4.61）	（2.24）
ROA	−0.067 9***	−0.052 5**	−0.045 6*	−0.046 5**
	（−2.87）	（−2.23）	（−1.85）	（−1.97）
TOP1	−0.009 0**	−0.009 5**	−0.009 1**	−0.007 7*

续表

因变量：应对措施数量				
Variables	（1）	（2）	（3）	（4）
	（−2.17）	（−2.33）	（−2.21）	（−1.86）
SOE	−0.722 4***	−0.871 9***	−0.817 8***	−0.806 9***
	（−5.29）	（−6.40）	（−6）	（−5.93）
INP	−1.144 5	−1.085 4	−1.155 0	−1.163 4
	（−1.03）	（−0.98）	（−1.04）	（−1.05）
FEE	0.684 2***	0.558 9***	0.584 2***	0.631 0***
	（4.73）	（3.92）	（4.09）	（4.38）
BIG4	−1.736 9***	−1.618 1***	−1.670 2***	−1.594 8***
	（−6.26）	（−5.84）	（−6）	（−5.77）
IND	CONTROL	CONTROL	CONTROL	CONTROL
YEAR	CONTROL	CONTROL	CONTROL	CONTROL
R^2	5.73%	6.23%	6.01%	6.54%
$Adj–R^2$	5.23%	5.73%	5.50%	6.02%
N	4 528	4 528	4 528	4 528

注：***表示在1%的统计水平上显著，**表示在5%的统计水平上显著，*表示在10%的统计水平上
显著，模型中连续型变量均经过Winsorize双向缩尾处理。

　　表5.6列示的是标准无保留审计意见下使用应对措施数量作为因变量的
实证结果。从表中第（1）列数据来看，财务信息质量与应对措施数量的
回归系数在0.01的水平下显著为正，支持假设H1.1；从表中第（2）列和第
（3）列数据来看，持续经营风险指标均与应对措施数量在0.01水平下显著
正相关，支持假设H1.2。第（4）列列示了全部研究变量的回归结果，支持
本书假设。从表5.6回归结果来看，使用关键审计事项应对措施作为因变量
之后，结论依然成立，说明本书研究结果具有稳健性。从控制变量来看，
各控制变量的显著性水平与主模型回归结果基本一致，只是模型整体解释
力稍有下降。通过对应对措施数量的回归结果可知，在标准无保留审计意
见下，除关键审计事项数量本身以外，应对措施的数量由于与关键审计事

项数量具有一定匹配关系，也能够反映被审计单位的相关风险水平，投资者应当在关注关键审计事项具体内容的同时，也关注审计师采用了哪些审计程序来应对在审计过程中识别出的风险领域，这对于理解和评价相关风险信息具有积极作用，有助于帮助投资者进行决策。

表5.7　标准无保留审计意见下以关键审计事项篇幅作为因变量的稳健性检验结果

因变量：关键审计事项篇幅			
Variables	（1）	（2）	（3）	（4）
Intercept	3.995 2***	4.346 8***	4.145 1***	4.295 5***
	（21.05）	（21.46）	（21.57）	（21.32）
RESTATE	0.061 0***			0.061 8***
	（4.74）			（4.81）
LEV		0.222 3***		0.224 8***
		（4.83）		（4.89）
CASH			0.104 3***	0.104 2***
			（−4.44）	（−4.44）
SIZE	0.044 3***	0.035 4***	0.047 7***	0.029 7***
	（4.75）	（3.61）	（5.14）	（3.01）
ROA	−0.010 8***	−0.009 6***	−0.008 8***	−0.008 7***
	（−3.99）	（−3.53）	（−3.16）	（−3.19）
TOP1	−0.001 3**	−0.001 5***	−0.001 4***	−0.001 2**
	（−2.55）	（−2.85）	（−2.74）	（−2.30）
SOE	−0.069 1***	−0.087 5***	−0.082 3***	−0.077 5***
	（−4.13）	（−5.24）	（−4.93）	（−4.62）
INP	−0.177 6	−0.167 9	−0.174 9	−0.180 7
	（−1.39）	（−1.31）	（−1.37）	（−1.42）
FEE	0.100 1***	0.083 7***	0.086 2***	0.094 7***
	（5.59）	（4.69）	（4.82）	（5.30）

续表

因变量：关键审计事项篇幅			
Variables	（1）	（2）	（3）	（4）
BIG4	0.017 5	0.028 5	0.023 9	0.031 6
	（0.50）	（0.81）	（0.68）	（0.90）
IND	CONTROL	CONTROL	CONTROL	CONTROL
YEAR	CONTROL	CONTROL	CONTROL	CONTROL
R^2	7.62%	7.66%	7.56%	8.13%
Adj-R^2	7.13%	7.17%	7.07%	7.61%
N	4 502	4 502	4 502	4 502

注：***表示在1%的统计水平上显著，**表示在5%的统计水平上显著，*表示在10%的统计水平上显著，模型中连续型变量均经过Winsorize双向缩尾处理。

表5.7列示的是在标准无保留审计意见下，将关键审计事项篇幅（关键审计事项字数取对数）作为因变量的实证回归结果。从模型回归结果来看，第（1）列中财务信息质量风险和篇幅呈显著正相关关系，系数在0.01水平下通过检验，进一步验证本书假设H1.1；模型（2）和模型（3）持续经营风险系数在0.01的水平下显著，说明本书对假设H1.2的验证结论稳健，对比第（4）列结果可知，在使用篇幅作为因变量时，本书对于假设H1.1和H1.2的实证结果依然成立。就控制变量的回归结果而言，基本与主模型回归系数方向与显著性相同，但在表5.7中，是否为国际四大会计师事务所审计与篇幅不存在显著相关关系，这说明国际四大和非国际四大事务所在对于事项描述详细程度上不存在显著差异，对于关键审计事项的描述更多基于职业判断，而不具有事务所特异性，这对于投资者对这部分信息的理解和使用也具有借鉴意义。与应对措施数量作为因变量的回归结果相比，使用篇幅作为因变量的模型解释力更强，说明关键审计事项本身的风险预警能力更强，可以作为投资者决策更为直接的依据。

表5.8 标准无保留审计意见下以关键审计事项总篇幅作为因变量的稳健性检验结果

Variables	因变量：关键审计事项和应对措施总篇幅			
	（1）	（2）	（3）	（4）
Intercept	4.934 9***	5.279 1***	5.068 2***	5.239 6***
	（24.92）	（25.17）	（25.48）	（25.15）
RESTATE	0.044 4***			0.046 4***
	（3.69）			（3.88）
LEV		0.226 4***		0.181 3***
		（5.57）		（4.14）
CASH			0.103 0***	0.067 0***
			（4.98）	（3.02）
SIZE	0.039 8***	0.029 1***	0.041 7***	0.026 3***
	（4.83）	（3.35）	（5.13）	（3）
ROA	−0.008 0***	−0.006 5***	−0.005 8**	−0.004 5*
	（−3.47）	（−2.83）	（−2.43）	（−1.89）
TOP1	−0.001 3***	−0.001 4***	−0.001 3***	−0.001 1**
	（−2.63）	（−2.77）	（−2.65）	（−2.15）
SOE	−0.071 5***	−0.087 2***	−0.082 0***	−0.080 4***
	（−4.61）	（−5.61）	（−5.29）	（−5.18）
INP	−0.123 6	−0.117 1	−0.120 8	−0.132 9
	（−0.99）	（−0.95）	（−0.98）	（−1.07）
FEE	0.088 1***	0.074 3***	0.076 8***	0.082 3***
	（5.49）	（4.65）	（4.80）	（5.16）
BIG4	−0.081 1**	−0.069 1*	−0.073 8**	−0.064 2*
	（−2.23）	（−1.91）	（−2.02）	（−1.77）
IND	CONTROL	CONTROL	CONTROL	CONTROL
YEAR	CONTROL	CONTROL	CONTROL	CONTROL
R^2	5.82%	6.12%	5.98%	6.57%
Adj–R^2	5.31%	5.62%	5.47%	6.03%
N	4 502	4 502	4 502	4 502

注：***表示在1%的统计水平上显著，**表示在5%的统计水平上显著，*表示在10%的统计水平上显著，模型中连续型变量均经过Winsorize双向缩尾处理。

表5.8列示的是在标准无保留审计意见下，以关键审计事项部分总篇幅（关键审计事项和应对措施总字数取对数）作为因变量的回归结果。从第（1）列到第（4）列总体上看，各风险系数均在0.01水平下显著，支持假设H1.1和H1.2，说明财务信息质量风险和持续经营风险也能够通过关键审计事项总体篇幅进行显示。在标准无保留审计意见下，关键审计事项的信息含量，既可以通过关键审计事项本身体现，也可以通过相应的应对措施体现，既可以通过数量体现，也可以通过篇幅体现，对于投资者而言，应当全面深入了解关键审计事项的具体内容，并关注审计师具体的确认依据和应对措施。另外，从控制变量来看，国际四大会计师事务所与篇幅呈显著负相关关系，与表5.7和表5.8结果对比可知，这可能主要由于"四大所"更倾向于在沟通应对措施时采用比较精炼简洁的语言，在投资者阅读"四大所"出具的审计报告时，应当更关注其实质内容和风险数量，而不应当因为"四大所"习惯采取精炼语言而对风险降低关注。

2. 非标准审计意见下替代因变量

本书采用替代因变量的方式对于非标准审计意见下相关风险和关键审计事项内容的关系进行了进一步回归，同样将因变量分别替换为应对措施数量、关键审计事项篇幅和总篇幅，以验证前文研究结论的稳健性，回归结果如表5.9、表5.10和表5.11所示。

表5.9 非标准审计意见下以应对措施数量作为因变量的稳健性检验结果

因变量：应对措施数量				
Variables	（1）	（2）	（3）	（4）
Intercept	−39.263 2**	−33.946 5*	−37.853 1*	−35.182 0*
	（−2.06）	（−1.83）	（−1.96）	（−1.80）
RESTATE	0.256 5			0.522 5
	（0.18）			（0.37）
LEV		3.023 8		3.219 2
		（0.96）		（1.02）
CASH			0.371 3	0.284 2

续表

Variables	（1）	（2）	（3）	（4）
			（0.12）	（0.09）
SIZE	2.432 8***	2.604 8***	2.449 4***	2.524 9***
	（3.16）	（3.60）	（3.39）	（3.42）
ROA	0.029 2	0.055 3	0.025 3	0.062 9
	（0.32）	（0.60）	（0.28）	（0.67）
TOP1	−0.031 6	−0.038 0	−0.033 1	−0.034 1
	（−0.50）	（−0.62）	（−0.53）	（−0.54）
SOE	−3.587 5*	−3.845 3**	−3.654 7**	−3.638 2**
	（−1.97）	（−2.34）	（−2.03）	（−2.03）
INP	−5.413 2	−4.915 3	−5.749 6	−4.063 6
	（−0.39）	（−0.34）	（−0.40）	（−0.29）
FEE	0.141 4	−0.549 7	0.037 5	−0.401 9
	（0.08）	（−0.31）	（0.02）	（−0.22）
BIG4	−9.243 7**	−9.161 0**	−9.072 8**	−9.053 6**
	（−2.16）	（−2.29）	（−2.04）	（−2.25）
IND	CONTROL	CONTROL	CONTROL	CONTROL
YEAR	CONTROL	CONTROL	CONTROL	CONTROL
R^2	34.13%	35.64%	34.10%	35.85%
Adj−R^2	2.72%	1.85%	1.73%	3.04%
N	113	113	113	113

(表头跨列：因变量：应对措施数量)

注：***表示在1%的统计水平上显著，**表示在5%的统计水平上显著，*表示在10%的统计水平上显著，模型中连续型变量均经过Winsorize双向缩尾处理。

　　表5.9列示的是非标准审计意见下用应对措施数量替代关键审计事项数量作为因变量的回归结果。从列（1）至列（4）总体上看，各模型中主研究变量回归系数均不显著，与主模型回归结果一致，支持对假设H2.1b和H2.2b的研究结论。就控制变量而言，公司规模与应对措施数量显著正相关，产权性质与应对措施数量显著负相关，国际四大会计师事务所与应对

措施数量显著负相关，这些回归结果与主模型研究结论一致，说明主模型的研究结论是稳健的，在非标准审计意见下，关键审计事项和应对措施的数量均无法在审计意见基础上提供增量风险信息，执行更多或更少的审计程序无法强化或弱化审计结论中披露的风险，非标准审计意见的风险信息含量强于关键审计事项的应对措施。

表5.10 非标准审计意见下以关键审计事项篇幅作为因变量的稳健性检验结果

因变量：关键审计事项篇幅				
Variables	（1）	（2）	（3）	（4）
Intercept	0.524 2	1.208 0	0.661 2	1.091 9
	（0.27）	（0.69）	（0.38）	（0.59）
RESTATE	0.012 1			0.049 1
	（0.08）			（0.31）
LEV		0.429 5		0.447 8
		（1.39）		（1.44）
CASH			0.057 3	0.054 1
			（0.19）	（0.17）
SIZE	0.164 8**	0.185 1**	0.162 7*	0.177 6**
	（2.05）	（2.15）	（1.98）	（2.11）
ROA	0.004 8	0.008 8	0.004 5	0.009 5
	（0.64）	（1.15）	（0.58）	（1.26）
TOP1	0.006 3	0.005 6	0.006 3	0.006 0
	（1.08）	（0.99）	（1.05）	（1.09）
SOE	−0.222 8	−0.249 3	−0.221 8	−0.229 8
	（−0.98）	（−1.29）	（−1.04）	（−1.05）
INP	0.071 7	0.179 5	0.061 6	0.259 5
	（0.06）	（0.14）	（0.05）	（0.20）
FEE	0.131 9	0.042 4	0.125 7	0.056 3
	（0.78）	（0.24）	（0.76）	（0.31）
BIG4	−0.539 2	−0.522 9*	−0.507 7	−0.512 8*

续表

Variables	（1）	（2）	（3）	（4）
因变量：关键审计事项篇幅				
	（−1.58）	（−1.72）	（−1.48）	（−1.70）
IND	CONTROL	CONTROL	CONTROL	CONTROL
YEAR	CONTROL	CONTROL	CONTROL	CONTROL
R^2	32.96%	36.27%	32.99%	36.46%
Adj-R^2	5.23%	3.36%	2.70%	5.84%
N	113	113	113	113

注：***表示在1%的统计水平上显著，**表示在5%的统计水平上显著，*表示在10%的统计水平上显著，模型中连续型变量均经过Winsorize双向缩尾处理。

如表5.10所示，在使用关键审计事项篇幅作为因变量时，列（1）到列（4）的主研究变量系数不显著，除此之外，相关控制变量的显著性也进一步变弱，说明关键审计事项篇幅无法在非标准审计意见下反映被审计单位的财务信息质量风险和经营风险，关键审计事项的篇幅无法对于审计结论中提示的风险进行强化或弱化，并不具备较高的信息增量价值，与主模型回归结果基本一致。

表5.11 非标准审计意见下以关键审计事项总篇幅作为因变量的稳健性检验结果

Variables	（1）	（2）	（3）	（4）
因变量：关键审计事项和应对措施总篇幅				
Intercept	4.242 9**	4.860 2***	5.061 6***	4.439 8***
	（2.48）	（2.81）	（2.86）	（2.63）
RESTATE	0.162 4*			0.163 4*
	（1.92）			（1.94）
LEV		0.2574		0.297 2
		（1.17）		（1.32）
CASH			0.194 0	0.171 4
			（0.85）	（0.70）
SIZE	0.109 6*	0.130 4**	0.110 7*	0.108 9*

续表

因变量：关键审计事项和应对措施总篇幅			
Variables	（1）	（2）	（3）	（4）
	（1.88）	（2.08）	（1.83）	（1.90）
ROA	0.004 2	0.005 1	0.001 1	0.006 1
	（0.59）	（0.67）	（0.15）	（0.86）
TOP1	0.002 8	0.001 8	0.002 7	0.002 5
	（0.51）	（0.34）	（0.52）	（0.47）
SOE	0.023 3	−0.051 4	−0.022 3	0.014 2
	（0.14）	（−0.34）	（−0.14）	（0.09）
INP	−0.179 6	−0.159 9	−0.130 8	−0.236 6
	（−0.20）	（−0.17）	（−0.15）	（−0.25）
FEE	0.021 4	−0.049 7	−0.028 0	0.000 4
	（0.16）	（−0.36）	（−0.22）	（0）
BIG4	0.328 1	0.322 8	0.377 1	0.348 1
	（1.49）	（1.35）	（1.61）	（1.55）
IND	CONTROL	CONTROL	CONTROL	CONTROL
YEAR	CONTROL	CONTROL	CONTROL	CONTROL
R^2	23.00%	21.48%	20.94%	25.18%
Adj–R^2	5.23%	3.36%	2.70%	5.84%
N	113	113	113	113

注：***表示在1%的统计水平上显著，**表示在5%的统计水平上显著，*表示在10%的统计水平上显著，模型中连续型变量均经过Winsorize双向缩尾处理。

如表5.11所示，在以关键审计事项和应对措施总篇幅作为因变量的回归结果中，主研究变量模型回归结果基本与主模型回归结果一致，总篇幅对于持续经营风险不具有揭示能力。但是，如第（1）列和第（4）列所示，财务信息质量风险与被解释变量在0.1水平下显著正相关，相比较对于关键审计事项篇幅的回归结果，说明将关键审计事项和应对措施作为整体时，能够在一定程度上反映被审计单位的财务信息质量风险，进一步增强非标准审计意见的信号作用，这种作用主要是通过应对措施篇幅大小进行显示的，而非关键审计事项本身。

3. 替代自变量

本节在除替代因变量之外，也对自变量进行替换，使用盈余管理程度（DA）代替财务信息质量风险，以有形资产负债率（总负债/有形资产，LEV2）和营运资金与借款比（CASH2）分别作为资产偿债能力与现金流偿债能力指标代替持续经营风险。盈余管理程度（DA）广泛被用作衡量财务信息质量的指标（Francis等，1999；Bartov等，2000；刘继红，2009），在具体计算方法上，DA为取绝对值的操纵性应计利润，该数值越大，表明公司盈余质量和财务信息质量越低，财务信息风险越高。在该模型中，DA根据Dechow（1995）提出的修正截面琼斯模型估计得到，如模型（5.2）：

$$\frac{TA_{it}}{A_{t-1}} = \beta_0 + \beta_1 \frac{(\Delta REV - \Delta REC)}{A_{t-1}} + \beta_2 \frac{PPE_t}{A_{t-1}} + \varepsilon \quad (5.2)$$

其中TA代表企业年度 t 的总应计利润，由非正常项目前利润减去经营活动产生现金流得到，A 为期初总资产账面价值，ΔREV 为 $t-1$ 至 t 年度的销售增长额，ΔREC 为 $t-1$ 年至 t 年度的应收账款期末余额增加额，PPE 为固定资产期末总额，将所有样本带入模型（5.2）进行回归，得到的残差项取绝对值即为操纵性应计利润DA。

$$KAM = \alpha_0 + \alpha_1 DA + \alpha_2 LEV + \alpha_3 CASH2 + \alpha_4 SIZE + \alpha_5 ROA + \alpha_6 TOP1 + \alpha_7 SOE$$
$$+ \alpha_8 INP + \alpha_9 BIG4 + \alpha_{10} FEE + \sum IND + \sum YEAR + \varepsilon \quad (5.3)$$

在模型中，由于CASH2为营运资金与借款比，该指标越低，代表营运现金偿债能力越弱，短期经营风险越高。为保证风险指标方向一致性以便于检验分析，本书将该指标乘以负一，该指标数值越大，现金偿债能力越差，持续经营风险越高。LEV2为有形资产对于债务的偿还能力，该指标数值越大，有形资产偿债能力越差，持续经营风险越高。模型中其他控制变量的选取与主模型一致，并在标准无保留审计意见和非标准审计意见下分组回归，回归结果如表5.12和表5.13所示。

根据表5.12的回归结果表示，在更换自变量后标准无保留审计意见下的主回归模型依然显著，应计盈余管理程度和资产及现金流偿债风险均与关键审计事项数量呈显著正相关关系，虽然显著性水平较主研究模型而言稍有下降，但整体结论依然稳健，结果依然支持假设H1.1和H1.2。而在非标准审计意见下，财务信息质量风险和持续经营风险变量并不显著，这与主回归模型的结果一致，支持本书的假设H2.1b和H2.2b，本书研究结论具有一定稳健性。在更换主研究变量后，各控制变量的显著性水平没有发生明显变化，与主研究模型基本一致。

表5.12　标准无保留审计意见下替代自变量的稳健性检验结果

因变量：关键审计事项数量				
Variables	（1）	（2）	（3）	（4）
Intercept	−0.789 8***	−1.196 6***	−1.104 4***	−1.086 7***
	（−2.87）	（−4.53）	（−3.78）	（−3.72）
DA	1.561 2**			2.466 9**
	（2.48）			（2.19）
LEV2		0.100 6**		0.106 6**
		（2.48）		（2.18）
CASH2			0.000 4**	0.000 3*
			（2.31）	（1.71）
SIZE	0.049 0***	0.062 9***	0.055 9***	0.052 2***
	（3.68）	（4.92）	（3.93）	（3.64）
ROA	−0.010 3***	−0.016 3***	−0.015 3***	−0.014 8***
	（−2.70）	（−4.38）	（−3.65）	（−3.52）
TOP1	−0.001 9***	−0.002 2***	−0.002 3***	−0.002 2***
	（−2.78）	（−3.26）	（−3.03）	（−2.91）
SOE	−0.092 7***	−0.080 6***	−0.099 0***	−0.100 8***
	（−4.19）	（−3.64）	（−4.05）	（−4.13）
INP	0.022 6	0.037 2	−0.110 9	−0.118 5
	（0.13）	（0.20）	（−0.56）	（−0.60）

续表

	因变量：关键审计事项数量			
Variables	（1）	（2）	（3）	（4）
FEE	0.126 2***	0.136 6***	0.150 3***	0.151 0***
	（5.12）	（5.48）	（5.56）	（5.60）
BIG4	−0.178 6***	−0.207 7***	−0.211 2***	−0.211 7***
	（−3.44）	（−3.97）	（−3.77）	（−3.78）
IND	CONTROL	CONTROL	CONTROL	CONTROL
YEAR	CONTROL	CONTROL	CONTROL	CONTROL
R^2	8.30%	7.27%	7.22%	7.34%
Adj–R^2	7.77%	6.77%	6.61%	6.68%
N	4 531	4 531	3 659	3 659

注：***表示在1%的统计水平上显著，**表示在5%的统计水平上显著，*表示在10%的统计水平上显著，模型中连续型变量均经过Winsorize双向缩尾处理。

表5.13　非标准审计意见下替代自变量的稳健性检验结果

	因变量：关键审计事项数量			
Variables	（1）	（2）	（3）	（4）
Intercept	−10.136 1***	−9.269 3***	−6.596 2*	−7.236 1
	（−3.06）	（−3.24）	（−1.69）	（−1.65）
DA	0.023 9			0.032 0
	（0.21）			（0.26）
LEV2		0.111 2		0.615 7
		（0.34）		（1.28）
CASH2			0.001 9	0.001 5
			（1.28）	（1.26）
SIZE	0.325 4***	0.288 9**	0.208 7	0.326 2**
	（2.78）	（2.35）	（1.36）	（2.07）
ROA	0.023 3*	0.011 5	0.019 8	0.025 5
	（1.77）	（0.76）	（0.87）	（1.34）
TOP1	0.008 0	0.006 9	0.004 1	0.005 7

续表

	因变量：关键审计事项数量			
Variables	（1）	（2）	（3）	（4）
	（0.83）	（0.70）	（0.36）	（0.50）
SOE	−0.770 9***	−0.651 3**	−0.505 2*	−0.735 6**
	（−2.75）	（−2.53）	（−1.75）	（−2.33）
INP	−0.968 5	−0.787 5	0.092 9	−1.304 8
	（−0.43）	（−0.35）	（0.03）	（−0.42）
FEE	0.331 6	0.340 9	0.266 7	0.131 1
	（1.13）	（1.23）	（0.84）	（0.36）
BIG4	−1.707 0***	−1.710 6**	−1.550 4*	−1.390 5**
	（−2.72）	（−2.44）	（−1.86）	（−2.15）
IND	CONTROL	CONTROL	CONTROL	CONTROL
YEAR	CONTROL	CONTROL	CONTROL	CONTROL
R^2	39.64%	32.21%	25.07%	34.04%
Adj–R^2	17.95%	10.64%	0.84%	0.32%
N	106	106	87	87

注：***表示在1%的统计水平上显著，**表示在5%的统计水平上显著，*表示在10%的统计水平上显著，模型中连续型变量均经过Winsorize双向缩尾处理。

5.4 内生性检验

本章在模型回归和稳健性检验的同时，也考虑到本章解释变量和被解释变量之间的内生性问题，为了排除反向因果和遗漏变量偏差等问题，控制内生性对研究结论的影响，本书借鉴Larcher和Rusticus（2010）以及Wooldridge（2006）的做法，通过工具变量两阶段最小二乘回归（2SLS）方法对标准无保留审计意见下的回归结果进行内生性检验。本书选取行业平均资产负债表重述次数（MEANRESTATE）、行业平均资产负债率

（MEANLEV）和行业平均现金流量负债比例（MEANCASH）作为工具变量，因其与自变量相关，而不对因变量产生直接影响，在第一阶段将原自变量作为该阶段模型因变量，将工具变量作为自变量进行回归得到拟合值，第二阶段使用原模型因变量对拟合值进行回归，从而对内生变量进行修正。同时，本书也用应计盈余管理滞后一期（LDA）、资产负债率（LLEV）滞后一期和营运现金负债比率（LCASH）滞后一期作为工具变量分别进行回归检验。表5.14至表5.19分别报告了采用工具变量的两阶段最小二乘回归结果。通过回归结果可知，各模型中工具变量与自变量显著相关，且自变量的显著性水平与系数符号方向与主模型一致，说明在控制内生性后本书研究保持不变，本书研究变量选取具有合理性，研究结论稳健。

表5.14　内生性检验（行业重述次数均值的2SLS回归结果）

变量	RESTATE	KAM
INTERCEPT	0.670 6***	−1.282 4***
MEANRESTATE	0.794 4***	
	（10.44）	
RESTATE		0.560 5***
		（6.39）
	（3.12）	（−6.66）
SIZE	0.098 0***	−0.010 0
	（9.29）	（−0.72）
ROA	−0.014 8***	−0.000 3
	（−4.82）	（−0.10）
TOP1	−0.004 5***	0.000 4
	（−7.96）	（0.55）
SOE	−0.145 0***	−0.024 6
	（−7.89）	（−1.09）
INP	0.202 8	−0.068 3
	（1.38）	（−0.52）

续表

变量	RESTATE	KAM
FEE	−0.183 8***	0.230 3***
	（−9.49）	（9.32）
BIG4	−0.053 4	−0.149 9***
	（−1.44）	（−3.54）
INDUSTRY	CONTROL	CONTROL
YEAR	CONTROL	CONTROL
N	4 531	4 531
ADJRSQ	0.096 2	0.073 3

注：***表示在1%的统计水平上显著，**表示在5%的统计水平上显著，*表示在10%的统计水平上显著，模型中连续型变量均经过Winsorize双向缩尾处理。

表5.15 内生性检验（行业资产负债率均值的2SLS回归结果）

变量	LEV	KAM
INTERCEPT	−1.563 6***	−1.385 4***
	（−28.42）	（−4.51）
MEANLEV	0.606 5***	
	（18.91）	
LEV		0.315 1***
		（8.75）
SIZE	0.064 2***	0.082 5***
	（21.99）	（4.98）
ROA	−0.008 7***	−0.017 4***
	（−10.06）	（−5.34）
TOP1	−0.000 8***	−0.003 1***
	（−5）	（−6.05）
SOE	0.031 5***	−0.099 9***
	（6.02）	（−5.32）
INP	0.027 6	0.086 5
	（0.65）	（0.67）

续表

变量	LEV	KAM
FEE	0.022 2***	0.132 8***
	（3.95）	（7.22）
BIG4	−0.062 2***	−0.226 4***
	（−5.82）	（−4.91）
INDUSTRY	CONTROL	CONTROL
YEAR	CONTROL	CONTROL
N	4 531	4 531
ADJRSQ	0.393 7	0.055 5

注：***表示在1%的统计水平上显著，**表示在5%的统计水平上显著，*表示在10%的统计水平上显著，模型中连续型变量均经过Winsorize双向缩尾处理。

表5.16　内生性检验（行业营业现金偿债能力均值的2SLS回归结果）

变量	CASH	KAM
INTERCEPT	0.839 7***	−0.400 9*
	（6.96）	（−1.71）
MEANCASH	0.894 0***	
	（10.42）	
CASH		0.501 5***
		（3.72）
SIZE	−0.013 9**	0.050 8***
	（−2.24）	（4.81）
ROA	0.017 5***	−0.001 3
	（11.44）	（−0.36）
TOP1	0.002 3***	−0.001 9***
	（6.27）	（−3.24）
SOE	−0.042 6***	−0.133 0***
	（−3.69）	（−6.95）
INP	−0.126 7	−0.060 1
	（−1.40）	（−0.47）

续表

变量	CASH	KAM
FEE	−0.039 2***	0.112 4***
	（−3.30）	（5.93）
BIG4	0.114 0***	−0.165 8***
	（4.78）	（−3.31）
INDUSTRY	CONTROL	CONTROL
YEAR	CONTROL	CONTROL
N	4 531	4 531
ADJRSQ	0.082 9	0.055 3

注：***表示在1%的统计水平上显著，**表示在5%的统计水平上显著，*表示在10%的统计水平上显著，模型中连续型变量均经过Winsorize双向缩尾处理。

表5.17　内生性检验（滞后一期应计盈余管理的2SLS回归结果）

变量	DA	KAM
INTERCEPT	0.116 4***	−0.841 4***
	（3.93）	（−2.94）
LDA	0.025 7***	
	（3.60）	
DA		1.956 7***
		（3.44）
SIZE	−0.001 9	0.057 4***
	（−1.19）	（4.81）
ROA	−0.000 4	−0.005 9*
	（−0.86）	（−1.70）
TOP1	0.000 1	−0.003 4***
	（0.70）	（−4.93）
SOE	−0.001 0	−0.111 3***
	（−0.33）	（−5.84）
INP	0.032 2	0.206 0
	（1.37）	（1.19）

续表

变量	DA	KAM
FEE	−0.001 5	0.127 2***
	（−0.50）	（6.08）
BIG4	−0.011 0*	−0.242 0***
	（−1.90）	（−5.19）
INDUSTRY	CONTROL	CONTROL
YEAR	CONTROL	CONTROL
N	4 531	4 531
ADJRSQ	0.007 5	0.050 5

注：***表示在1%的统计水平上显著，**表示在5%的统计水平上显著，*表示在10%的统计水平上显著，模型中连续型变量均经过Winsorize双向缩尾处理。

表5.18　内生性检验（滞后一期资产负债率的2SLS回归结果）

变量	LEV	KAM
INTERCEPT	−1.294 7***	−0.054 4
	（−22.47）	（−0.20）
LLEV	0.290 5***	
	（23.90）	
LEV		0.661 8***
		（5.14）
SIZE	0.063 2***	0.016 2
	（20.58）	（1.04）
ROA	−0.005 4***	−0.003 5
	（−7.16）	（−1.12）
TOP1	−0.000 6***	−0.002 8***
	（−3.42）	（−4.31）
SOE	0.042 7***	−0.139 3***
	（7.58）	（−7.66）
INP	0.032 4	0.048 0
	（0.72）	（0.33）

续表

变量	LEV	KAM
FEE	0.012 2**	0.116 1***
	（2.09）	（5.99）
BIG4	−0.066 1***	−0.176 9***
	（−5.89）	（−3.98）
INDUSTRY	CONTROL	CONTROL
YEAR	CONTROL	CONTROL
N	4 531	453 1
ADJRSQ	0.421 9	0.056 8

注：***表示在1%的统计水平上显著，**表示在5%的统计水平上显著，*表示在10%的统计水平上显著，模型中连续型变量均经过Winsorize双向缩尾处理。

表5.19 内生性检验（滞后一期营业现金偿债能力的2SLS回归结果）

变量	CASH	KAM
INTERCEPT	0.952 1***	−0.457 8**
	（7.48）	（−2.23）
LCASH	0.281 6***	
	（15.32）	
CASH		0.430 9***
		（4.46）
SIZE	−0.015 9**	0.049 3***
	（−2.35）	（4.06）
ROA	0.014 8***	0.003 0
	（8.59）	（0.84）
TOP1	0.001 7***	−0.002 5***
	（4.16）	（−3.63）
SOE	−0.043 6***	−0.125 9***
	（−3.52）	（−6.89）
INP	−0.155 9	0.046 4
	（−1.57）	（0.29）

续表

变量	CASH	KAM
FEE	−0.033 5***	0.116 3***
	（−2.60）	（5.80）
BIG4	0.103 8***	−0.179 8***
	（4.21）	（−4.20）
INDUSTRY	CONTROL	CONTROL
YEAR	CONTROL	CONTROL
N	4 531	4 531
ADJRSQ	0.1182	0.0533

注：***表示在1%的统计水平上显著，**表示在5%的统计水平上显著，*表示在10%的统计水平上显著，模型中连续型变量均经过Winsorize双向缩尾处理。

5.5　本章小结

　　本章基于理论分析对于关键审计事项风险预警机制部分假设进行实证检验。在具体进行实证研究设计时，通过对前人研究成果的考量和分析，选取财务报告重述次数、资产偿债能力和营业现金偿债能力作为衡量财务信息质量风险和持续经营能力的指标，并从规模、经营成果、组织架构、权力集中程度和审计质量等方面定义控制变量，同时控制年度和行业固定效应，构建实证检验模型，对各变量进行描述性统计和相关性分析，并进行回归检验，最后对于实证结果进行稳健性和内生性检验。本章根据审计意见分组的实证结果表明，在标准无保留审计意见下，财务信息质量风险和持续经营风险与关键审计事项数量显著正相关，而在非标准审计意见下，财务信息质量风险和持续经营风险与关键审计事项无显著相关关系。实证结果表明，在标准无保留审计意见下，关键审计事项能够在审计意见的基础上提供增量风险披露信息，为投资者进一步揭示财务信息质量风险信息和持续经营风险信息，投资者可以通过阅读关键审计事项，对具体风险领域进行关注和分析，关键审计事项数量越多，说明相关风险领域越多，可能影响未来投资收益的不利因素也越多，从而帮助投资者在数量占大多数的标准无保留审计意见中选择优质公司；而在非标准审计意见下，关键审计事项的信息增量价值难以体现，这是由于在强调事项段或审计意见中已经充分揭露了被审计单位的重大错报风险或重大持续经营风险，具有明确的信号作用，或由于审计师并未重视在审计结论基础上的进一步风险披露，此时关键审计事项内容无法强化审计意见的风险预警能力，无法为投资者提供更为丰富多元的风险信息。通过以上分析可以发现，在现有审计准则实施水平下，标准无保留审计意见、关键审计事项和非标准审计意见的风险预警能力依次递增，但是鉴于历年来出具标准无保留审计意见占绝大多数，关键审计事项的披露具有重要意义，其信息增量价值不可小觑，本次审计报告模式改革颇见成效，但在出具非标准审计意见的审计报告中仍存在改进空间。最后为了保证实证结果的可靠性，本章通过替换因变量和自变量的方式进一步对相关结论进行稳健性检验，并通过采用工具变量的2SLS回归方法进行内生性检验，研究结论不变，总体而言本书实证模型稳健、实证结论可靠。

第6章　关键审计事项投资者决策有用性的实证检验

在前文中，本书对关键审计事项的风险预警能力形成机理进行了理论分析和实证检验，发现在标准无保留审计意见下，关键审计事项具有反映被审计单位财务信息质量风险和持续经营风险的能力，而在非标准审计意见下，关键审计事项的内容无法体现被审计单位的财务信息质量风险和持续经营风险。在检验关键审计事项增量信息价值的基础上，本书进一步验证了关键审计事项能否增强审计意见的信号作用，改善注册会计师审计报告的制度表征职能，发挥决策有用性。因此，为进一步验证假设3、假设4和假设5，本章将通过实证检验探讨关键审计事项是否对投资者决策产生影响，即在出具不同类型审计意见的审计报告中，关键审计事项是否能够在审计意见的基础上进一步影响投资者决策并产生相应的市场反应，从投资者视角出发检验关键审计事项的决策相关性和有用性，并进一步对事务所声誉和机构投资者的调节作用进行实证研究。本章通过实证模型检验关键审计事项内容与累计异常报酬率之间的关系，并且通过更换计算异常报酬率模型、更换自变量和改变窗口期等方法来进行稳健性检验，采用工具变量的2SLS（两阶段最小二乘）方法进行内生性检验，证明实证结果稳健、可靠。

6.1 实证研究设计

6.1.1 变量定义与模型设计

1.变量定义

（1）被解释变量

为验证关键审计事项的内容是否会对投资者决策产生影响，本书运用事件研究法考察注册会计师审计报告发布这一事件对股票市场证券价格之间的关联性，通过计算异常报酬率判断该事件发生后关键审计事项内容是否影响了股票价格的波动。在前人研究中，市场模型法被广泛运用于事件研究法中，本书借鉴王艳艳（2018）、张子健和李小林（2018）在对关键审计事项准则实施首年试点公司短期市场反应的做法，考虑到投资者在审计报告发布后需要经过一段信息理解的时间，因此使用市场模型法计算审计报告发布日前后30天的累计异常收益率，以此作为被解释变量。

在模型设计中，首先确定事件窗口，在对于关键审计事项的研究中，多数以审计报告前后10天［−10，10］甚至更短的时间段作为事件窗口，但本书认为投资者对于最新出具的新模式审计报告需要一定的适应期，需要一段时间进行了解和决策，在短窗口期信息难以得到全面有效的释放，因此，本书将主模型的研究窗口设定为交易日前后30天［−30，30］，以便考察投资者更为成熟和理性的投资选择。其次参考现有文献广泛采用的做法，将估计期设置为100天，即将估计窗口期设置为［−130，−31］，通过模型6.1计算出期望的正常收益率。

$$R_{it} = \alpha_1 + \beta_1 R_{mt} + \varepsilon_{it} \tag{6.1}$$

式（6.1）中，R_{it}为股票i的实际日回报率（考虑现金红利再投资），R_{mt}表示市场回报率（本书为A股在t日的市场收益率），通过对（6.1）的多元回归得到系数α_1和β_1，ε_{it}则为回归残差。

在估计出每只股票在［−130，30］窗口内的回归系数后，用估计出的市场模型预测事件日前后窗口期内的期望正常交易率，如（6.2）所示。

$$E(R_{it})=\alpha_1+\beta_1 R_{it} \tag{6.2}$$

式中，$E(R_{it})$ 代表股票 i 在 t 日的期望正常收益率，R_{mt} 表示A股在 t 日的市场收益率。

在得到期望的正常收益率之后，即可计算股票 i 在 t 日经过市场风险调整后的异常报酬率。如（6.3）所示，AR_{it} 为股票在 t 日的异常报酬率。

$$AR_{it}=R_{it}-E(R_{it}) \tag{6.3}$$

最后，运用公式（6.4）计算得到从事件窗口期开始至终止日的累计异常报酬率。

$$CAR_i[t_1,t_2]=\sum_{t_1}^{t_2} AR_{it} \tag{6.4}$$

（2）解释变量

本章研究对象是关键审计事项内容多少是否会对不同类型的审计意见下的市场反应产生影响，因此，本书选用关键审计事项条数和关键审计事项篇幅（即关键审计事项总字数取对数）两个变量来作为关键审计事项内容多少的替代变量。Inês和Morais（2019）研究发现关键审计事项的数量是审计师在审计过程中与上市公司治理层及管理层博弈行为的最终体现，通过第五章分析可知，关键审计事项条数越多，代表审计师在审计过程中识别的相关风险信息越多，能够反映出关键审计事项的增量信息，而篇幅越长，代表对于这些风险信息的描述越详尽而具体，关键审计事项具备的增量信息越多，因此，以二者作为解释变量，能够反映出投资者是否对关键审计事项内容多少具备敏感性，从而影响投资决策。

（3）控制变量

对于投资者而言，上市公司的经营状况、治理环境和审计质量均是进行投资者决策的参考信息，如总资产收益率和销售增长率是判断未来盈利趋势的重要参考指标，独立董事规模可以在一定程度上反映治理监督效应，事务所特征和审计费用能够在一定程度上对审计质量、审计努力和审计风险进行体现，因此，本章延续第五章的做法，参考王艳艳（2018）、鄢翔等（2018）、赵刚等（2019）和李延喜等（2019）的研究，将公司规模（SIZE）、总资产收益率（ROA）、销售增长率（GROWTH）、独立董事占比（INP）、会计师事务所规模（BIG4）和审计费用（FEE）作为控制变量，同时控制了行业（IND）和年度（YEAR）的固定效应。与第五章中模型相比，为保证分组回归的数据量和数据完整性，本章不再使用第一大股东持股比例（TOP1）和股权性质（SOE）这两个控制变量，同时增加了销售增长率这一控制变量作为经营业绩的参考指标。

（4）分组变量

根据假设，本章在研究中将样本按照审计意见分为三组进行研究：标准无保留审计意见（STANDARD）、带强调事项段或其他事项段的无保留审计意见（EL，Explanatory Language）及非无保留审计意见（QAD，Qualified，Adverse，Disclaimer）。这三种审计意见分别表示"不具备重大错报风险且不具备重大持续经营风险""不具备重大错报风险但具有重大持续经营风险"和"具有重大错报风险"，通过分组回归，能够检验投资者在既有审计意见的基础上对于关键审计事项的进一步市场反应，能够反映出关键审计事项对于投资者的增量决策相关性。具体变量的定义、简称及计算方法如表6.1所示。

表6.1 关键审计事项投资者决策有用性研究变量定义表

分类	变量名称	变量符号	变量定义
PanelA：被解释变量			
投资者市场反应		CAR	累计异常报酬率，以市场模型法计算
PanelB：解释变量			
关键审计事项内容	关键审计事项条数	KAM	关键审计事项沟通的条目数量
	关键审计事项篇幅	KAM_length	关键审计事项字数取对数
PanelC：分组变量			
审计意见	标准无保留审计意见	STANDARD	不带有强调说明事项的标准无保留审计意见
	带有强调事项段的无保留审计意见	EL	带有强调事项段（包括持续经营审计意见）
	非无保留审计意见	QAD	保留意见，否定意见，无法表示意见

续表

分类	变量名称	变量符号	变量定义
PanelD：控制变量			
	公司规模	SIZE	公司总资产取对数
	总资产收益率	ROA	净利润/总资产
	销售增长率	GROWTH	当年销售收入较上一年的增长率
	独立董事占比	INP	独立董事数量/董事会总人数
	会计师事务所规模	BIG4	如果聘请审计的事务所为国际四大所，取值为1；否则为0
	审计费用	FEE	总审计费用取对数
	行业	IND	所属行业证监会行业代码，按照2012年证监会颁布的《上市公司行业分类指引》分类
	年度	YEAR	财务报告年度

2. 模型设计

为了对假设3至假设5进行验证，本书构建模型6.5和模型6.6进行分组检验。

$$CAR=\beta_0+\beta_1KAM+\beta_2SIZE+\beta_3ROA+\beta_4GROWTH+\beta_5INP+$$
$$\beta_6BIGH4+\beta_7FEE+\sum IND+\sum YEAR+\varepsilon \qquad （6.5）$$

$$CAR=\gamma_0+\gamma_1KAM\_length+\gamma_2SIZE+\gamma_3ROA+\gamma_4GROWTH+\gamma_5INP+$$
$$\gamma_6BIGH4+\gamma_7FEE+\sum IND+\sum YEAR+\varepsilon \qquad （6.6）$$

其中，KAM和KAM_length表示关键审计事项的内容多少，如在分组回归结果中β_1和γ_1显著为正，则说明关键审计事项内容与累积异常报酬率正相关；若显著为负，则表示关键审计事项内容多少与异常报酬率负相关，若不显著，则二者不具备相关性。

6.1.2　样本选择与数据来源

本章在第四章理论分析和第五章关键审计事项增量风险披露信息的研究基础上，研究关键审计事项内容如何在审计意见的基础上影响投资者决策，因而选取的研究样本与前文相同，即选择2017—2018财报年之间沪深两市A股上市公司为研究样本，并对关键审计事项数据进行手工收集和校对，依次剔除金融业公司数据、样本缺失数据和异常值数据，并按照审计意见进行分组；经过以上步骤处理，最终得到6 214个研究样本，其中标准无保留审计意见样本5 991个，带强调事项段的无保留审计意见131个，非无保留审计意见样本92个。由于部分审计报告缺失具体的关键审计事项内容或难以提取字数，因此，本书关键审计事项篇幅变量KAM_length样本数为6 175。为了保证实证结果的可靠性和稳健性，本书对所有连续性变量在1%和99%的水平上进行Winsorize双向缩尾处理。

本章数据来源与前文一致，均取自CSMAR数据库和WIND数据库，运用SAS9.4进行实证检验。

6.2 实证结果分析

6.2.1 样本描述性统计分析

本章对主要研究变量的描述性统计结果如表6.2所示。

表6.2 关键审计事项与异常报酬率描述性统计结果

Variables	N	Mean	Std	Min	P25	Median	Q3	Max
CAR	6 214	−0.825	30.799	−72.921	−21.502	−5.678	16.581	99.157
KAM	6 214	2.071	0.641	1	2	2	2	4
KAM_length	6 175	6.126	0.484	4.718	5.844	6.165	6.454	7.157
SIZE	6 214	22.225	1.309	19.774	21.275	22.07	22.977	26.231
ROA	6 214	−0.002	0.071	−0.453	−0.012	0.004	0.02	0.213
GROWTH	6 214	0.235	0.611	−0.839	0.011	0.139	0.311	5.263
INP	6 214	0.378	0.054	0.333	0.333	0.364	0.429	0.6
FEE	6 214	13.903	0.659	12.707	13.459	13.816	14.245	16.226
BIG4	6 214	0.053	0.223	0	0	0	0	1

　　表6.2列示的是关键审计事项与A股市场异常报酬率的描述性统计结果，结果显示在整体样本下，股票之间累计异常报酬率差异较大。从均值上看，整体累计异常报酬率为-0.825，且中位数为-5.678，同样为负，可见对于多数上市公司而言，披露审计报告的信息对投资者而言是一种不利信号，考虑到得到标准审计意见的审计报告数量远多于非标准审计意见，本书推测这种现象是少数非标准审计意见的负面影响大于标准审计意见的正面影响导致的。从标准差上看，累计异常报酬率的标准差为30.799，最小值和最大值相差超过170，可见累计异常报酬率的变化性较高，投资者对于不同上市公司的市场反应表现出现较大差异，波动性较大。

　　就衡量关键审计事项内容多少的指标而言，与第五章相比，在更为全面的样本下，关键审计事项数量KAM的平均值较之前相同，均为2.071，标准差为0.641（第五章为0.653），最小值、P25、中位数、P75和最大值的分布分别为1、2、2、2、4，与第五章删减一定样本的描述性统计结果也相同，保持了关键研究变量特征的平稳，说明两章的研究具有一定一致性，并没有因为样本量的变化而导致样本分布的偏差。而KAM_length的描述性统计结果也较为平稳，平均值和中位数基本一致，分别为6.126和6.165，说明样本分布较为均匀，最小值4.718和最大值7.157之间差距并不大，标准差为0.484，说明该变量分布差异性较小，整体平稳，对于关键审计事项的语言表述篇幅几乎不存在极端差异化现象。

　　就其他控制变量而言，本章新增的变量GROWTH均值在0.235，中位数在0.139，P25大于零，说明大多数公司的营业收入得到了增长，Q3值为0.311，说明大多数公司收入增长率在100%以内，较为合理，但从最大值来看也不乏有少数公司的增长率超过了100%。对于独立董事规模的衡量指标INP与前文差异不大，样本公司均遵照了公司法要求，设立独立董事人数超过了董事会规模的33%，其中不泛有公司独立董事人数超出董事会总人数的一半，这一现象能否有效提高董事会监督能力和董事执行能力，还有待商榷。审计质量变量与前文并无太大差异，在更为全面的样本下，由国际四大会计师事务所审计的公司依然占据少数，我国本土会计师事务所在审计公司数量上占据绝大多数，我国本土事务所的企业文化、审计风格和审计质量值得研究关注。

6.2.2　相关性分析

本章的相关性分析结果如表6.3所示，右上数据为Spearman相关系数，左下数据为Pearson相关系数，根据结果显示，主研究变量CAR、KAM和KAM_length和各变量之间及整体各研究变量之间不存在显著共线性。整体而言，关键审计事项内容多少和累计异常报酬率之间为负相关关系，这基本与第四章研究结论一致，即关键审计事项越多，代表风险因素越多，相关风险程度越高，当投资者接收到风险信号时，产生负向市场反应在情理之中，但具体影响机制需要在实证研究中通过分组回归进行进一步检验。同时KAM和KAM_length之间不具有显著关系，可见披露关键审计事项的数量越多并不一定意味着篇幅越长，KAM_length更多反映的是审计师描述的详尽程度。控制变量中ROA与CAR具有显著正相关，当经营业绩良好时，投资者会产生良好的市场反应，这具有合理性，但是公司收入增长水平与市场反应不具备显著关系，其中具体机理还需要通过分组回归模型进行进一步验证。而是否由国际四大会计师事务所审计，则对市场反应没有显著性影响，有可能是因为随着资本市场的发展和投资者的成熟，投资者对于事务所品牌效应的敏感度并未如预期高，具体影响机制还需进一步验证。通过以上分析，总体上来说本章所选变量较为合理，相关性符号也基本符合预期。

表6.3 关键审计事项与累计异常报酬率之间的相关性分析

Variable	CAR	KAM	KAM_length	SIZE	ROA	GROWTH	INP	FEE	BIG4
CAR	1	-0.029**	-0.017	-0.071***	0.079***	-0.017	0.025**	-0.059***	0
KAM	-0.036***	1	0.678	0.163***	-0.005	0.037***	-0.015	0.179***	0
KAM_length	-0.031**	0.698	1	0.178***	-0.006	0.053***	-0.007	0.195***	0.091***
SIZE	-0.078***	0.164***	0.182***	1	0.068***	0.082***	-0.041***	0.713	0.25***
ROA	0.083***	-0.038***	-0.033**	0.075***	1	0.472	-0.014	0.016	0.033***
GROWTH	-0.008	0.03**	0.041***	0.054***	0.272***	1	-0.015	0.033***	0.003
INP	0.023*	0	-0.009	-0.011	-0.032**	-0.017	1	-0.012	0.005
FEE	-0.065***	0.177***	0.197***	0.754	0.006	0.035***	0.009	1	0.295***
BIG4	-0.001	0.01	0.091***	0.315***	0.043***	0.006	0.013	0.409***	1

注：相关系数矩阵右上三角数据为Spearman相关系数，左下三角数据为Pearson相关系数；*、**、***分别表示相关系数在0.10、0.05、0.01的显著性水平上通过检验（双尾）。

6.2.3 实证回归结果及分析

本章主要研究在不同的审计意见下，关键审计事项内容的多少是否会影响到投资者决策，关键审计事项内容的多少是否对市场反应具有不同程度上的影响。在对模型回归结果进行分析之前，本书先对不同审计意见下在审计报告出具日前后30天累计异常报酬率进行检验，图6.1可以通过线图的方式对不同审计意见的市场反应得到直观的理解。如图6.1所示，即便不同审计意见的累计异常报酬率在审计报告发布日之前经过了不同幅度的变化，但是在审计报告公布日之前的10天左右均达到顶峰，而在审计报告公布之后，当真实的经营状况终于得以披露之后，投资者的市场反应趋近于理性，审计意见的决策有用性得以显现。图6.1最上方折线显示的是标准无保留审计意见的市场反应，在整个窗口期，累计异常报酬率始终大于零，在审计报告发布日之后依然保持平稳，随着观测期变长有缓缓回落之势，但整个态势依然平稳，保持累计异常收益率大于零，说明对于投资者而言，标准无保留审计意见是一种利好消息，投资者成功地接收到了这一信号，并据此做出了投资决策。

图6.2中中间的折线为带强调事项段的无保留审计意见的市场反应。如图所示，在审计报告公告日之前，市场反应并无太大异动，市场累计异常报酬率均维持在正向，但是当审计报告发布之后，迅速出现负面的市场反应，并且随着时间的推移，负面的市场反应日益加剧，并保持这一态势直至窗口期结束。这说明对于投资者而言，带强调事项段的无保留审计意见是一种不利信号，这种信号是强调事项段的内容造成的，通常反映了被审计单位一定程度上的财务信息质量风险信息和重大经营风险信息，这些信号被投资者成功接收，使其产生对于投资预期收益稳定性的重大疑虑，降低了投资者的投资意愿，本书研究结果与前人诸多研究结论相一致（Banks和Kinney，1982；Dopuch，1986；Frost，1991；Fields和Wilkins，1991；Loudder，1992；Fargher和Wilkins，1998；Schaub，2006），进一步验证了强调事项段的决策有用性。

图6.3中最下方折线为非无保留审计意见的市场反应，结果表明，在审计报告发布之前，这些公司股票的市场反应较前两者稍差，已经出现了负向反应的趋势，笔者认为，这可能由于投资者从其他渠道得知了该公司的经营状况，或者通过对以前年度经营趋势的分析，得出了合理预期，但是整体趋势大体平稳。而在审计报告发布之后，市场反应迅速下跌，较前两者而言，出现了严重的负面市场反应，在发布日之后第25天左右达到谷底，虽然在之后稍有回升，也难以扭转颓势，其市场反应远低于前两种审计意见。这种现象说明，非无保留审计意见传达了更为明确的负面信号，表示该公司的财务信息质量十分差或者经营风险非常高，投资者对于这种明确信号的接收能力非常强，并据此果断做出了投资决策，本书研究结果充分肯定了非无保留审计意见的决策有用性。

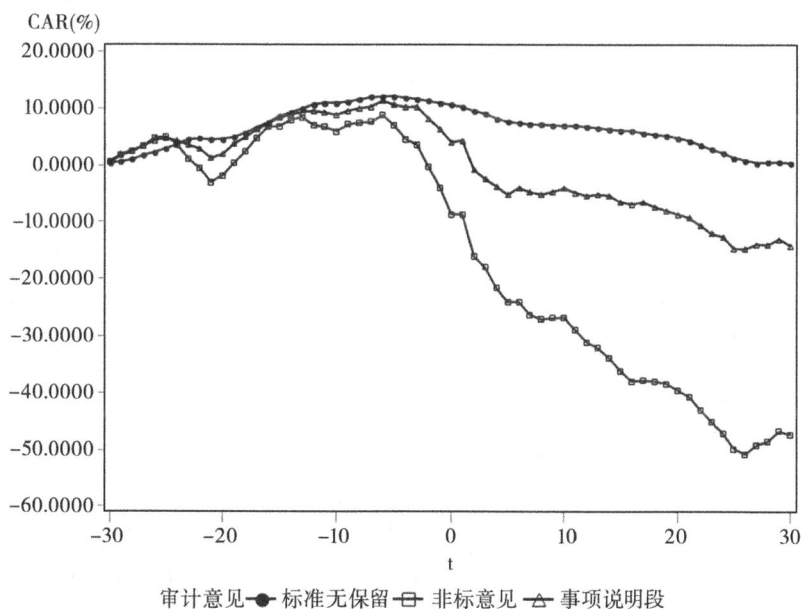

图6.1 不同审计意见的市场反应

在了解不同审计意见的市场反应的基础上，本书接下来将分析关键审计事项对于不同审计意见下影响市场反应的实证结果。

1. 标准无保留审计意见下，关键审计事项对投资者决策影响的实证结果分析。

表6.4　标准无保留审计意见下，关键审计事项投资者决策有用性的实证结果

variable	因变量：CAR	
	（1）	（2）
Intercept	59.452 2***	70.942 8***
	（6.13）	（6.98）
KAM	−1.705 0***	
	（−3）	
KAM_length		−2.424 4***
		（−3.29）
SIZE	−1.146 6**	−1.211 3***
	（−2.49）	（−2.63）
ROA	61.474 5***	61.622 7***
	（8.38）	（8.40）
GROWTH	−0.521 1	−0.478 4
	（−0.63）	（−0.58）
INP	11.122 9*	10.912 6*
	（1.77）	（1.74）
FEE	−1.850 2**	−1.729 6*
	（−2.01）	（−1.87）
BIG4	6.538 0***	6.836 5***
	（3.90）	（4.07）
IND	CONTROL	CONTROL
YEAR	CONTROL	CONTROL
R^2	18.01%	18.12%
Adj−R^2	17.68%	17.79%
N	5 991	5 954

注：括号内为t值，***表示在1%的统计水平上显著，**表示在5%的统计水平上显著，*表示在10%的统计水平上显著，模型中连续型变量均经过Winsorize双向缩尾处理。

　　表6.4列示了在标准无保留审计意见下，关键审计事项内容对投资者市场反应的影响。结果显示，在标准无保留审计意见下，关键审计事项内容的多少与投资者市场反应呈显著负相关关系，关键审计事项内容越多，对投资者决策的负面影响越强，假设H3得到验证。该结论，在以KAM数量和KAM长度为研究变量时同时成立，说明无论是关键审计事项的条目数量还是篇幅长度，都是投资者决策时考虑的因素。结合第五章的研究结论，KAM数量多，说明风险领域多，该公司有更多的财务信息质量较低的风险或者未来收益的不稳定性，而表6.4的结果说明了投资者成功接收了这一信号，在考虑到未来可能存在的投资风险时，相应地降低了投资意愿，即便审计结论显示了整体信息为利好，但是关键审计事项成功提供了增量风险信息。同时KAM长度也能够说明一定问题，更长篇幅的关键审计事项，一方面可能与KAM数量信息一致，表示较多的风险因素，另一方面可能表示这些事项的复杂性，这也是体现风险的另一个维度。鉴于表6.3中研究变量的相关性结果表明，关键审计事项条目数量与整体篇幅并不存在显著相关关系，可以得知后一种的可能性更大，即关键审计事项篇幅意味着更复杂的事项描述。当审计师使用较长的篇幅来描述较为复杂的关键审计事项时，这些文字往往会传递更为丰富的信息，如这些关键审计事项涉及的具体金额、具体业务和被认定为关键审计事项的原因，这些内容能够更为具体而直观地向投资者传递风险信息，因此对于投资者决策具有显著的负向影响，甚至篇幅长短的负向影响程度超过了条目数量的影响程度。综上而言，投资者成功地接收了关键审计事项传递的风险信号，并且据此做出了投资决策，关键审计事项能够在标准无保留审计意见的基础上，提供增量的决策有用性信息，能够帮助投资者在一众不具备重大错报风险和重大持续经营风险的上市公司中，选择了投资风险更低的公司，优化投资策略，保障投资者利益。

　　控制变量方面，公司规模与市场反应显著负相关，说明更大的公司规模不一定得到投资者的青睐，更大的公司规模可能意味着更为复杂的治理结构，面对风险时的调整和转型相对缓慢，而较小的公司往往具有良好的发展空间，在其经营业绩良好的情况下，投资者可以希冀通过该公司的业务发展和扩大规模获得资产增值，在未来收获更多投资收益；经营业绩资产收益率与市场反应显著正相关，这说明投资者非常重视经营业绩，更偏好经营业绩好的公司，资产收益率是一个公司的核心业绩评价指标，投资者对其关注度高说明投资者对于财务信息具有一定理解能力，具备一定成熟度和理智性；成长性方面对市场反应并不显著，说明投资者更看重当期经营业绩，而较少关注与以前区间的对比，对于营业收入的相对变化指标并不敏感；独立董事规模与市场反应显著正相关，说明投资者对公司内部控制的关注程度较高，依赖于公司的内部控制和监督机制，完善的公司内部监督机制，能够强化投资者的投资信心和投资意愿，产生更为积极的市场反应；审计费用与市场反应显著负相关，这说明以投资者视角来看，审计费用可能与审计风险具有相关性，审计费用高，可能意味着审计风险较高，高审计费用可能使投资者产生警觉，使其投资更为谨慎。在表6.4回归结果中，由国际四大会计师事务所和市场反应的正相关关系也印证了国际四大所的确具有品牌效应，投资者对于国际四大所具有较高的品牌信赖度，对其审计质量较为认可，即便在相同的审计意见下，对于由国际四大所审计的上市公司具有更高地投资意愿。

2. 带强调事项段的无保留审计意见下，关键审计事项对投资者决策影响的实证结果分析。

表6.5　带强调事项段的无保留审计意见下，关键审计事项投资者决策有用性的实证结果

因变量：CAR		
variable	（1）	（2）
Intercept	163.997 9**	130.738 8*
	（2.26）	（1.69）
KAM	4.733 3	
	（1.46）	
KAM_length		3.597 7
		（0.79）

续表

因变量：CAR		
variable	（1）	（2）
SIZE	−5.147 6	−4.773 0
	（−1.58）	（−1.47）
ROA	18.234 3	20.719 7
	（0.90）	（1.02）
GROWTH	2.146 7	2.365 8
	（0.72）	（0.77）
INP	−16.120 8	−14.941 5
	（−0.29）	（−0.27）
FEE	−3.471 4	−2.710 4
	（−0.48）	（−0.37）
BIG4	19.399 8	17.714 4
	（1.35）	（1.16）
IND	CONTROL	CONTROL
YEAR	CONTROL	CONTROL
R^2	28.26%	27.09%
Adj-R^2	14.43%	13.04%
N	131	131

注：括号内为t值，***表示在1%的统计水平上显著，**表示在5%的统计水平上显著，*表示在10%的统计水平上显著，模型中连续型变量均经过Winsorize双向缩尾处理。

　　表6.5列示了在带强调事项段的无保留审计意见下，关键审计事项内容多少对投资者决策的影响，结果表明，在带强调事项段的审计意见下，关键审计事项内容的多少不会影响到投资决策，假设H4b得到验证。这说明在无保留审计意见当中的强调事项段为投资者提供了非常明确的决策依据，与关键审计事项相比，投资者更依赖强调事项段中的内容，这可能因为强调事项段非常明确地指出该公司可能存在的重大持续经营风险信息，对投资者而言是非常明确的风险信号，而此时关键审计事项中的内容既不会强化这种风险信号，也不会弱化这种风险信号，正如第五章研究显示，

在非标准审计意见当中关键审计事项难以提供增量风险信息，因此投资者并不对此产生额外的市场反应。

对于其他控制变量而言，投资者在既有审计结论下，对于其他的经营特征指标也不敏感，不论企业规模如何、经营业绩如何和收入增长趋势如何，均不会动摇投资者基于审计结论的投资决策，同时，"四大所"的声誉效应也不再起到作用。本部分的研究结果，表明投资者对于未来收益的稳定性十分看重，即便会计信息质量并无不妥，在由于重大持续经营风险导致未来收益出现不稳定的可能性时，也会显著降低投资意愿。而在既有审计结论能够揭示重大持续经营风险时，投资者倾向于忽略关键审计事项中披露的在审计过程中审计师关注的其他风险信息，不再利用关键审计事项的信息进行投资决策。

3. 非无保留审计意见下，关键审计事项对投资者决策影响的实证结果分析。

表6.6　非无保留审计意见下，关键审计事项投资者决策有用性的实证结果

因变量：CAR		
variable	（1）	（2）
Intercept	266.954 8***	243.566 3***
	（3.45）	（2.67）
KAM	1.062 1	
	（0.20）	
KAM_length		8.262 6
		（1.06）
SIZE	−1.314 8	−2.385 7
	（−0.34）	（−0.57）
ROA	−0.093 6	2.263 6
	（0）	（0.10）
GROWTH	−4.652 6	−5.048 2
	（−0.61）	（−0.52）
INP	−120.813 4**	−126.801 8**

续表

	因变量：CAR	
variable	（1）	（2）
	（−2.39）	（−2.61）
FEE	−13.561 3*	−13.427 4*
	（−1.90）	（−1.88）
BIG4	44.518 4***	40.967 7**
	（2.76）	（2.59）
IND	CONTROL	CONTROL
YEAR	CONTROL	CONTROL
R^2	21.44%	22.44%
Adj–R^2	0.71%	1.39%
N	92	90

注：括号内为t值，***表示在1%的统计水平上显著，**表示在5%的统计水平上显著，*表示在10%的统计水平上显著，模型中连续型变量均经过Winsorize双向缩尾处理。

表6.6列示了在非无保留审计意见下，关键审计事项内容对投资者决策的影响，在表中的两个模型中，关键审计事项的内容和篇幅与市场反应均不具有显著相关关系，假设H5b得到验证。结合图6.1结果可知，投资者对于非无保留审计意见非常敏感，对其产生非常剧烈的负向市场反应，因此，非无保留审计意见的信号作用非常强，对于投资者决策具有非常大的参考价值。在这种情况下，关键审计事项的决策有用性就难以凸显了，这一方面可能因为它们本身的信息含量有限，如第五章实证结果显示，在非标审计意见下，关键审计事项难以在审计意见的基础上进一步传递财务信息质量风险和持续经营风险，所以对于投资者而言借鉴意义不大；另一方面可能由于投资者利用审计意见做出投资决策的习惯形成已久，当审计意见能够明确表示出被审计单位财务报告具有重大错报风险时，投资者在看到明确负面审计结论后不再倾向于借助其他信息进行判断。另外，由于非无保留审计意见往往意味着重大错报风险信息或被审计单位财务信息可借鉴意义甚微，这种风险远大于财务信息质量较低的风险或影响未来收益稳

定性的经营风险，是对于整个审计过程的综合概括，是对于被审计单位财务信息质量整体的高度否定，其他对于审计过程中细节的披露难以撼动审计结论。

对于控制变量而言，独立董事规模与累计异常报酬率显著负相关，在独立董事占比更高时，反而使市场反应更差，这可能由于报告整体的财务信息质量存在疑虑时，也意味着公司的相关监督机制失灵，并未履行有效的监督职能，因此在财务信息失真时，投资者难以信任上市公司的相关监督机制，看似完善的监督机制却履职失效，更引起了投资者的不信任；审计费用与累计异常报酬率显著负相关，高的审计费用往往意味着更多的审计努力，审计师执行的审计程序可能更为完善，证据更为充分，审计结论的可信度更高，因此审计费用越高，在高审计费用和差审计结论的组合下，审计意见购买的可能性越低，因此投资者可能更加信赖该审计结论，更加相信该公司的财务信息质量差，财务信息不可信，因此产生更为负面的投资意向；是否由四大会计师事务所审计对市场反应起到显著正向作用，这可能是由于四大会计师事务所的品牌效应，投资者对"四大所"的审计结果抱有更为乐观的态度，而对非四大会计师事务所的审计结论更为警觉，故而出现差异。

综上，在标准无保留审计意见下，关键审计事项的数量和篇幅均对市场反应起到显著负面影响，说明投资者在同等审计结论下，会借助关键审计事项中提供的风险信息优中择优，据此作出投资决策；而在带强调事项段和非无保留审计意见下，由于审计意见本身的信息含量已经能够支持投资者作出决策，或审计意见披露风险的重要性高于关键审计事项，因此，投资者不再利用关键审计事项的信息进行决策参考，所以在非标准审计意见下，关键审计事项并不具有决策有用性，本书研究结论与第五章的研究结论具有逻辑一致性。

6.3 进一步研究

关键审计事项通过披露审计过程相关内容打开上市公司与投资者之间的信号传递路径，增强了审计报告的信号作用，进一步降低上市公司与投资者之间的信息不对称，从而改善投资者的决策问题，形成更优博弈策略。这种影响主要体现在标准无保留审计意见的基础上，在标准无保留审计意见中，由于审计意见本身信息含量较低，对于决策相关风险内容的揭露能力有限，因此，关键审计事项的信号传递功能得以发挥。在上市公司与投资者的信号传递过程中，存在诸多影响信号传递效果的因素，那么这些因素之间是否会相互影响呢？因此，本书进一步研究在标准无保留审计意见下，其他机制对关键审计事项决策效应的影响作用。

通过前文对关键审计事项实施现状分析和实证研究发现，在关键审计事项的披露内容上存在事务所风格的差异，且事务所声誉与投资者决策之间具有显著相关关系，因此，本书进一步研究投资者在决策时，是否会受到事务所声誉的影响而改变对于关键审计事项的理解或判断，并据此改变投资策略；同时，机构投资者也因其较一般投资者具有专业性和理性的特征，成为股票市场中解决信息不对称和代理问题的重要机制之一，因此，本书在进一步研究中讨论关键审计事项的投资者决策效应是否受到机构投资者持股比例的影响。在此部分，本书通过建立调节模型的实证研究方法对事务所声誉和机构投资者持股比例对关键审计事项决策效应的调节作用进行研究，进一步丰富本书研究结论。

6.3.1 事务所声誉的调节作用

根据信号传递理论，注册会计师审计制度是为降低资本市场中信息不对称的需求而产生的，由于投资者无法参与上市公司的实际运营，无法了解上市公司的实际经营状况，容易发生投资者决策失误和投资失败，因此，需要注册会计师提供鉴证服务，为其提供充分决策相关信息。在此过程中，注册会计师作为信号传递的重要枢纽，往往被投资者寄予厚望，在21世纪初经济危机发生之后，投资者为避免因财务舞弊或欺诈导致投资损失，从而对于审计质量的需求更高，希望通过高质量的财务会计信息降低信息不对称。前人研究发现，良好的审计质量能为事务所带来更好的声誉，同时事务所声誉对于审计质量具有促进和保障作用，甚至对企业绩效产生积极影响（王广明、张奇峰，2003；王帆、张龙平，2012；王静等，2013；郭照蕊、黄俊，2015；郑莉莉、郑建明，2017；刘向强、李沁洋，2019；聂萍、李俊，2020）。为了追求更高的信息准确性，投资者偏好于审计质量高的会计师事务所，谢军和李明辉（2003）在文章中分析了会计师事务所的信号传递功能，投资者对于高审计质量会计师事务所往往具有更加积极的市场反馈，因此，美国上市公司管理当局更倾向于选择著名的或者规模大的会计师事务所，以便使上市公司传递出更加优质的信号，将自身与较次企业区分开来，无论是IPO前事务所的选择还是更换，投资者均对规模大的和高声誉的事务所产生更加积极的市场反应，并愿意为高审计质量的会计师事务所支付股票溢价。而国际四大会计师事务所往往被认为是高审计质量和高声誉的代表，并在诸多研究中得到验证。漆江娜等（2004）、吴水澎和李奇凤（2006）、孙坤和张小丽（2011）以及林永坚和王志强（2013）通过对比国际四大会计师事务所和其他类型事务所的审计质量发现，从被审计单位的资产操控性应计利润来看，国际四大会计师事务所相较于其他品牌事务所具有更高的审计质量。本章在对标准无保留审计意见的回归结果分析中发现，国际四大会计师事务所与投资者市场反应具有显著正相关关系，说明事务所声誉对于投资者市场反应具有积极效应，同时，本书通过对我国全面实施新审计准则以来的事务所披露特征总结发现，"四大"与"非四大"事务所之间存在着风险关注侧重点、披露数量和披露篇幅等差异，那么，不同声誉的会计师事务所是否会因为以上差异的存在而影响投资者在决策时对于关键审计事项信息的理解呢？投资者对于关键审计事项的市场反应是否受到事务所声誉的影响呢？为研究这一问题，本节以事务所声誉（BIG4）作为调节变量，建立调节模型，以验证事务所声誉对关键审计事项决策效应的调节作用。

$$CAR=\lambda_0+\lambda_1KAM+\lambda_2KAM\times BIG4+\lambda_3BIG4+\lambda_4SIZE+\lambda_5ROA$$
$$+\lambda_6GROWTH+\lambda_7INP+\lambda_8FEE+\sum IND+\sum YEAR+\varepsilon \qquad （6.7）$$

$$CAR=\varphi_0+\varphi_1KAM\_length+\varphi_2KAM\_length\times BIG4+\varphi_3BIG4+\varphi_4SIZE+\varphi_5ROA$$
$$+\varphi_6GROWTH+\varphi_7INP+\varphi_8FEE+\sum IND+\sum YEAR+\varepsilon \qquad （6.8）$$

其中，各控制变量设置与主模型相同，并在标准无保留审计意见下进行回归，自变量分别为关键审计事项数量（KAM）和关键审计事项篇幅（KAM_length），因变量为通过市场模型法计算得到的30天累计异常报酬率，交乘项系数反映事务所声誉对关键审计事项决策有用性的调节作用，如交乘项系数显著，则说明具有调节作用，如该系数不显著，则说明不具有调节作用。

表6.7中的第（1）列和第（2）列分别为模型（6.7）和（6.8）的回归结果。结果显示，在调节模型中，事务所声誉变量与交乘项系数均不显著，说明事务所声誉无法对关键审计事项的决策效应产生影响，事务所的品牌效应和披露关键审计事项的风格差异不会影响到投资者对于关键审计事项内容的理解，投资者更多地关注关键审计事项内容本身所传达出的风险信息，如风险种类多少和事项复杂程度如何，事务所声誉无法在关键审计事项内容的基础上发挥增量的信息传递功能。该结果也鼓励审计师对于关键审计事项披露的多样化和个性化，将工作集中于提高关键审计事项的风险披露能力，而较少顾忌事务所声誉以及事务所之间披露风格的个性化差异对关键审计事项决策有用性产生的附加影响。

表6.7　事务所声誉对关键审计事项决策效应的调节作用回归结果

因变量：CAR（标准无保留意见）		
变量	（1）	（2）
Intercept	41.233 8***	48.486 4***
	（4.46）	（4.90）
KAM	−2.083 4***	
	（−3.14）	
KAM × big4	2.693 9	
	（1.31）	
KAM_length		−1.730 8**
		（−2.29）
KAM_length × big4		0.599 0
		（0.26）
BIG4	0.288 1	2.278 3
	（0.06）	（0.16）
SIZE	−1.512 8***	−1.576 7***
	（−3.18）	（−3.29）
ROA	30.353 5***	30.710 3***
	（4.32）	（4.34）
GROWTH	−0.058 7**	−0.059 3**
	（−2.45）	（−2.49）
INP	12.705 0*	12.817 2*
	（1.88）	（1.90）
FEE	−0.569 4	−0.543 6
	（−0.60）	（−0.56）
IND	CONTROL	CONTROL
YEAR	CONTROL	CONTROL
R 方	1.24%	1.17%
调整 R 方	1.11%	1.04%
N	5 991	5 964

注：括号内为 t 值，***表示在1%的统计水平上显著，**表示在5%的统计水平上显著，*表示在10%的统计水平上显著，模型中连续型变量均经过Winsorize双向缩尾处理。

6.3.2　机构投资者的调节作用

在降低资本市场信息不对称的方法中，机构投资者持股也被视为有效机制之一。机构投资者由于拥有专业的分析师团队，其信息挖掘能力和信息获取能力通常强于一般投资者，因此，能够作为知情人向市场传递信息，从而使上市公司和一般投资者之间的信号传递更为顺畅（Grossman和Stiglitz，1980；Field和Lowry，2014；孔东民等，2015）。这种降低信息不对称的机制主要是通过机构投资者与上市公司的战略互助效应和公司治理效应实现的：对于持股比例高的上市公司，机构投资者往往会主动挖掘相关信息，其参与投资的行为有助于信息传播，减轻信息不对称，上市公司愿意与其交流信息以弥补公开披露的不足，从而与上市公司之间形成战略互助效应（张纯、吕伟，2007）；同时机构投资者在持股比例增加后，会衡量成本收益，为保障其获利性，从而高度关注或积极监督公司治理，具有改善上市公司的治理环境和治理效率的作用，从而形成公司治理效应（John和Pound，1988；王雪荣、董威，2009）。机构投资者通过持股而降低上市公司与投资者之间信息不对称的现象，有助于提高上市公司的信息透明度及提高上市公司的会计信息质量，甚至产生相应的市场反应（胡国柳、韩葱慧，2009；杨海燕等，2012）。侯宇和叶冬艳（2008）研究发现构投资者交易能够增加股价中的公司特有信息含量，从而提高市场效率。丁方飞等（2013）研究发现，机构投资者能够从会计信息中识别公司的盈余管理行为，并将其反映到市场价格机制中，引起投资者市场反应的变化。张立民等（2015）研究发现，机构投资者会增加持续经营审计意见的信息含量，并通过投资者市场反应进行体现。张蕊和管考磊（2017）研究发现高的机构投资者持股比例对高管职务犯罪产生的负面市场反应具有触发作用。总体而言，以上研究表明机构投资者对于一般投资者获知更高质量财务信息并进行投资决策具有积极意义。随着新审计准则的实施，在标准无保留审计意见下，关键审计事项已经具有降低信息不对称的能力，并将相关风险传递至投资者从而产生负向市场反应，那么机构投资者是否对关键审计事项风险信息的识别和披露同样具有治理或监督作用呢？能否在关键审计事项的基础上进一步降低信息不对称呢？机构投资者能否进一步帮助投资者了解和运用关键审计事项的信息并产生市场反应呢？为明确机构投资者对于关键审计事项决策有用性的影响，本书建立如下调节模型进行回归。

$$CAR=\eta_0+\eta_1KAM+\eta_2KAM\times INS+\eta_3INS+\eta_4SIZE+\eta_5ROA$$
$$+\eta_6GROWTH+\eta_7INP+\eta_8FEE+\eta_9BIG4+\sum IND+\sum YEAR+\varepsilon \quad （6.9）$$

$$CAR=\mu_0+\mu_1KAM\_length+\mu_2KAM\_length\times INS+\mu_3INS+\mu_4SIZE+\mu_5ROA$$
$$+\mu_6GROWTH+\mu_7INP+\mu_8FEE+\mu_9BIG4+\sum IND+\sum YEAR+\varepsilon \quad （6.10）$$

$$CAR=\theta_0+\theta_1KAM+\theta_2KAM\times FD+\theta_3FD+\theta_4SIZE+\theta_5ROA$$
$$+\theta_6GROWTH+\theta_7INP+\theta_8FEE+\theta_9BIG4+\sum IND+\sum YEAR+\varepsilon \quad （6.11）$$

$$CAR=\rho_0+\rho_1KAM\_length+\rho_2KAM\_length\times FD+\rho_3FD+\rho_4SIZE+\rho_5ROA$$
$$+\rho_6GROWTH+\rho_7INP+\rho_8FEE+\rho_9BIG4+\sum IND+\sum YEAR+\varepsilon \quad （6.12）$$

在公式（6.9）至（6.12）中，因变量为通过市场模型法计算得到的30天累计异常报酬率，自变量为关键审计事项数量（KAM）和关键审计事项篇幅（KAM_length），调节变量分别为机构投资者持股比例（INS）与基金持股比例（FD）。机构投资者比例（INS）为机构投资者持股数数量与总股本的比率，该数值越高，说明机构投资者越有动力对上市公司的信息进行挖掘和监督，更有助于其发挥战略协同效应和治理监督效应从而降低信息不对称；同时由于基金是机构投资者中的主要构成之一，在我国资本市场中既具有普遍性又具有专业性，因此，本书同时考察基金持股比例的调节效应，强化研究结论。本书各控制变量设置与主模型相同，并在标准无保留审计意见的样本中进行回归，交乘项系数反映投资者持股比例对关键审计事项决策有用性的调节作用，如交乘项系数显著，则说明具有调节作用，如该系数不显著，则说明不具有调节作用。

表6.8为模型（6.9）和（6.10）的回归结果，表6.9为模型（6.11）和（6.12）的回归结果。结果显示，在调节模型中，机构投资者持股比例和基金投资者持股比例及其与关键审计事项的交乘项系数均不显著，说明在

标准无保留审计意见下，机构投资者持股比例无法对资本市场起到优化投资策略的增量决策作用。机构投资者和基金投资者均无法影响关键审计事项的决策效应，不能通过发挥战略协作效应或公司治理效应在关键审计事项的基础上进一步降低信息不对称，无法帮助投资者对于关键审计事项风险信息进行深入了解，并加剧或削弱关键审计事项产生的负面市场反应。以上回归结果表明，关键审计事项的信号传递机制具有不可替代性，审计师在审计过程中所进行的风险识别以及在审计报告中的风险披露均具能够发挥良好的信号传输机制，有效降低信息不对称性，满足投资者决策信息需求从而受到投资者信赖，这对于关键审计事项的实施成果具有肯定作用，同时也说明随着新审计准则的进一步实施，机构投资者与审计师之间可以进一步建立协同机制，以加强发挥信号传递功效，进一步降低信息不对称。

表6.8 机构投资者持股对关键审计事项决策效应的调节作用回归结果

因变量：CAR（标准无保留意见）		
变量	（1）	（2）
Intercept	74.617 1***	54.632 3***
	（13.09）	
KAM	−1.553 4**	
	（−2.07）	
KAM × INS	1.932 8	
	（1.43）	
KAM_length		−1.867 0*
		（−1.91）
KAM_length × INS		1.408 2
		（0.70）
INS	−0.783 6	−4.550 7
	（−0.26）	（−0.36）
SIZE	−2.443 0***	−2.473 3***
	（−8.68）	（−5.99）
ROA	17.385 9***	21.951 1***
	（4.07）	（3.82）

续表

因变量：CAR（标准无保留意见）		
变量	（1）	（2）
GROWTH	0.006 0	−0.030 0
	（0.57）	（−1.40）
INP	−0.172 7	11.534 4**
	（−0.04）	（2.09）
FEE	−1.011 9*	0.585 8
	（−1.86）	（0.73）
BIG4	1.249 3	0.885 4
	（1.21）	（0.61）
R 方	3.98%	1.71%
调整 R 方	3.84%	1.56%
N	5 987	5 960

注：括号内为t值，***表示在1%的统计水平上显著，**表示在5%的统计水平上显著，*表示在10%的统计水平上显著，模型中连续型变量均经过Winsorize双向缩尾处理。

表6.9 基金持股对关键审计事项决策效应的调节作用回归结果

因变量：CAR（标准无保留意见）		
变量	（1）	（2）
Intercept	69.258 7***	74.761 7***
	（13.07）	（12.82）
KAM	−0.725 7*	
	（−1.74）	
KAM × FD	−1.226 2	
	（−0.15）	
KAM_length		−1.330 1***
		（−2.81）
KAM_length × FD		−4.842 1
		（−0.50）
FD	12.428 9	39.127 7
	（0.70）	（0.66）

因变量：CAR（标准无保留意见）		
变量	（1）	（2）
SIZE	−2.290 6***	−2.310 3***
	（−8.42）	（−8.46）
ROA	17.654 4***	17.703 0***
	（4.10）	（4.10）
GROWTH	0.008 0	0.006 9
	（0.78）	（0.67）
INP	−0.790 7	−1.128 2
	（−0.19）	（−0.26）
FEE	−0.896 5*	−0.773 2
	（−1.65）	（−1.40）
BIG4	1.566 5	1.723 4*
	（1.53）	（1.68）
R 方	3.87%	3.96%
调整 R 方	3.72%	3.81%
N	5 987	5 960

注：括号内为t值，***表示在1%的统计水平上显著，**表示在5%的统计水平上显著，*表示在10%的统计水平上显著，模型中连续型变量均经过Winsorize双向缩尾处理。

6.4 稳健性检验

本章的主要目的是通过实证模型检验在不同的审计意见下，关键审计事项内容对投资者市场反应的影响。为了保证本章的研究结论具有稳健性和可靠性，在此部分根据本章具体研究方法采用三种方法进行稳健性检验：一是更换计算累计异常报酬率的模型，采用均值调整模型重新计算累计异常报酬率，即变换投资者市场反应的衡量方法，检验在用其他方法计算投资者市场反应时，在不同审计意见下关键审计事项内容多少对投资者市场反应的影响关系是否依然成立；二是沿用第五章的方法，使用关键审计事项对策的条数和篇幅代替解释变量，检验在使用另一维度观测关键审计事项内容这一研究变量时，本章研究结论是否成立；三是变更时间窗口期，检验在更长和较短的时间窗口期内，关键审计事项内容对于投资者决策的影响是否依然成立。以下分别对这三种方法的稳健性检验结果进行列示和对比分析。

1. 使用均值调整模型（Mean Adjusted Model）计算CAR

在事件研究法中，计算股票异常报酬率的方法通常有市场模型（Market Model，本书在主研究模型中使用）、均值调整模型（Mean Adjusted Model）、市场调节模型（Market Adjusted Model）和资本资产定价模型（CAPM）。虽然市场模型在研究中使用较为普遍，但陈汉文和陈向民（2002）通过实验研究方法对比几种模型后发现，与国外的结果相比较，均值调整模型在不同情况下对事件研究有很多优于市场模型的特点。运用均值调整模型可以更有效地达到探测股票价格事件性表现的目的。因此，本书在使用市场模型估计异常报酬率的基础上，再使用均值调整模型进一步对于研究结果进行稳健性检验，以考察发布审计报告事件日前后尽量接近真实的市场反应。

均值调整后的非正常报酬率（Mean Adjusted Abnormal Return），等于某只股票在某个时期的实际报酬率R_{it}减去该股票事件日前估计窗口期内的平均实际报酬率，并据此计算预期报酬率、异常报酬率和累计异常报酬率。本书在这部分使用该方法重新计算CAR，并使用OLS回归模型（6.5）和（6.6）重新在不同审计意见下进行分组回归，回归结果如表6.10所示：

表6.10　使用均值调整法计算CAR的稳健性检验结果

variable	因变量：CAR（Mean Adjusted Model）					
	标准无保留		强调事项段		非无保留	
	（1）	（2）	（3）	（4）	（5）	（6）
Intercept	49.007 8***	54.568 7***	117.154 7*	94.090 4	254.740 6***	235.332 9***
	（5.95）	（6.33）	（1.72）	（1.27）	（3.40）	（2.70）

续表

	因变量：CAR（Mean Adjusted Model）					
variable	标准无保留		强调事项段		非无保留	
	（1）	（2）	（3）	（4）	（5）	（6）
KAM	−0.963 1**		3.530 8		0.170 0	
	（−2.05）		（1.16）		（0.04）	
KAM_length		−1.472 3**		2.345 6		7.724 8
		（−2.40）		（0.53）		（1.12）
SIZE	−1.495 6***	−1.529 3***	−3.781 2	−3.465 5	−1.037 0	−2.152 2
	（−3.84）	（−3.92）	（−1.26）	（−1.16）	（−0.29）	（−0.55）
ROA	36.851 8***	37.144 7***	−1.214 3	0.627 9	0.571 0	2.745 5
	（5.87）	（5.91）	（−0.07）	（0.03）	（0.03）	（0.13）
GROWTH	−0.102 5	−0.068 2	0.878 9	1.045 3	−4.602 3	−4.735 7
	（−0.14）	（−0.09）	（0.34）	（0.40）	（−0.63）	（−0.51）
INP	11.833 7**	12.117 6**	−1.964 6	−1.325 2	−118.297 1**	−124.613 9***
	（2.23）	（2.28）	（−0.04）	（−0.02）	（−2.50）	（−2.74）
FEE	−0.467 2	−0.300 7	−1.753 6	−1.211 3	−12.546 0*	−12.477 6*
	（−0.59）	（−0.38）	（−0.26）	（−0.18）	（−1.94）	（−1.92）
BIG4	2.378 3*	2.591 4*	17.868 1	16.691 8	34.609 9**	32.112 5**
	（1.73）	（1.88）	（1.29）	（1.14）	（2.33）	（2.25）
IND	control	control	control	control	control	control
YEAR	control	control	control	control	control	control
R^2	17.00%	17.20%	32.36%	31.60%	26.50%	27.72%
Adj−R^2	16.66%	16.87%	19.33%	18.42%	7.10%	8.10%
N	5991	5954	131	131	92	90

注：括号内为t值，***表示在1%的统计水平上显著，**表示在5%的统计水平上显著，*表示在10%的统计水平上显著，模型中连续型变量均经过Winsorize双向缩尾处理。

  表6.10列示的是通过更换因变量研究不同审计意见下关键审计事项内容对投资者市场反应影响的稳健性检验结果。表中第（1）列和第（2）列数据列示的是标准无保留审计意见下的检验结果，可以发现关键审计事项数量和篇幅与通过均值调整的异常报酬率均在0.05水平下显著负相关，说明关键审计事项的内容披露越多，投资者的市场反应越差。该结果与前文研究结果一致，均表明投资者在上市公司不存在重大错报风险和重大经营风险疑虑时，会借助于关键审计事项的内容进行择优，对于那些潜在风险稍高的公司降低投资意愿。表6.10中第（3）列和第（4）列表明了带强调事项段无保留审计意见下的稳健性检验结果，可以看到在该类型审计意见下，关键审计事项内容多少与市场反应无显著相关关系，这与前文研究结论一致。即强调事项段已经为投资者提供了较为明确和充分的决策依据，在这种情况下，投资者不再使用关键审计事项中的信息进行决策，这一结论在使用不同方法度量市场反应的情况下依然成立，说明本书研究结果较为稳健。表6.10中第（5）列和第（6）列是非无保留审计意见下的稳健性检验结果，在该类型审计意见下，即便更换了市场反应变量的计算方法，依然可以看到关键审计事项变量与累计异常报酬率无显著相关关系，可见投资者并未在进行决策时将关键审计事项考虑在内，本章前文的研究结论依然成立，这说明投资者在得知审计结论中对该上市公司的整体财务信息质量表示重大风险时，不再需要审计过程中提供的其他风险信息进行决策，审计结论本身已经能够为投资者提供充足的决策依据。

  控制变量的回归结果与前文研究结果也基本一致。在标准无保留审计意见下，公司规模依然与被解释变量呈显著负相关关系，说明投资者在投资时并不偏好规模大的公司，而是偏向于具有更高成长机会的稍小规模的公司，同时，资产回报率ROA与被解释变量显著正相关，说明投资者看重企业的盈利能力。作为衡量经营成果的核心指标，ROA的好坏对于投资者的信心具有重要影响，盈利能力越好的公司，越受到投资者青睐，而与前文一致的是，营业收入的动态增长并未受到投资者关注，不成为进行投资决策的重要参考信息；对于审计质量指标而言，国际四大会计师事务所的品牌效应依然存在，投资者对于经它们审计的公司更为偏好。而在非标审计意见下，各控制变量的回归结果也基本稳健。在带强调事项段的无保留审计意见组中，各控制变量回归结果不显著，与前文回归结果一致，而在非无保留审计意见组中，独立董事规模与被解释变量显著负相关，与原模型回归结果相同。说明在上市公司整体财务信息质量存在重大错报风险时，投资者对于公司治理机制变得非常不信任，过多的独立董事比例反而成为未能有效履行监督职能的体现。审计质量指标的回归结果也与主研究模型一致，审计费用与被解释变量显著负相关，是否由"四大所"审计与被解释变量显著正相关，可见在非无保留审计意见下，"四大所"的品牌效应依然存在，这种品牌效应甚至能够在一定程度上缓解投资信心和投资意愿的不足。综上，在使用均值调整方法计算累计异常报酬率的情况下，本章研究结论依然成立，说明本章研究结论具有稳健性。

2. 替换自变量

本章研究是对第五章研究内容和研究逻辑的进一步延伸和递进，因此，通过自变量替换进行稳健性检验的方法也与第五章具有一定一致性。关键审计事项的总体部分由关键审计事项和应对措施共同构成，在第五章稳健性检验中可知，当使用应对措施条目数量作为研究变量时，研究结论依然成立，而且应对措施的篇幅也具有一定的信息含量。联系到在实施现状中关键审计事项和应对措施数量的关系，本书认为审计师针对关键审计事项实施的审计程序数量也能够反映出对相关风险严重程度的专业性评估。因此，本书在应对措施具有信息含量的条件下，在本章检验投资者市场反应时，使用应对措施条数和篇幅代替自变量进行检验，从另一角度验证投资者在既有审计意见的基础上是否会参考关键审计事项的相关内容作出投资决策。在此部分使用AP表示关键审计事项应对措施的数量，使用AP_length表示应对措施篇幅，由应对措施部分总字数取对数得到，经过以上变量替换及剔除样本缺失数据，最终分别得到5 983和5 950个标准无保留审计意见样本，131个带强调事项段无保留审计意见样本，和91~92个非无保留审计意见样本。利用本章主研究模型和研究路径重新进行检验，回归结果如表6.11所示。

表6.11　更换自变量后关键审计事项投资者决策有用性的稳健性检验结果

Variables	因变量：CAR					
	标准无保留		强调事项段		非无保留	
	（1）	（2）	（3）	（4）	（5）	（6）
Intercept	60.105 2***	73.538 2***	150.778 8**	143.959 6*	268.776 6***	276.807 5***
	（6.20）	（7.06）	（2.06）	（1.80）	（3.32）	（3.28）
AP	−0.310 4***		0.128 4		0.238 2	
	（−3.43）		（0.26）		（0.32）	
AP_length		−2.628 6***		1.215 0		−4.086 3
		（−3.11）		（0.26）		（−0.51）
SIZE	−1.186 9**	−1.257 5***	−4.513 3	−4.518 8	−1.582 7	−0.628 4
	（−2.57）	（−2.71）	（−1.34）	（−1.36）	（−0.38）	（−0.16）
ROA	61.515 6***	62.419 8***	20.308 6	20.384 6	−0.626 8	−0.827 7
	（8.39）	（8.50）	（0.99）	（1）	（−0.03）	（−0.03）
GROWTH	−0.473 0	−0.503 5	2.360 4	2.495 6	−4.088 5	−5.295 9
	（−0.57）	（−0.61）	（0.76）	（0.80）	（−0.43）	（−0.70）
INP	10.561 1*	10.701 9*	−15.851 1	−15.196 0	−122.115 2**	−117.723 7**
	（1.68）	（1.70）	（−0.29）	（−0.28）	（−2.45）	（−2.29）
FEE	−1.842 5**	−1.743 4*	−3.043 1	−3.010 0	−13.285 1*	−13.601 0*
	（−1.99）	（−1.88）	（−0.42）	（−0.42）	（−1.87）	（−1.95）
BIG4	6.190 3***	6.280 4***	19.038 0	18.422 4	44.417 9***	41.150 9**
	（3.67）	（3.70）	（1.20）	（1.17）	（2.95）	（2.56）
IND	control	control	control	control	control	control
YEAR	control	control	control	control	control	control
R^2	18.06%	18.00%	26.82%	26.82%	21.46%	21.77%
Adj-R^2	17.73%	17.67%	12.72%	12.72%	0.44%	1.13%
N	5 983	5 950	131	131	91	92

注：括号内为t值，***表示在1%的统计水平上显著，**表示在5%的统计水平上显著，*表示在10%的统计水平上显著，模型中连续型变量均经过Winsorize双向缩尾处理。

表6.11为使用应对措施条数和篇幅替代自变量的稳健性检验结果。表中第（1）列和第（2）列数据列示的是标准无保留审计意见下的检验结果。结果表明，应对措施条目数量和篇幅与累计异常报酬率的关系均在0.05水平下显著负相关，说明应对措施内容披露越多，越会引起负面市场反应，该结果与第五章中对应对措施信息含量的检验结果基本一致。即应对措施具有显示上市公司相关风险的能力，因此，投资者对于应对措施也会产生负面的市场反应，同时也说明投资者在决策时，会将应对措施越多和篇幅越大的情况，视作是一种风险传递信号，能够感知到审计师在审计过程中风险识别与应对的相关工作，从而将其信息含量作为参考。该结果与前文研究结果具有一致性，均表明投资者在上市公司整体财务信息为真时，会借助于关键审计事项的相关内容进行进一步甄选。表6.11中第（3）列和第（4）列表明在带强调事项段无保留审计意见下，应对措施条目数量多少和篇幅长短与累计异常报酬率无显著相关关系，这与主模型回归结果一致。即在出具带强调事项段审计意见的情况下，投资者不再对关键审计事项应对措施信息感到敏感，投资者不再使用这些信息进行决策，这一结论在不论使用何种因变量或自变量度量都依然成立，说明本书研究结果具有稳健性。表6.8中第（5）列和第（6）列呈现了非无保留审计意见下的稳健性检验结果，在非无保留审计意见下，应对措施内容也对于既有市场反应不具有显著影响，应对措施条目数量和篇幅与累计异常报酬率均无显著相关关系。可见在上市公司整体财务信息不可靠的情况下，投资者已经大大降低了投资意愿和投资信息，此时审计师在审计过程中对于风险的应对无法动摇此时的投资者决策。结合第五章研究结果，这可能是由于审计结论的风险信息已经涵盖了审计过程中的风险，使应对措施内容不在非无保留审计意见的基础上具有增量信息价值，因此，不对投资者决策产生影响，这一部分研究结论与前文一致，进一步证实了本书研究结论的稳健性。

控制变量的回归结果也与主模型回归结果基本一致。在标准无保留审计意见下，公司规模依然与被解释变量呈显著负相关关系，资产回报率ROA与累计市场报酬率显著正相关，营业收入的增长率与因变量无显著关系，这一部分与主回归模型结果完全一致，本书不再赘述；对于审计质量指标而言，审计费用与累计异常报酬率显著负相关，是否由国际四大会计师事务所审计与累计异常报酬率在0.01水平下显著正相关，这些控制变量的显著性特征与主模型回归结果均一致，说明在变换自变量的情况下，本书研究结论具有稳健性。在非标审计意见下，各控制变量的回归结果也基本稳健。在带强调事项段的无保留审计意见组中，各控制变量回归结果不显著，而在非无保留审计意见组中，独立董事规模与被解释变量显著负相关，审计费用与被解释变量显著负相关，是否由"四大所"审计与被解释变量显著正相关，其他控制变量与因变量无显著相关关系，各控制变量回归结果的显著性特征均与主研究模型一致。综上，通过自变量替换进行的稳健性检验，所得实证结果与前面研究结论一致，表明本部分的模型较为稳健、结论较为可靠。

3. 改变时间窗口期

本书在主模型研究部分使用者［-30，30］天的时间窗口期，主要考虑到投资者接收信息、理解信息和利用信息作出决策需要一定的反应时间，同时能够过滤掉一些短期内的其他影响因素，得到尽量理性的投资者决策结果。不过在稳健性检验中，综合考虑到实际情况和前人研究的方法，本书认为也有必要验证关键审计事项内容与较长和较短时间窗口期内投资者市场反应的关系。

在研究投资者对关键审计事项的市场反应时，较短的时间窗口也被广泛应用，如Jean等（2019）在研究法国资本市场数据时，将窗口期设定为事件日发生后的三天，张子健和李小林（2019）将时间窗口设定为事件日的前后10天。在较短的研究窗口下有一定优点，首先，参考图6.1的结果，投资者在较短的时间窗口内反应更为明显，其次，在较短的时间窗口内，数据样本含量也更为丰富。因此，本书在验证较短时间窗口结果时，选取事件日前后10天求得累计异常报酬率，分别在标准无保留审计意见、带强调事项段无保留审计意见和非无保留审计意见组得到了6057（6020）、134和91个数据样本，该回归结果如表6.12所示，能够验证在审计报告发布日前后，投资者是否能在短时间内对于关键审计事项做出迅速的了解和反应。

在验证短时间窗口下关键审计事项对投资者决策的参考价值同时，本书也继续对较长时间窗口进行检验。在短时间窗口下投资者反应虽然较为明显，但有可能是很多信息共同作用的结果，可能受到其他信号的干扰，而并非是对关键审计事项本身做出的反应，而在较长的时间窗口下，投资者的决策回归理性。如图6.1所示，投资者在审计报告发布日前后30日左右的市场反应趋势趋于平稳，在非无保留审计意见下甚至有所回转，因此，本书在此基础上，继续对事件日前后40天的累计异常报酬率进行检验，以验证在投资者充分理解关键审计事项信息后，投资决策趋于理性的情况下，是否对关键审计事项的信息具有决策敏感性。在较长时间窗口下，本书得到5 942和5 950个标准无保留审计意见样本、130个带强调事项段无保留审计意见样本和90余个非无保留审计意见样本，回归结果表6.13所示。

表6.12　缩短事件窗口期的稳健性检验结果

variable	因变量：CAR（窗口期：前后10天）					
	标准无保留		强调事项段		非无保留	
	（1）	（2）	（3）	（4）	（5）	（6）
Intercept	8.180 6	15.355 5**	80.072 6*	57.717 5	62.010 2	39.343 7
	（1.24）	（2.19）	（1.85）	（1.33）	（1.26）	（0.69）
KAM	−0.856 6**		2.305 7		1.787 6	
	（−2.15）		（1.28）		（0.61）	
KAM_length		−1.268 7**		2.932 9		4.641 9
		（−2.46）		（1.02）		（1.10）
SIZE	0.217 8	0.171 5	−2.565 1	−2.497 1	−0.512 5	−0.665 6
	（0.70）	（0.55）	（−1.21）	（−1.17）	（−0.21）	（−0.25）
ROA	43.760 9***	43.519 8***	23.840 5*	25.267 1*	1.352 6	1.746 8
	（8.67）	（8.61）	（1.81）	（1.94）	（0.10）	（0.13）
GROWTH	−0.297 4	−0.269 4	1.462 4	1.556 1	−5.025 0	−5.668 6
	（−0.75）	（−0.68）	（0.78）	（0.81）	（−1.39）	（−1.24）
INP	2.998 0	2.645 0	−0.727 0	1.099 4	−71.697 3**	−74.684 6**

续表

	因变量：CAR（窗口期：前后10天）					
variable	标准无保留		强调事项段		非无保留	
	（1）	（2）	（3）	（4）	（5）	（6）
	（0.68）	（0.60）	（−0.02）	（0.03）	（−2.40）	（−2.57）
FEE	−1.392 1**	−1.381 5**	−2.614 2	−2.172 6	−5.376 2	−5.264 7
	（−2.30）	（−2.28）	（−0.59）	（−0.50）	（−1.22）	（−1.20）
BIG4	4.391 7***	4.500 2***	6.880 3	5.642 6	16.484 5*	12.387 4
	（3.85）	（3.90）	（0.67）	（0.53）	（1.84）	（1.33）
IND	control	control	control	control	control	control
YEAR	control	control	control	control	control	control
R^2	2.99%	2.98%	23.98%	23.60%	29.40%	29.77%
Adj-R^2	2.61%	2.59%	9.72%	9.27%	11.02%	10.97%
N	6 057	6 020	134	134	93	91

注：括号内为t值，***表示在1%的统计水平上显著，**表示在5%的统计水平上显著，*表示在10%的统计水平上显著，模型中连续型变量均经过Winsorize双向缩尾处理。

表6.13　增长事件窗口期的稳健性检验结果

	因变量：CAR（窗口期：前后40天）					
variable	标准无保留		强调事项段		非无保留	
	（1）	（2）	（3）	（4）	（5）	（6）
Intercept	55.309 4***	66.794 2***	98.791 7	71.687 8	225.172 9**	243.180 3**
	（5.87）	（6.33）	（1.37）	（0.91）	（2.53）	（2.45）
KAM	−1.739 7***		4.970 1		−0.741 7	
	（−2.92）		（1.32）		（−0.11）	
KAM_length		−1.823 8**		2.3069		4.5003
		（−2.33）		（0.46）		（0.52）
SIZE	−1.620 9***	−1.792 7***	−5.428 0	−4.832 1	−4.621 6	−6.707 5
	（−4.64）	（−4.90）	（−1.47）	（−1.31）	（−1.08）	（−1.41）
ROA	62.447 6***	63.525 7***	21.652 1	24.161 7	17.085 0	18.110 2
	（7.80）	（7.94）	（1）	（1.11）	（0.71）	（0.76）
GROWTH	0.893 7	0.936 6	1.077 7	1.283 2	3.182 6	5.592 9

续表

variable	因变量：CAR（窗口期：前后40天）					
	标准无保留		强调事项段		非无保留	
	（1）	（2）	（3）	（4）	（5）	（6）
	（0.84）	（0.88）	（0.32）	（0.37）	（0.29）	（0.42）
INP	11.656 7*	11.527 5	−27.666 6	−27.937 2	−87.934 0	−94.379 4
	（1.66）	（1.64）	（−0.46）	（−0.46）	（−1.49）	（−1.65）
FEE	<0.000 1	<0.000 1**	2.174 4	2.795 6	−4.174 0	−3.859 5
	（1.39）	（2.46）	（0.27）	（0.34）	（−0.53）	（−0.49）
BIG4	5.093 6***	4.746 6***	−5.488 0	−6.932 7	44.019 3**	46.376 0***
	（2.98）	（2.64）	（−0.28）	（−0.33）	（2.32）	（2.68）
IND	control	control	control	control	control	control
YEAR	control	control	control	control	control	control
R^2	43.99%	44.26%	51.19%	50.36%	35.42%	36.54%
Adj–R^2	43.77%	44.04%	41.70%	40.71%	18.61%	19.56%
N	5 942	5 905	130	130	93	91

注：括号内为t值，***表示在1%的统计水平上显著，**表示在5%的统计水平上显著，*表示在10%的统计水平上显著，模型中连续型变量均经过Winsorize双向缩尾处理。

表6.12和6.13的第（1）列和第（2）列是标准无保留审计意见下改变窗口期的回归结果，可见无论是在较短或较长的时间窗口期内，关键审计事项内容对于投资者决策均有显著的影响，窗口期越长，显著性越强，支持本书研究结论。表6.12和表6.13中第（3）列和第（4）列是带强调事项段无保留审计意见下不同窗口期的实证检验结果，因变量与自变量之间均不具有显著相关关系，也支持相关假设。表6.12和表6.13中第（5）列和第（6）列表明在非无保留审计意见下，关键审计事项对于投资者的市场反应不具有显著影响，这一部分研究结论与前文一致，进一步证实了本书研究结论的稳健性。

对于控制变量而言，在标准无保留审计意见下，在较短时间窗口期内，公司规模对投资者市场反应不产生影响，而在更长时间窗口期内，公司规模与被解释变量呈显著负相关关系；就资产回报率ROA而言，不论在较短或较长时间窗口期内，均与累计市场报酬率显著正相关，而在较长窗口期内相关系数更高，独立董事规模在较长窗口期内具有显著影响，而在较短窗口期内无显著影响；对于审计质量指标而言，与被解释变量累计异常报酬率的显著相关关系基本与主模型一致。在带强调事项段的无保留审计意见组中，各控制变量回归结果不显著，而在非无保留审计意见组中，各控制变量与因变量之间的关系与主模型并无太大出入，而在不同时间窗口下稍有变动，不影响整体回归结果的稳健性。

对比两种时间窗口期的回归结果可知，在窗口期越长的情况下，模型中各变量显著性越好，模型整体解释力越强，尤其是在标准无保留审计意见下，这说明投资者的确需要一定的时间来理解和消化关键审计事项的信息。在审计报告刚刚发布不久时，投资者更多地基于以往的投资惯性或借助其他渠道信息披露做出决策，而在一段时间以后，投资者渐渐回归理性，能够在分析和了解财务信息和关键审计事项相关内容的基础上进行投资。整体而言，在注册会计师审计报告发布之后的一段时间内，投资者在获知标准无保留审计意见后均会在不同程度上借助关键审计事项内容的信息进行投资决策，而在非标准审计意见下关键审计事项均不对投资者产生影响，这与前文主研究模型回归结果一致，说明本章研究结论稳健可靠。

6.5　内生性检验

本章主要研究内容为在不同审计意见下，关键审计事项能否对投资者决策造成影响。为进一步验证本章变量选择和模型设计的稳健性，同时考虑到本章解释变量和被解释变量之间的内生性问题。为控制内生性对研究结论的影响，本书通过工具变量两阶段最小二乘回归（2SLS）方法对标准无保留审计意见下的回归结果进行内生性检验。本书分别选取行业平均关键审计事项披露数量（MEANKAM）和行业平均关键审计事项披露篇幅（MEANLENGTH）作为工具变量，因其与自变量相关，而不对因变量产生直接影响，在第一阶段将原自变量作为该阶段模型因变量，将工具变量作为自变量进行回归得到拟合值，第二阶段使用原模型因变量对拟合值进行回归，从而对内生变量进行修正。表6.14和表6.15分别为采用工具变量的两阶段最小二乘回归结果。通过回归结果可知，各模型中工具变量与自变量显著相关，且自变量的显著性水平与系数符号方向与主模型一致，说明在控制内生性后本书研究保持不变，本书研究变量选取具有合理性，研究结论稳健、可靠。

表6.14　内生性检验（行业KAM均值的2SLS回归结果）

变量	KAM	CAR
INTERCEPT	−2.931 0***	62.198 3***
	（−9.79）	（15.01）
MEANKAM	1.066 6***	
	（9.53）	
KAM		−9.542 0***
		（−4.16）
SIZE	0.036 2***	−1.875 9***
	（3.85）	（−8.30）
ROA	−0.307 0**	15.159 7***
	（−2.57）	（4.60）
GROWTH	−0.000 1	0.005 4
	（−0.10）	（0.14）
INP	−0.098 1	−1.277 3
	（−0.68）	（−0.35）
FEE	0.146 2***	0.298 8
	（7.67）	（0.54）
BIG4	−0.208 6***	−0.463 8
	（−5.25）	（−0.50）
INDUSTRY	CONTROL	CONTROL
YEAR	CONTROL	CONTROL
ADJRSQ	0.053 5	0.038 0

注：括号内为t值，***表示在1%的统计水平上显著，**表示在5%的统计水平上显著，*表示在10%的统计水平上显著，模型中连续型变量均经过Winsorize双向缩尾处理。

表6.15　内生性检验（行业KAM_length均值的2SLS回归结果）

变量	KAM_length	CAR
INTERCEPT	−1.105 8	193.073 7***
	（−1.52）	（12.10）
MEANLENGTH	0.8670***	
	（7.33）	
KAM_length		−30.132 5***
		（−8.03）
SIZE	0.027 7***	−1.277 3***
	（3.50）	（−5.46）
ROA	−0.189 8*	11.244 8***
	（−1.90）	（3.42）
GROWTH	−0.000 8	−0.018 3
	（−0.71）	（−0.47）
INP	−0.117 1	−3.430 2
	（−0.97）	（−0.94）
FEE	0.097 2***	1.823 4***
	（6.04）	（3.26）
BIG4	0.018 9	2.210 8***
	（0.56）	（3.15）
INDUSTRY	CONTROL	CONTROL
YEAR	CONTROL	CONTROL
ADJRSQ	0.045 2	0.042 9

注：括号内为t值，***表示在1%的统计水平上显著，**表示在5%的统计水平上显著，*表示在10%的统计水平上显著，模型中连续型变量均经过Winsorize双向缩尾处理。

6.6　本章小结

根据理论分析，关键审计事项具备决策有用性的机制在于帮助投资者优化投资策略，在审计意见的基础上披露增量风险信息，以增强审计报告的信号作用，降低上市公司和投资者之间的信息不对称，解决投资者的信息劣势和逆向选择问题，建立更优的博弈策略，最终将风险信息体现在投资者市场反应中。因此，本章在第四章理论分析和第五章实证研究的基础上，研究关键审计事项在不同审计意见下，是否能够在提供增量风险披露信息的基础上对投资者决策产生影响，即研究投资者是否能够在审计意见的基础上对关键审计事项内容产生增量的市场反应。本章首先进行实证研究设计，在说明变量选取和定义的基础上构建研究模型，并进行实证检验和结果分析。本章研究发现，标准无保留审计意见会产生正向市场反应，而带强调事项段无保留审计意见和非无保留审计意见会产生不同程度的负向市场反应，在不同审计意见下，关键审计事项对于投资者决策的影响是不同的：在标准无保留审计意见下，关键审计事项对投资者决策具有负面影响，而在带强调事项段和非无保留审计意见下，关键审计事项对投资者决策不具有影响。结合前文理论分析，本书认为这是由于负面的审计意见已经为投资者提供了非常明确的风险信号，已经包括了审计过程中发现的各种风险，关键审计事项不具有显著的增量信息价值，因此，关键审计事项无法在非标准审计意见的基础上对投资者决策产生影响。而在标准无保留审计意见中，由于审计意见无法传递足够的风险信号，此时关键审计事项的风险披露内容成为投资者获取相关风险信息的主要来源，因此关键审计事项成为投资者优化投资策略的重要参考信息，由关键审计事项传递出的风险信号能够有效降低投资意愿和抑制投资行为，并最终反映在股票价格中。通过对相关控制变量分析发现，在标准无保留审计意见下，公司规模、盈利能力、独立董事监督职能和审计质量要素均是投资决策考量的要素。

　　本章通过进一步研究发现，在标准无保留审计意见下，事务所声誉与机构投资者持股对关键审计事项的决策效应无调节作用，投资者对关键审计事项内容的判定和了解不受到以上两种信息监督机制的影响。最后本章通过稳健性检验和内生性检验发现，在更改累计异常报酬率计算模型、替换自变量、变更时间窗口期和采用工具变量进行两阶段最小二乘回归的情况下，本章研究结论依然成立。在使用应对措施以相应内容作为自变量时，研究变量依然显著，说明应对措施内容也具有参考价值，同时对比标准无保留审计意见下不同时间窗口下的回归结果发现，在随着审计报告发布时间的增长，投资者逐渐趋于理性，在短期影响因素消退之后，关键审计事项的影响逐渐增强，投资者经过一段时间的消化理解，更倾向于借鉴关键审计事项的内容进行投资决策。总体而言本章实证结论具有稳健性和可靠性。

第7章 研究结论

7.1 主要研究结论

我国资本市场的注册制改革和退市制度改革对注册会计师审计制度提出了更高要求。注册会计师审计制度是资本市场健康发展的重要保障，是现代资本市场发展中不可缺少的经济监督制度，是保护资本市场中各方利益相关者、消除信息传递壁垒、降低投资风险和优化资源配置的重要机制。注册会计师审计报告是注册会计师审计制度的制度表征，是发挥制度职能的直接工具，审计报告的信息含量和沟通价值直接关系到注册会计师审计制度职能的发挥效果，当审计报告信息含量和决策有用性高时，有助于提高注册会计师审计服务的价值，稳固注册会计师审计制度地位，提高注册会计师声誉，而当审计报告信息含量和决策有用性低时，则会因使用价值低而动摇社会公众对注册会计师审计制度的信心，造成更高的诉讼风险。

近年来，随着国内外重大财务舞弊要案和投资失败事件屡屡发生，注册会计师行业一度陷入声誉危机，注册会计师审计报告的信息含量和决策有用性一再受到质疑，这主要是由于审计意见分类笼统，表达方式标准化，难以为投资者提供有针对性和特异性的信息。受制度环境背景变化的影响和注册会计师行业自身发展需求的驱使，国内外在近年来陆续开展了对注册会计师审计报告的改革，其中，在审计报告中沟通关键审计事项是一项核心重大突破，是注册会计师审计报告模式改革的重要里程碑，也是注册会计师审计制度发展的重要节点。关键审计事项对于注册会计师审计报告信息含量和投资者决策有用性的影响，对深化注册会计师审计报告模式改革具有深远意义，因此具有很高的学术研究价值，而在现有研究中，尚未形成关键审计事项具备增量风险披露能力的理论基础，也缺乏充分的实证研究证据解决关键审计事项决策有用性的争议问题，本书在现有研究基础上，对此进行了深入探讨。

基于关键审计事项准则的理论价值和实践意义，本书从投资者视角出发分别对关键审计事项的增量风险披露能力和决策有用性进行考察，探寻通过沟通关键审计事项提高审计报告沟通价值的具体机制和根本路径。第一，对前人的研究成果进行归纳和总结，在既有的研究基础上寻找全新的研究角度和突破口；第二，梳理了注册会计师审计报告信息含量的演化变革历程，详细论述了注册会计师审计报告如何在自身制度发展和审计需求变化的双重动力下，经历结构和内容的变化最终发展成为全新模式，并探讨关键审计事项的形成基础；第三，分析关键审计事项准则的实施现状，更为直观地表明关键审计事项在标准化审计报告模式基础上就披露内容而言所做出的改进，并指出现阶段准则实施的成果和不足；第四，本书通过马克思资本商品理论、信号传递理论和制度经济学理论分析并明确了关键审计事项准则实现风险预警和决策有用性的机理，并根据理论分析提出研究假设；第五，本书通过建立模型分别对不同审计意见下关键审计事项的增量风险信息和决策有用性进行实证检验，选取2017—2018年关键审计事项全面实施两年以来沪深A股上市公司为研究样本，分别以关键审计事项内容为因变量和自变量进行2SLS模型回归，研究关键审计事项从提供增量信息价值到产生决策有用性的信息传递路径和实现机制，并通过进一步研究分析事务所声誉和机构投资者持股对关键审计事项决策效应的调节作用。最终得出如下结论。

第一，本书通过对关键审计事项准则在我国颁布以来的实施现状进行分析，初步总结出关键审计事项的基本结构和具体内容，发现在我国关键审计事项的披露上具有明显结构特征和内容侧重，这些特点在关键审计事项的结构、内容、行业特征、事务所特征和审计意见分布等方面均有体现。在结构上，关键审计事项整体包括事项名称、事项内容的具体描述、应对措施名称和应对措施内容的具体描述等四部分构成，在新审计准则颁布实施两年以来总体篇幅稳中有增，就相对结构而言，应对措施条目数量和篇幅相对于事项本身均有所增加，内容较为翔实丰富；在内容上，审计师更偏好在关键审计事项中沟通涉及到管理层判断和会计估计变更领域的内容，该部分占比为60%以上，其次为涉及到重大错报领域的事项，两年均占比33%以上，而沟通当期重大交易的其他事项占比甚少，不及2%，关键审计事项在内容上的分布，基本反映了审计师对于重要风险信息的关注度，具有重要指示意义；在行业特征上，关键审计事项的内容与经济业务实质密切相关，在绝大部分行业当中对于收入的关注程度最高，在制造业和建筑业等行业中，应收项目的减值紧随其后，而在农林牧副渔、采矿业、电力能源和批发零售等行业，因其资产是创造收益的最主要来源，对于资产减值项目的关注位列第二；在事务所特征方面，国际四大会计师事务所和国内会计师事务所在对于关键审计事项的沟通与披露风格上存在差异。国际四大会计师事务所在对于关键审计事项的沟通数量和篇幅均高于非四大，且国际四大会计师事务所更关注管理层判断和会计估计运用领域，而国内会计师事务所更为关注重大错报风险领域；在不同审计意见下，关键审计事项也存在披露内容的差异。整体而言，在出具带强调事项段的无保留审计意见时，沟通的关键审计事项数量最多，其次为标准无保留审计意见，而在非无保留审计意见时沟通数量最少，而篇幅并无显著差异。总体而言，在我国新审计准则实施初期已颇见成效，但还存在对当期重大交易事项关注度不足和披露内容趋向集中等问题，这一部分是对关键审计事项信息含量的直观梳理，为关键审计事项的理论性分析和模型化研究提供了重要基础。

第二，本书基于理论分析论证了关键审计事项在审计意见的基础上具备增量风险披露信息和决策有用性的原理。首先，运用马克思资本商品理论分析了资本商品流通交易的本质属性，解释了投资者对关键审计事项披露内容产生需求的根本动因，分析出投资者决策信息需求的具体维度，并由审计需求多重层次推导出关键审计事项产生增量价值的根本机理。资本商品既具有一般商品的属性，也具有其特殊性质，其特殊的定价机制既需要投资者判断历史财务信息的准确性，又需要判断未来收益的可获得性和稳定性，因此，在决策时投资者需要能够帮助其择优逐劣的财务信息质量风险信息和持续经营风险信息，而以往只发布审计意见的传统模式审计报告并不能满足投资者的决策信息需求，从而造成审计期望差距，因此，关键审计事项通过披露审计过程中识别出的财务信息质量风险和持续经营风险能够在既有审计结论的基础上进一步丰富风险披露层次和维度，更大程度上满足投资者决策信息需求，这是关键审计事项实现风险预警机制和决策有用性的根本机理。其次，根据信号传递理论分析得知，在上市公司财务信息经由"上市公司——审计师——投资者"的链条进行传递，上市公司与投资者之间的信息不对称可以细化为"上市公司与审计师之间的信息传递不对称"和"审计师与投资者之间的信息不对称"两个部分，在此之前投资者很大程度上将上市公司与投资者之间的信息传递不完整归咎于审计师，而忽略了上市公司到审计师之间的信息盲区。关键审计事项的重要意义之一在于通过加深投资者对于审计过程的了解而降低投资者与上市公司之间的信息不对称，打开投资者视角中上市公司与审计师之间的信息盲区，使得信号传递链条更为完整。最后，本书通过制度经济学理论剖析了关键审计事项通过加强审计报告制度表征职能对投资者博弈策略产生影响的机制，关键审计事项通过为投资者提供更为丰富的决策信息促使制度参与者形成新的博弈均衡，帮助投资者建立更为有效的博弈策略。在理论分析和实施现状的基础上，本书进一步提出研究假设，对于关键审计事项在不同审计意见下的信息增量价值和决策有用性分别提出研究假设，以便对其信息价值实现机理进行分层次剖析，为后文实证检验提供理论分析基础。

　　第三，关键审计事项的信息含量在审计意见不同的情况下存在差异。在标准无保留审计意见下，财务信息质量风险和持续经营风险与关键审计事项数量均显著正相关，而在非标准审计意见下，财务信息质量风险和持续经营风险与关键审计事项无显著相关关系。研究结果表明：（1）在标准无保留审计意见下，关键审计事项能够在审计意见的基础上提供增量风险预警信息，关键审计事项披露条目越多，意味着审计师在审计过程中关注财务信息质量风险和持续经营风险的领域越多，发现相关风险的可能性就越大，影响投资者未来收益稳定性的不利因素越多，因此，关键审计事项能够在审计意见并未显示相关风险的情况下，进一步扩展风险披露维度，增量披露潜在决策相关风险的程度，进一步满足投资者的决策需求，帮助投资者优化投资策略；（2）而在非标准审计意见下，关键审计事项的信息增量价值难以体现，这是由于在非标准审计意见或强调事项段中已经充分揭露了被审计单位的重大错报风险或重大持续经营风险，审计结论所传递的风险信息大于审计过程中发现的风险信息，在审计结论具有重大风险指示作用时，关键审计事项的内容难以在此基础上提供增量风险信息。因此，本书研究认为，标准无保留审计意见、关键审计事项和非标准审计意见的信息含量依次递增，但是鉴于历年来出具标准无保留审计意见的审计报告数量占绝大多数，关键审计事项具有重要的信息增量价值。为了保证实证结果的可靠性，本章通过替换因变量和自变量的方式进一步对相关模型和结论进行稳健性检验，并通过内生性检验，实证结果具有稳健性和可靠性。

最后，由于在不同审计意见下关键审计事项的信息含量存在差异，其对于投资者而言的决策有用性也不同。决策有用性是审计报告信息价值的最终体现，提高审计报告的决策有用性是本次审计报告模式改革的重要目的，因此，本书在细化分析关键审计事项具体信息含量的基础上，进一步对关键审计事项在投资者决策中发挥的作用进行了实证检验。本书研究表明，关键审计事项的决策有用性在不同审计意见的条件下产生了差异，这与关键审计事项的信息含量在不同审计意见下存在的差异相一致，说明关键审计事项的信息含量是其具备决策有用性的根本原因，关键审计事项所传递的财务信息质量风险和持续经营风险能够有效满足投资者的决策需求，投资者在了解其增量信息的基础上利用关键审计事项作出决策，而非仅仅受到审计报告模式改变的形式化影响，说明我国资本市场投资者已经具备一定成熟度，关键审计事项对于提高我国资本市场信号传递机制有效性具有积极作用。具体而言，关键审计事项在不同审计意见下的决策有用性研究结论如下。

（1）标准无保留审计意见下，关键审计事项对于投资者决策具有负面影响。本书研究发现，标准无保留审计意见对于投资者而言是一种利好信号，说明该上市公司的财务信息不具有重大错报风险和重大持续经营疑虑，因此，会有效增强投资者信心和投资意愿并产生正向市场反应，在这种情况下，关键审计事项所传递的风险信息对于投资者对相关风险的判断能够产生有效影响，由于关键审计事项内容的多少能够揭示财务信息质量风险和潜在持续经营风险的高低，关键审计事项越多时，相关风险信息越多，未来投资收益的不确定性越大，因此，对投资意愿和投资行为越具有削弱和抑制作用。在标准无保留审计意见下，关键审计事项的信息传递路径为"上市公司财务信息质量风险和持续经营风险——关键审计事项——投资者"，关键审计事项打开了审计过程的黑匣子，揭露出审计过程中发现的风险信息，缓解了标准无保留审计意见信息含量低和决策有用性差的现象，提高了审计报告的沟通价值和决策有用性，帮助投资者在众多被出具标准无保留审计意见的公司中进行进一步甄别，优化投资策略，防范投资风险，保障投资者利益。

（2）在非标准审计意见下，投资者不在审计意见的基础上对关键审计事项产生额外的市场反应，关键审计事项不具有决策有用性。本书研究发现，非标准审计意见会产生不同程度的负面市场反应，带强调事项段的无保留审计意见的负面市场反应较弱，而非无保留审计意见的负面市场反应较强。非无保留意见和带强调事项段的无保留审计意见意味着财务信息可能存在重大错报风险或重大持续经营风险，对于投资者而言是一种显著的不利信息，相关不利信息最终体现在股票价格上并产生负向的市场反应，在这种情况下，审计意见作为审计工作的终点已经对审计过程中识别出风险的总和进行了概括，当审计意见披露风险足够明确或重大时，无法在审计意见的基础上提供增量风险信息，其信号作用被审计意见掩盖，投资者不再对其敏感，因此，关键审计事项不会左右投资者的决策意愿和行为，不具有决策有用性。

（3）审计意见与关键审计事项决策有用性的关系。根据关键审计事项准则，沟通关键审计事项不改变既定的审计结论，而是在审计意见基础上披露额外信息，因此，关键审计事项和审计意见之间的内容存在着区别和联系。本书研究发现，审计意见和关键审计事项内容的区别主要体现在风险披露的层次上，审计意见主要披露重大错报风险和持续经营重大不确定性风险，而关键审计事项则披露程度尚未达到重大的财务信息质量风险和尚不能产生持续经营重大疑虑的持续经营风险，这些风险虽然在程度上并不是极高，但是也会对投资者未来收益的稳定性和可靠性产生影响。本书通过实证研究分析，发现投资者对于不同审计意见和关键审计事项中风险信息敏感度可按照以下顺序依次递减：重大错报风险>重大持续经营风险>财务信息质量风险和持续经营风险。相应地，不同审计意见和关键审计事项之间的信息含量和决策有用性也分别按照如下顺序依次递减：非无保留审计意见>带强调事项段的无保留审计意见>关键审计事项>标准无保留审计意见。因此，关键审计事项拓宽了标准无保留审计意见和非标准审计意见之间的信息区域，进一步丰富了审计报告的信息披露层次，弥补了审计意见信息含量不足的缺陷。

（4）事务所声誉和机构投资者持股对关键审计事项决策效应的调节作用。不少研究认为，高声誉的会计师事务所和机构投资者持股有助于提高股票市场中的信息传递效率。在投资者视角中，事务所声誉往往意味着更高的审计质量，因此投资者对于声誉更高的会计师事务所会更加信赖，国际四大会计师事务所因其规模与品牌效应具备较高的事务所声誉，本书通过新审计准则实施现状分析表明"四大"与"非四大"会计师事务所在事项披露数量、风险关注侧重和相对结果比例之间存在的差异，因此，本书通过建立调节模型验证事务所声誉是否会对关键审计事项的决策效应机制起到调节作用。研究发现在标准无保留审计意见下，事务所声誉不存在调节作用，投资者不会因为事务所风格或品牌效应等因素影响对关键审计事项内容的判断；相对于一般投资者而言，机构投资者因其持股比例较高和专业性较强可能对公司产生战略协同效应或治理效应，具有更高的信息获知和信息传递的能力，有助于降低上市公司与外界之间的信息不对称。本书通过建立调节模型进行实证研究发现，在标准无保留审计意见下，机构投资者的信息质量监督作用难以进一步对关键审计事项的决策效应产生影响。关键审计事项对于投资者决策而言具有重要参考价值，投资者在利用关键审计事项进行决策时，主要关注其本身信息内容，而不会受到事务所风格或品牌、机构投资者持股等信息传递机制的影响，表明关键审计事项具有独立的信息增量作用，关键审计事项的增量信息披露机制难以被其他信息监督机制影响或取代。

综上所述，关键审计事项准则在我国实施初期取得了一定成效，基本实现了审计报告模式改革的初衷，在一定程度上增加了审计报告的信息含量和决策有用性。这种增量价值主要体现在出具标准无保留意见的审计报告中，关键审计事项能够在财务报告整体不存在重大错报风险时，进一步为投资者提示审计师在审计过程中识别出的财务信息质量风险和持续经营风险，通过内容揭示其风险程度，并有效地将风险信息传递给投资者，从而辅助其进行投资决策。而在非标准审计意见的基础上，关键审计事项并不具备增量信息和决策有用性，这体现了关键审计事项与审计意见信号作用的差异，同时也说明现阶段新审计准则实施还存在不足之处，随着新审计准则的进一步实施，应当进一步加强关键审计事项在非标准审计意见基础上的信息披露。总体而言，关键审计事项的披露，有效降低了上市公司和投资者之间的信息不对称，进一步满足了投资者的决策信息需求，强化了注册会计师审计报告的制度表征职能，是弥合投资者对注册会计师审计期望差距的有效途径，对注册会计师审计制度的发展和资本市场基础制度的完善具有重大积极意义。

7.2　政策建议

　　本书基于投资者视角研究了关键审计事项的信息传递机制，并验证了在不同审计意见下关键审计事项增量风险披露能力和决策有用性的不同，依托马克思资本商品理论、信息传递理论和制度经济学理论和的观点，分析出传统标准化审计报告的弊病和关键审计事项的风险披露层次，并据此探究关键审计事项产生增量信息价值的内在机理和实现路径。总体而言，本书认为关键审计事项准则的实施基本实现了注册会计师审计报告模式改革的初衷，既丰富了审计报告的风险披露层次，也对利益关系人博弈行为产生了影响。为了进一步推动注册会计师审计制度改革历程，打通关键审计事项的信息传递路径，改善资本市场投资环境，保护投资者利益，本书特针对会计师事务所及执业审计师、资本市场投资者、上市公司、审计准则制定机构和资本市场监管机构等方面提出以下几点政策建议：

　　1.进一步丰富关键审计事项披露内容，防止关键审计事项格式化发展

　　从本书对新审计准则实施以来的现状分析来看，关键审计事项的披露风险领域具有集中化趋势，涉及重大管理层判断的审计事项占比过半并且连年递增，重大错报风险领域事项占比约三分之一，且在全面实施两年以来比例基本持平，而对本期重大交易或事项的披露占比甚小且连年递减。同时，关键审计事项就披露数量而言也存在趋同化风险，2017—2018年以来披露数量平均在两条左右，并未出现明显增多，这说明审计过程的"黑匣子"并未被完全打开，审计师在审计过程中识别出的风险信息并未向投资者充分展现。在审计新准则的进一步实施过程中，关键审计事项在披露内容方面存在较大提升空间，首先，应当加强披露当期重大交易事项和重大错报领域事项，为投资者提供与财务信息质量风险和持续经营风险更为相关的信息；第二，应当丰富披露事项种类，而非聚焦于某几种报表项目，这既有助于防止出现风险盲点，也有助于防止披露内容趋同化；第

三，应当增加关键审计事项披露数量，尽量全面地向报告使用者展示审计过程和相关风险信息，避免出现刻意遗漏或隐藏的情形。关键审计事项披露内容的丰富化发展，有助于为投资者提供更多公司特异性信息，提高关键审计事项的风险相关性，防止关键审计事项成为格式化的附加披露，切实提高注册会计师审计报告的整体沟通价值。

2.加强非标准审计意见报告中的关键审计事项披露

当企业被出具非标准审计意见时，对投资者而言通常意味着存在影响投资收益的较高风险，甚至可能导致投资失败，因此往往受到投资者的高度关注。在这种情况下，关键审计事项有助于投资者全面了解影响投资收益的风险因素，然而，从我国现阶段关键审计事项准则实施状况来看，在非标准审计意见下，关键审计事项的风险披露尚不充分。如在出具保留意见的审计报告中，关键审计事项数量显著少于无保留审计意见下的披露数量。同时本书通过实证研究表明在非标准审计意见下关键审计事项不具有增量信息价值与决策有用性，说明审计师并未充分揭示在审计过程中识别或关注过的风险事项，并未完全打开风险信息的传递路径，导致无法有效降低高风险公司和投资者之间的信息不对称，这种现象不利于弥合投资者的期望差距，也不利于注册会计师审计制度的深化改革。

因此，在该准则的进一步实施过程中，审计师应当加强在非标准审计报告中对关键审计事项的披露，不将风险信息披露过分倚重于审计意见，而是充分披露在审计过程中识别出的各类风险因素，提高关键审计事项的风险相关性和特异性，进一步打开审计过程的盲区，为投资者决策提供更为丰富翔实的依据。同时，审计师应当在与治理层沟通时保持高度独立性，避免将本应由审计意见反映的重大风险转而替代为使用关键审计事项披露且弱化风险信号，明确划分审计意见和关键审计事项的内容界限，在非标准审计意见的基础上加强关键审计事项的增量信息价值和决策有用性，使审计报告各部分内容的信号作用更为清晰明确。

3.提高审计师专业胜任能力

对于会计师事务所和审计师而言，增强自身的专业胜任能力是完善注册会计师审计制度和加强信息披露能力的基础。关键审计事项的信息价值是衡量审计质量指标中不可忽视的一部分，较弱的风险相关性和决策有用性意味着审计师在审计过程中对风险识别环节的疏漏，而较强的风险相关性和决策有用性则更能体现审计师审计工作的价值。关键审计事项准则的实施，使审计师的风险识别过程和相应应对措施进一步展现在公众视野中，因此，对审计师的综合能力提出更高要求。如阚京华（2017）和许磊（2017）所论述，改革后的审计报告中需要运用更多的职业判断，对于审计师的风险识别能力、沟通能力和专业判断能力均有更高要求，并且要求审计师在掌握会计和审计专业知识的同时熟悉被审计单位所在行业的经营环境特征和监管情况，同时具备一定的金融知识。因此，审计师应当与时俱进，通过提高教育水平、运用信息技术和丰富职业经验等方式，提高自身职业能力，树立审计师职业形象，增强社会公众信心，从而进一步降低期望差距（Köse和Erdoğan，2015）。

同时，新审计准则的实施也对审计师的独立性提出了更高要求。由于披露哪些关键审计事项由审计师和上市公司治理层讨论决定，当审计师独立性较弱时，则容易受到治理层的影响而错报披露风险信息，使得关键审计事项披露内容的风险相关性减弱，无法为投资者提供具有决策有用性的信息，甚至可能出现利用关键审计事项替代非标准审计意见的情况。这会从根本上使关键审计事项失去增量信息价值，导致审计报告的信号作用模糊化，令使用者产生误解，因此，保持高度独立性是关键审计事项准则顺利实施的重要保障。

4.加强对投资者进行教育引导，促进投资者成熟化发展

从我国实施关键审计事项准则初期结果来看，我国资本市场中的投资者已经具备一定成熟度，虽然在发布审计报告之后的短时间内依然会受到投资习惯的影响或借助其他信息进行判断，但经过一段时间的了解和分析后，投资者能够借鉴注册会计师审计报告中的关键审计事项信息作出理智的投资判断。投资者的理智化和成熟化既受到整体市场监管和教育程度的影响，也离不开审计师的进一步沟通和引导。审计期望差距产生的重要原

因之一就是社会公众与审计师之间存在沟通不畅，投资者由于缺乏相关专业知识，难以了解审计师的具体工作内容，不免对审计职能存在误解，对审计过程知之甚少，导致过分依赖审计意见、过分强调审计师责任，甚至对审计结果存在理解偏差。审计师对于投资者的教育引导有着难以推卸的责任，沟通关键审计事项是打开投资者信息传递路径的重要渠道，是消除社会公众对审计师工作误解的重要手段，审计师通过在关键审计事项中沟通与投资者利益更为相关的内容，可以有效帮助投资者了解审计过程，分辨上市公司的信息产出责任和审计师的信息鉴证责任，提高投资者风险感知能力，削弱投资者对于其他信息保障程度不强的渠道的依赖，做出更为理智的投资行为。随着审计报告模式的深化改革，审计师与投资者的沟通方式也可不局限于关键审计事项，审计师可以通过审计报告的其他信息等内容披露有助于投资者了解审计工作的信息，进一步弥合审计期望差距，推进使注册会计师审计制度改革历程。

5. 加强上市公司内部控制和监督机制，提高信息披露质量

上市公司作为财务信息的根本产出者，是改善财务信息传导机制的源头所在。关键审计事项准则的实施，是对上市公司信息产出质量的深化约束和监督。由于关键审计事项以满足投资者需求为导向，本书研究结果也表明关键审计事项具备经营特征高度相关性，上市公司很难掩盖行业面临的共性问题和自身特征化风险信息，对于重大科目的调整也会进入审计师视野，这就约束了上市公司临时抱佛脚调整账目的行为，促使上市公司将改善披露信息的目标分解到经营过程当中：首先，上市公司应当预防持续经营风险，保障资产质量和健康现金流，减少战略性失误的发生，通过开拓市场、更新产品和业务升级等方式改善经营状况，或在出现行业整体不利因素时制订备选或防御策略，保障经营能力，防止出现经营失败；第二，上市公司应当加强内部控制流程，保障财务信息质量，防止公司管理层和治理层滥用职权，通过完善监督机制的方式压缩管理层和治理层的操纵空间，防止在运用会计估计和会计政策时出现错误或失误，保障信息在各环节的传递效率，避免由于内容控制或监督机制失效而造成的信息失

真，同时加强发挥独立董事、审计委员会和其他监督机制的协同监督作用，防止由于"一股独大"或者"一言堂"导致的内部控制失效，从制度上防范财务信息质量风险和持续经营风险，以有效保护投资者利益并提升公司价值。

6.进一步完善注册会计师审计准则，推进注册会计师审计制度深化改革

本书研究发现，关键审计事项准则的实施已经初见成效，但也存在不尽完善之处：第一，目前阶段关键审计事项的具体披露内容主要依赖于审计师的职业判断，对于披露格式和语言措辞等均无制度层面约束，这导致关键审计事项的披露数量、表述方式和具体内容存在着较强的审计师特征或事务所特征，对于投资者而言，难以对由不同审计师或会计师事务所披露的事项内容进行横向对比了解，同时在缺乏制度约束的情况下也难以保障信息披露质量。正如冉明东等（2017）研究中指出，对我国上市公司关键审计事项的披露中存在颗粒度较大和披露内容过于标准化的问题；第二，在非标准审计意见中关键审计事项信息含量不足的问题，也可以通过完善准则的方式解决，在后续的审计准则制定当中，应当充分考虑到实施现状中存在的问题，提供更为完善的指引，对关键审计事项披露内容等进行更为详尽具体的规定，从制度上保证其信息含量；第三，对审计报告中其他部分信息进行进一步强化和补充。本次准则修订在规范关键审计事项的同时，也对于其他信息的内容进行了规范，但是在实践中只有极少数公司在其他信息部分披露了具体内容，目前审计报告中依然普遍缺少具有增量价值和决策有用性的其他信息，这不利于提升审计报告整体的沟通价值，审计报告模式还存在较大改进空间。

注册会计师审计报告职能的改善，也离不开其他注册会计师制度要素的共同发展。在相关机构修订审计准则的同时，也应当基于审计需求考虑审计报告与其他制度要素之间的相互作用关系，例如应当对现阶段的审计目标进行更为深入的探讨。在目前的注册会计师审计制度中，保障财务报告整体的公允性依然是审计工作的首要目标，因此审计报告以揭示财务报告整体层面的重大错报风险为主，而对于财务信息质量风险和持续经营风

险等决策相关风险的揭示则并未在审计目标中明确体现，这既不利于审计过程的质量控制，也不利于保证审计报告中信息披露的质量，还容易使关键审计事项内容成为灰色地带，甚至成为可有可无的附加信息，或被省略不表甚至混用，在缺乏审计目标指引的情况下，审计报告的信息价值难以得到保证，新模式审计报告很有可能沦为千篇一律的冗长标准化报告，导致审计报告难以发挥有效的信号功能。因此，注册会计师审计制度各要素之间应当协同发展，共同推进审计制度的深化改革。

7.加强资本市场中各项信息披露监督制度的协同作用

本书研究发现，在审计报告中沟通关键审计事项有助于进一步降低上市公司与外部投资者之间的信息不对称，完善资本市场中的信号传递机制，与此同时，审计报告制度功能的有效实现离不开资本市场中其他监管机制的协同配合。关键审计事项准则的进一步实施，也对资本市场中的其他信息披露监督制度提出了更高要求：第一，相关机构应当完善各项法律法规，加强对上市公司及利益相关人的信息披露行为规范，防止侵害投资者利益的行为继续发生，同时加大对违规信息披露行为的惩处力度和追责力度，有效维系资本商品交易秩序，尤其是在注册制改革和退市制度改革之后，应当完善相关法律法规以保护各方制度参与人的合法权益。第二，发挥公众监督、媒体报道和其他信息传递机制的协同作用，随着信息技术的发展和经济形式的多样化，社交媒体已经成为社会公众交流信息的主要平台，拓宽了投资者的信息获取渠道，上市公司往往因其具备一定社会影响力而成为社会公众关注和讨论的对象，因此，社交媒体和公共信息平台也成为资本市场信息传递机制中不可或缺的构成要素。在新媒体时代，审计师与投资者均应当适当关注相关报道和公众讨论，借助社会公众的监督作用了解被审计单位可能存在的相关风险，辅助进行相应决策；第三，发挥证券分析师、机构投资者等第三方信息中介或监督机制的协同作用，强化第三方机构的信息监督效应和协同治理效应，从多渠道保障投资者获取信息的真实性和有效性，共同开拓资本市场中的信息传递渠道，使资本市场中的信息传递路径更为顺畅，信息质量更有保障。

7.3　研究局限及未来展望

7.3.1　研究局限

本书主要研究了在我国关键审计事项准则全面推行初期的实施成果，基于马克思资本商品理论、制度经济学理论和信号传递理论对关键审计事项的风险预警能力和决策有用性的实现路径和机理进行分析，虽然对于既有研究做出了一定贡献，然而受制于作者理论水平和研究能力，以及样本数量等其他客观条件的制约，在研究样本、变量选取和实验设计等方面存在一定不足，具体体现在以下几方面。

第一，样本数据方面。由于关键审计事项准则在我国全面实施时间较短，本书只能手工收集到全面实施后2017年和2018年的沪深两市A股数据样本，同时剔除金融业公司，在人工整理样本和剔除缺失数据后，样本量较小，导致回归模型设计方面存在一定局限性；同时，在准则实施初期，上市公司和审计师在进行相关工作时均处在初期探索阶段，难免存在一些不成熟甚至疏漏之处，在以后年度的具体实践中，可以通过上市公司和审计师的共同努力解决现有阶段存在的不足。

第二，变量选取方面。本书用数量指标衡量关键审计事项内容，缺乏使用文本挖掘等方式进行的检验，同时由于样本含量限制导致变量选取丰富程度有限，在未来研究中随着样本量的丰富和信息技术的运用，可进一步丰富研究指标体系。

第三，实验设计方面。本书在研究中主要对审计意见和关键审计事项信息含量的联系和区分进行了研究，检验了关键审计事项是否在审计意见的基础上提供了增量信息和决策有用性，并通过回归模型方法对研究假设进行验证，检验关键审计事项对群体投资者行为产生的整体性影响，在未来研究中，可以结合自然实验等方法，以细化分析关键审计事项对于个体投资者行为的影响，丰富研究视角，对关键审计事项披露的有待改进之处提出更具有针对性的有效解决方案。

7.3.2　未来展望

本书存在的局限和不足也是未来研究的动力和契机，基于现有研究结论和研究局限，可以对未来研究提出进一步的拓展方向。

第一，非标准审计意见报告中关键审计意见的信息增量价值和实现机制。由于每年非标准审计意见的出具数量很少，本书难以通过现有阶段数量有限的数据得到具有高度解释力的模型检验结果，在后续年度中，随着关键审计事项准则的进一步实施和研究样本的进一步扩增，可基于更多年度的非标准审计意见数据样本，探讨关键审计事项在非标准审计意见下的信息传递路径，寻找有更为效的沟通方式，探索其实现信息增量价值的具体机制，发挥其决策有用性。

第二，影响关键审计事项实现沟通价值的内外因素。本书研究中，只对关键审计事项是否具有沟通价值和决策有用性进行检验，在以后的研究中，随着样本含量的进一步增加和实证研究方法的发展，可以分别从上市公司角度和事务所角度寻找改善关键审计事项沟通价值的切入点，探索关键审计事项沟通价值的影响因素；同时可以进一步以投资者为出发点丰富相关研究，如从投资者角度研究其阅读偏好、阅读习惯和投资心理，深入探讨关键审计事项相关内容从产生、披露到信息接收链条中各个环节的可待改进之处，寻找提升关键审计事项沟通能力的内外机制，综合多方面因素共同提高关键审计事项的信息传递效率。

第三，关键审计事项对审计风险和审计费用的影响。本书研究认为，关键审计事项在标准无保留审计意见的基础上具备增量信息价值和决策有用性，这一研究结果有助于提高审计质量，降低审计风险。然而随着该准则的进一步实施，关键审计事项对审计责任和审计风险如何产生影响还需要在实践过程中不断进行深入探索，尤其在我国资本市场中，关键审计事项能否有效帮助审计师规避审计失败和诉讼风险尚待验证，在接下来的研究中，可关注审计师是否可以通过披露更为翔实且具有风险相关性的关键审计事项来降低诉讼风险，以及是否可以通过沟通关键审计事项有效改善社会公众对于注册会计师审计责任的误解和过高期望。同时，关键审计事项能否通过改进审计报告的决策有用性而影响审计成本或审计师在制定审计收费时的议价能力，也是在未来研究中值得探讨的问题。

参考文献

[1] 蔡利剑, 张人骥. 担保链中企业审计报告——持续经营审计状况及一种新的审计意见变通行为 [J]. 审计与经济研究, 2005, 20 (5): 31-34.

[2] 曹强, 葛晓舰. 事务所任期, 行业专门化与财务重述 [J]. 审计研究, 2009 (6): 59-68.

[3] 曹强, 胡南薇, 王良成. 客户重要性, 风险性质与审计质量——基于财务重述视角的经验证据 [J]. 审计研究, 2012 (6): 60-70.

[4] 陈高才, 谢汗青. 事务所和客户的策略选择及监管变动效应分析 [J]. 管理世界, 2018, 34 (07): 180-181.

[5] 陈关亭. 上市公司财务敏感区间与项目的审计意见 [J]. 会计研究, 2005 (7): 32-38.

[6] 陈汉文, 陈向民. 证券价格的事件性反应——方法、背景和基于中国证券市场的应用 [J]. 经济研究, 2002 (01): 40-47+95.

[7] 陈浪南, 姚正春. 我国股利政策信号传递作用的实证研究 [J]. 金融研究, 2000 (10): 72-80.

[8] 陈丽红, 张呈, 张龙平, 牛艺琳. 关键审计事项披露与盈余价值相关性 [J]. 审计研究, 2019 (03): 65-74.

[9] 陈梅花. 股票市场审计意见信息含量研究: 来自1995—1999上市公司年报的实证证据 [J]. 中国会计与财务研究, 2002 (1): 62-105.

[10] 陈梅花. 审计意见信息含量研究 [D]. 上海财经大学, 2001.

[11] 陈淑辉. 关键审计事项披露问题探究 [J]. 中国注册会计师, 2020 (01): 71-73+2.

[12] 陈晓, 王鑫. 股票市场对保留审计意见报告公告的反应 [J]. 经济科学, 2001 (3).

[13] 程新生, 熊凌云, 彭涛. 信息披露行为差异的经济后果——基于市场反应、股票交易量及股票收益波动性实证研究 [J]. 系统工程, 2015, 33 (10): 98-107.

[14] 丁方飞, 李苏, 何慧, 等. 机构投资者持股、盈余管理与市场反应 [J]. 财经理论与实践, 2013, 34 (4): 59-63.

[15] 丁红燕, 张士强. 我国上市公司非标准审计意见分析——基于2009年上市公司年报数据的分析 [J]. 山东社会科学, 2013 (03): 162-166.

[16] 董钰凯, 胡本源, 岳俊侠. 披露关键审计事项对盈余管理的影响分析——基于A+H股上市公司的经验证据 [J]. 财会通讯: 上, 2019 (7): 22-27.

[17] 范培华, 吴昀桥. 信号传递理论研究述评和未来展望 [J]. 上海管理科学, 2016, 38 (03): 69-74.

[18] 高德步. 论虚拟经济的起源 [J]. 经济评论, 2002 (05): 11-14.

[19] 高德步. 虚拟经济的起源 [J]. 南开经济研究, 2002 (04): 55-61.

[20] 宫义飞, 夏艳春. 持续经营审计意见、分析师跟踪与融资约束 [J]. 财经理论与实践, 2019, 40 (03): 94-100.

[21] 郭志勇, 陈龙春. 上市公司非标准审计意见市场反应的差异性研究 [J]. 审计与经济研究, 2008 (03): 38-43.

[22] 郭照蕊, 黄俊. 国际"四大"与高质量审计的再检验——基于真实活动盈余管理的分析 [J]. 山西财经大学学报, 2015, 37 (3): 115-124.

[23] 韩冬梅, 张继勋. 关键审计事项披露与审计人员感知的审计责任 [J]. 审计研究, 2018 (4): 70-76.

[24] 韩丽荣, 刘志洋. 带强调事项段无保留审计意见传递了何种风险信号?——基于投资者感知视角 [J]. 当代会计评论, 2017.

[25] 韩丽荣, 高瑜彬, 胡玮佳. 带强调事项段无保留审计意见的市场反应研究 [J]. 湖南社会科学, 2015 (01): 122-127.

[26] 韩丽荣, 谢丛梅. 注册会计师审计制度构成要素的经济学分析 [J]. 当代经

济研究, 2006（06）：66-69.

[27]韩丽荣.注册会计师审计制度的经济学分析[M].2006.

[28]侯国民,恽碧琰,宋常.上市公司连续披露的非标准审计意见信息含量研究[J].审计研究,2007（04）.

[29]侯宇,叶冬艳.机构投资者、知情人交易和市场效率——来自中国资本市场的实证证据[J].金融研究,2008（04）：131-145.

[30]胡大力,王新玥.持续经营审计意见的信息含量[J].税务与经济,2014（05）：35-40.

[31]胡国柳,韩葱慧.机构投资者与会计信息质量之关系的实证研究[J].财经理论与实践,2009,030（006）：56-60.

[32]胡继荣,王耀明.论CPA不确定性审计意见预测——基于重大疑虑事项的持续经营[J].会计研究,2009（06）：81-87.

[33]黄秋敏,张天西.首次持续经营不确定性审计意见信息含量研究[J].审计与经济研究,2009,24（06）：25-33.

[34]江伟,李斌.审计任期与审计独立性——持续经营审计意见的经验研究[J].审计与经济研究,2011,26（02）：47-55.

[35]阚京华,曹淑颖.基于审计报告变革的关键审计事项披露影响因素研究[J].中国注册会计师,2018,233（10）：5+70-74.

[36]阚京华,周友梅.美国标准审计报告模式最新变革及思考[J].中国注册会计师,2013（01）：85-91.

[37]阚京华.国际审计与鉴证准则理事会审计报告模式变革特征及启示[J].南京审计大学学报,2017,14（2）：58-66.

[38]阚京华.强调事项段、审计意见变通和投资者市场反应[J].中国流通经济,2008（07）：52-55.

[39]阚京华,石婧文.关键审计事项判断与决策分析案例调查研究[J].财会通讯,2019（01）：11-17.

[40]孔东民,孔高文,刘莎莎.机构投资者、流动性与信息效率[J].管理科学学报,2015（03）：5-19.

[41] 孔小文, 于笑坤. 上市公司股利政策信号传递效应的实证分析 [J]. 管理世界, 2003 (06): 115-119+154.

[42] 李明辉, 刘笑霞. 董事会特征与审计师选择——基于中国上市公司 2002-2003 年数据的研究 [J]. 山西财经大学学报, 2008, 30 (6): 104-112.

[43] 李明辉. 会计信息的信号传递功能探析 [J]. 当代财经, 2001 (02): 61-63.

[44] 李明辉. 代理成本对审计师选择的影响——基于中国 IPO 公司的研究 [J]. 经济科学, 2006 (3): 73-83.

[45] 李青原, 赵艳秉. 企业财务重述后审计意见购买的实证研究 [J]. 审计研究, 2014 (5): 101-107.

[46] 李爽, 吴溪. 审计意见变通及其监管: 经验证据 [J]. 中国会计与财务研究, 2002 (4): 1-57.

[47] 李心武, 崔彬. 管理层持股、产权性质与农业上市公司环境信息披露 [J]. 新疆农垦经济, 2020 (02): 86-93.

[48] 李延喜, 赛骞, 孙文章. 在审计报告中沟通关键审计事项是否提高了盈余质量? [J]. 中国软科学, 2019 (03): 120-135.

[49] 李增泉. 实证分析: 审计意见的信息含量 [J]. 会计研究, 1999 (08)

[50] 厉国威, 廖义刚, 韩洪灵. 持续经营不确定性审计意见的增量决策有用性研究——来自财务困境公司的经验证据 [J]. 中国工业经济, 2010 (02): 150-160.

[51] 廖义刚. 审计师出具持续经营不确定性审计意见的动因分析 [J]. 审计与经济研究, 2007 (4).

[52] 廖义刚. 持续经营不确定性审计意见的动因及决策有用性 [D]. 厦门大学, 2007.

[53] 刘峰, 周福源. 国际四大意味着高审计质量吗——基于会计稳健性角度的检验 [J]. 会计研究, 2007 (3): 79-87.

[54] 刘继红. 国有股权, 盈余管理与审计意见 [J]. 审计研究, 2009, 2: 32-39.

[55] 刘向强, 李沁洋. 会计师事务所声誉与并购业绩补偿承诺 [J]. 审计研究, 2019 (06): 79-86. 十大

[56] 刘学华, 徐荣华. 持续经营有重大疑虑审计意见表达方式实证研究 [J]. 云南财经大学学报, 2008, 24 (6): 110-115.

[57] 刘志洋. 基于股权特征的注册会计师服务需求研究 [D]. 吉林大学, 2018.

[58] 林永坚, 王志强. 国际"四大"的审计质量更高吗? ——来自中国上市公司的经验证据 [J]. 财经研究, 2013, 039 (006): P.73-83.

[59] 柳木华, 蔡丽, 刘耀, 余宇. 国际审计报告准则的最新发展述评——基于期望差、信息差和沟通差的分析框架 [J]. 深圳大学学报 (人文社会科学版), 2015, 32 (05): 59-66

[60] 路军, 张金丹. 审计报告中关键审计事项披露的初步研究——来自A+H股上市公司的证据 [J]. 会计研究, 2018 (02): 83-89.

[61] 罗春华, 余淑兰, 占瑭. 审计报告修订内容变化、挑战及应对 [J]. 财务与会计 (6): 71-73.

[62] 马思克. 资本论.第一卷 [M]. 人民出版社, 2004.

[63] 马克思. 资本论.第二卷 [M]. 人民出版社, 2004.

[64] 马克思. 资本论. 第三卷 [M]. 人民出版社, 2004.

[65] 马克思. 资本论 (全3册) [M]. 上海三联出版社, 2009.

[66] 聂萍, 陈阳. 自我实现预言效应预期、责任与持续经营审计判断——一项实验研究 [J]. 财经论丛, 2016 (05): 62-70.

[67] 漆江娜, 陈慧霖, 张阳. 事务所规模·品牌·价格与审计质量——国际"四大" 中国审计市场收费与质量研究 [J]. 审计研究, 2004 (3): 59-65.

[68] 齐鲁光, 韩传模. 客户产权差异, 审计收费和审计质量关系研究——基于风险导向审计理论 [J]. 审计研究, 2016 (2): 66-73.

[69] 青木昌彦. 比较制度分析 [M]. 上海远东出版社, 2001.

[70] 冉明东, 徐耀珍. 注册会计师审计报告改进研究——基于我国审计报告改革试点样本的分析 [J]. 审计研究, 2017 (05): 62-69.

[71] 任聪聪. 公司内幕交易与基于持续经营考虑下非标准审计意见 [J]. 现代管理科学, 2013 (08): 33-35+120.

[72]任主恩，郭志勇.不同种类非标准审计意见信息含量的差异性研究[J].
财会月刊，2012(14)：68-69.

[73]宋常，恽碧琰.上市公司首次披露的非标准审计意见信息含量研究[J].审
计研究，2005(1)：32-40.

[74]宋琛，张俊瑞，程子健.持续经营不确定性审计意见与管理层业绩预告行
为[J].山西财经大学学报，2012，34(11)：106-114.

[75]宋夏云，尤宁.带强调事项段无保留审计意见信息披露研究[J].南昌大学
学报(人文社会科学版)，2017，48(01)：76-82.

[76]孙铮，王跃堂.审计报告说明段与变更审计意见之实证分析[J].中国内部
审计，1999(6)：10-15.

[77]唐建华.国际审计与鉴证准则理事会审计报告改革评析[J].审计研究，
2015(1)：60-66.

[78]童盼，陆正飞.负债融资、负债来源与企业投资行为——来自中国上市公
司的经验证据[J].经济研究，2005(05)：75-84+126.

[79]涂建明，朱渊媛.新审计报告改革影响了银行信贷决策吗？[J].现代财经
(天津财经大学学报)，2019，39(11)：34-52.

[80]屠聪，傅颀.新审计报告中的关键审计事项探究——基于沪市主板上市公
司的数据分析[J].现代商贸工业，2019，40(12)：127-130.

[81]王兵，苏文兵，何梦庄."四大"审计质量在中国存在差异吗?[J].审计
研究，2011，6：017.

[82]王广明，张奇峰.注册会计师"诚信"的经济学分析[J].会计研究，2003
(04)：41-48+65.

[83]王帆，张龙平.审计师声誉研究：述评与展望[J].会计研究，2012，000
(011)：74-78.

[84]王静，郝东洋，张天西.新准则实施后的会计师事务所声誉与审计质量差
异——基于应计和真实盈余管理的双重分析视角[J].上海经济研究，
2013(09)：91-101.

[85]王木之，李丹.新审计报告和股价同步性[J].会计研究，2019(01)：86-92.

[86]王雪荣, 董威. 中国上市公司机构投资者对公司绩效影响的实证分析 [J]. 中国管理科学, 2009, 17 (2): 15-20.

[87]王艳艳, 许锐, 王成龙, 于李胜.关键审计事项段能够提高审计报告的沟通价值吗? [J].会计研究, 2018 (06): 86-93.

[88]王扬.持续经营视角下的审计质量研究——基于破产重整上市公司的实证研究 [J].当代经济研究, 2012 (04): 51-57.

[89]王咏梅, 王鹏. "四大" 与 "非四大" 审计质量市场认同度的差异性研究 [J]. 审计研究, 2006, 5: 49-56.

[90]吴水澎, 李奇凤. 国际四大、国内十大与国内非十大的审计质量--来自2003年中国上市公司的经验证据 [J]. 当代财经, 2006 (02): 115-119.

[91]夏新平, 邹振松, 余明桂, et al. 控制权、破产风险与我国民营公司负债行为 [J]. 管理学报, 2006, 3 (6): 683.

[92]肖金锋.上市公司非标准审计意见信息公告的市场反应研究——基于1998-2011年沪深A股的实证证据 [J].证券市场导报, 2013 (12): 35-42.

[93]谢军, 李明辉. 论会计师事务所选择的信号传递功能 [J]. 当代财经, 2003 (002): 114-118.

[94]谢晓燕, 张韬, 熊艳. 内部控制审计制度安排动因的理论研究 [J]. 内蒙古大学学报 (哲学社会科学版), 2009, 41 (06): 85-89.

[95]邢春玉, 张立民, 温菊英.持续经营审计意见的市场反应研究 [J].北京交通大学学报 (社会科学版), 2016, 15 (03): 84-92.

[96]许嘉麟, 刘儒昞.关键审计事项、审计意见与审计报告信息含量 [J].国际商务财会, 2019 (08): 81-87.

[97]许磊. 审计报告系列准则最新修订分析与解读 [J]. 新会计, 2017 (3): 24-26.

[98]鄢翔, 张人方, 黄俊. 关键事项审计报告准则的溢出效应研究 [J]. 审计研究, 2018, 206 (06): 75-82.

[99]闫倩玉, 王学龙. 审计报告准则改革动因及实施效果分析: 基于新制度经济学视角 [J]. 湖北经济学院学报 (人文社会科学版), 2019 (8).

[100] 杨芳, 杨悦莹. 非标准审计意见信息含量及其差异性研究——基于2010-2014年沪深A股数据 [J]. 当代会计, 2017 (1) : 40-43.

[101] 杨芳, 杨悦莹. 非标准审计意见信息含量及其差异性研究——基于2010-2014年沪深A股数据 [J]. 当代会计, 2017 (01) : 40-43.

[102] 杨海燕, 韦德洪, 孙健. 机构投资者持股能提高上市公司会计信息质量吗?——兼论不同类型机构投资者的差异 [J]. 会计研究, 2012 (009) : 16-23.

[103] 杨明增, 张铭君. 后金融危机时代风险导向审计报告模式的重构研究——以PCAOB的重构计划为例 [J]. 经济与管理评论, 2013 (02) : 89-94.

[104] 杨明增, 张钦成, 王子涵. 审计报告新准则实施对审计质量的影响研究——基于2016年A+H股上市公司审计的准自然实验证据 [J]. 审计研究, 2018 (05) : 74-81.

[105] 杨闻萍, 邓宁, 李洁. 新审计准则下对审计报告强调事项段的思考 [J]. 财务与会计, 2012 (01) : 71-72.

[106] 姚颐, 刘志远, 王健. 股权分置改革、机构投资者与投资者保护 [J]. 金融研究, 2007, (011) : 45-56.

[107] 姚益龙, 邓湘益, 陈壮奋. 有限责任效应、破产风险效应与资本结构——基于产品市场竞争视角的研究 [J]. 学术研究, 2010 (006) : 77-80.

[108] 易玄, 毛怡沙, 谢志明. 关键审计事项会影响传统审计信任模式吗?——来自我国A+H股市场的实证检验 [J]. 商业会计, 2019 (16) : 76-84.

[109] 尹蘅, 李丽青. 关键审计事项具有持续信息增量吗? ——基于93家A+H股上市公司的分析 [J]. 南京审计大学学报, 2019, 16 (05) : 23-31.

[110] 余明桂, 卞诗卉. 高质量的内部控制能否减少监管问询? ——来自交易所年报问询函的证据 [J]. 中南大学学报 (社会科学版), 2020, 26 (01) : 22-31.

[111] 余中福, 曹虹宇, 童蒙. 关键审计事项披露的特征分析及思考——基于2017年度审计报告全样本数据 [J]. 华北电力大学学报 (社会科学版),

2019（04）：45-52.

[112]张纯，吕伟.机构投资者、终极产权与融资约束[J].管理世界，2007，000（011）：119-126.

[113]张继勋，蔡闫东，刘文欢.标准审计报告改进、管理层和审计人员的关系与管理层沟通意愿———一项实验证据[J].审计研究，2016（03）：77-83.

[114]张俊瑞，刘彬，程子健，汪方军.上市公司对外担保与持续经营不确定性审计意见关系研究——来自沪深主板市场A股的经验证据[J].审计研究，2014（01）：62-70.

[115]孙坤，张小丽.会计师事务所规模与审计质量的实证研究[J].东北财经大学学报，2011（05）：56-61.

[116]张立民，邢春玉，李琰.机构投资者持股对持续经营审计意见市场反应的影响--基于2007-2014年深沪A股数据[J].南京审计学院学报，2015，012（006）：24-34.

[117]张黎焱.A股上市文化传媒业商誉风险的关键审计事项分析[J].现代传播（中国传媒大学学报），2019，41（12）：135-139+168.

[118]张蕊，管考磊.高管侵占型职务犯罪、机构投资者与市场反应——来自中国上市公司的经验证据[J].会计研究，2017（012）：52-58.

[119]张维迎，博弈论与信息经济学[M].上海三联书店，2004.

[120]张晓岚，宋敏.上市公司持续经营审计意见信息含量的差异性研究[J].审计研究，2007（06）：59-66+58.

[121]张晓岚，张文杰，鲁晓岚.持续经营能力重大不确定性下审计意见的预测研究[J].统计与决策，2007（08）：96-98.

[122]张晓岚，张文杰，张超，何莉娜."重大疑虑事项"为审计判断证据的差异性研究——《中国注册会计师审计准则第1324号——持续经营》实施效果预测[J].当代经济科学，2006（04）：96-104+127-128.

[123]张勇，陈俊.带强调事项段无保留审计意见信息含量及其差异性研究[J].贵州财经学院学报，2012（05）：86-94

[124]张璋，陈艾明，徐经长.管理层收购、外部审计需求与信息环境——基于

双重差分法的分析 [J].财会月刊, 2017 (17) : 101-107.

[125] 张子健, 李小林.A股与H股市场对关键审计事项反应的比较研究 [J].南京审计大学学报, 2019, 16 (04) : 11-21.

[126] 赵刚, 江雨佳, 马杨, 吕雅铭. 新审计准则实施改善了资本市场信息环境吗?——基于分析师盈余预测准确性的研究 [J]. 财经研究, 2019 (9) : 114-126.

[127] 郑莉莉, 郑建明. 制度环境、审计声誉机制与收费溢价 [J]. 审计研究, 2017, 000 (005) : 78-86.

[128] 中国注册会计师协会 (CICPA). 中国注册会计师审计准则第 1324号——持续经营 [S].2016.

[129] 中国注册会计师协会 (CICPA). 中国注册会计师审计准则第 1503号——在审计报告中增加强调事项段和其他事项段 [S].2016.

[130] 周楷唐, 麻志明, 吴联生.持续经营审计意见是否具有额外价值?——来自债务融资的证据 [J].会计研究, 2016 (08) : 81-88+97.

[131] Akerlof G A. The Market for "Lemons": Quality Uncertainty and the Market Mechanism [J]. The Quarterly Journal of Economics, 1970, 84 (3) : 488-500.

[132] Akhidime A E, Famous I O I. The Narrowing Audit Expectation Gap, Fraud Detection Complexities and the Imperative of Forensic Accounting Practice in Nigeria [J]. Research Journal of Finance & Accounting, 2013.

[133] Almulla M , Bradbury M E . Auditor, Client, and Investor Consequences of the Enhanced Auditor's Report [J]. Social Science Electronic Publishing, 2018.

[134] Altman, E., Financial Ratios, Discriminant Analysis and Prediction of Corporate Bankruptcy [J]. The Journal of Finance, 1968 (23). 589-609。.

[135] Altman E I, Sabato G, Wilson N. The value of non-financial information in small and medium-sized enterprise risk management [J]. Journal of

Credit Risk, 2010, 6 (2): 95-127.

[136] Alves ED, Júnior, Galdi FC. The informational relevance of key audit matters [J]. Revista Contabilidade & Finanças, 2020, 31 (82): 67-83.

[137] Asare, S. K., & Wright, A. M. Investors', Auditors', and Lenders' Understanding of the Message Conveyed by the Standard Audit Report on the Financial Statements [J]. Accounting Horizons, 2012, 26 (2), 193–217. doi: 10.2308/acch-50138

[138] Asbahr K, Ruhnke K. Real Effects of Reporting Key Audit Matters on Auditors' Judgment of Accounting Estimates [J]. Social Science Electronic Publishing, 2017.

[139] Babatunde S, Uadiale O M. An empirical investigation of the audit expectation gap in Nigeria [J]. African Journal of Business Management, 2011, 5 (19): 7964-7971.

[140] Backof A G, Bowlin K, Goodson B M. The Importance of Clarification of Auditors' Responsibilities Under the New Audit Reporting Standards [J]. Social Science Electronic Publishing.2014.

[141] Baboukardos D, Rimmel G. Value relevance of accounting information under an integrated reporting approach: A research note [J]. Journal of Accounting & Public Policy, 2016, 35 (4): 437-452.

[142] Backof, A., K. Bowlin, and B. Goodson.2014. The impact of proposed changes to the content of the audit report on jurors' assessments of auditor negligence. Working paper, University of Virginia and The University of Mississippi.

[143] Ball R, Walker R G, Whittred G P. Audit Qualifications and Share Prices [J]. Abacus, 2014, 15 (1): 23-34.

[144] Banks D W, Kinney W R Jr. Loss Contingency Reports and Stock Prices: An Empirical Study [J]. Journal of Accounting Research, 1982, 20 (1): 240-254.

[145] Bartov E, Gul F A, Tsui J S L. Discretionary-accruals models and audit qualifications [J]. Journal of accounting and economics, 2000, 30 (3): 421-452.

[146] Baron C D, Johnson D A, Searjoss G, Smith C H. Uncovering Corporate Irregularities: Are We Closing the Expectation Gap? [J]. The Journal ofAccountancy, 1977, October.

[147] Beck G W. Public accountants in Australia: their social role [J]. UQ Theses (RHD) - UQ staff and students only, 1973.

[148] Bédard J, Gonthier-Besacier N, Schatt A. Consequences of Expanded Audit Reports: Evidence from the Justifications of Assessments in France [J]. Auditing, 2019, 38 (3): 23.

[149] Bédard, J., Coram, P., Esphahbodi, R., Mock, T. J. Does Recent Academic Research Support Changes to Audit Reporting Standards? [J] Accounting Horizons, 2016, 30, 255-275.

[150] Bentley J W , Lambert T A , Wang E . The Effect of Increased Audit Disclosure on Managerial Decision Making: Evidence from Disclosing Critical Audit Matters [J]. Social Science Electronic Publishing, 2017.

[151] Best P J, Buckby S, Tan C. Evidence of the audit expectation gap in Singapore [J]. Managerial Auditing Journal, 2001, 16 (3): 134-144.

[152] Blay A D, Geiger M A. Market Expectations for First-Time Going-Concern Recipients [J]. Journal of Accounting Auditing & Finance, 2001, 16 (3): 209-226.

[153] Boolaky P K , Quick R . Bank Directors' Perceptions of Expanded Auditor\"s Reports [J]. International Journal of Auditing, 2016, 20 (2): 158-174.

[154] Boolaky, Pran Krishansing, Quick, Reiner. Bank Directors' Perceptions of Expanded Auditor"s Reports [J]. Social Science Electronic Publishing, 20 (2): 158-174.

[155] Brasel, K., Doxey, M., Grenier, J., Reffett, A. Risk Disclosure Preceding Negative Outcomes [J]. The Accounting Review, 2016, 91 (5), 1345-1362.

[156] Brown T , Majors T M , Peecher M E . The Impact of a Higher Intent Standard on Auditors' Legal Exposure and the Moderating Role of Jurors' Legal Knowledge [J]. Social Science Electronic Publishing.

[157] Callaghan J , Parkash M , Singhal R . Going-Concern Audit Opinions and the Provision of Nonaudit Services: Implications for Auditor Independence of Bankrupt Firms [J]. Auditing, 2009, 28 (1): 153-169.

[158] C.W. Chow. The Demand for External Auditing: Size, Debt and Ownership Influences [J]. Accounting Review, 1982, 57 (2): 272-291.

[159] Cade N L , Hodge F D . The Effect of Expanding the Audit Report on Managers' Communication Openness [J]. Social Science Electronic Publishing.2014.

[160] Carcello J V . What Do Investors Want from the Standard Audit Report? [J]. Cpa Journal, 2012.

[161] Carlson S J, Glezen G W, Benefield M E. An Investigation of Investor Reaction to the Information Content of a Going Concern Audit Report while Controlling for Concurrent Financial Statement Disclosures [J]. Quarterly Journal of Business & Economics, 1998, 37 (3): 25-39.

[162] Carver B T , Trinkle B S . Nonprofessional Investors' Reactions to the PCAOB's Proposed Changes to the Standard Audit Report [J]. Social Science Electronic Publishing, 2017.

[163] Chen C J P , Xijia S U , Zhao R . An Emerging Market's Reaction to Initial Modified Audit Opinions: Evidence from the Shanghai Stock Exchange [J]. Contemporary Accounting Research, 2000, 17 (3): 429-455.

[164] Chen C J P, Xijia S U, Zhao R. An Emerging Market's Reaction to Initial

Modified Audit Opinions: Evidence from the Shanghai Stock Exchange [J]. Contemporary Accounting Research, 2010, 17 (3): 429-455.

[165] Christensen B E, Glover S M, Wolfe C J. Do Critical Audit Matter Paragraphs in the Audit Report Change Nonprofessional Investors' Decision to Invest? [J]. Auditing A Journal of Practice & Theory, 2014, 33 (4).

[166] Church B K, Davis S M, Mccracken S A. The Auditor's Reporting Model: A Literature Overview and Research Synthesis [J]. Accounting Horizons, 2008, 22 (1): 69-90.

[167] Cohen Commission.Report of the Commission on Auditors' Responsibilities; Conclusions and Recommendations [R].1987.New York: American Institute of Certified Public Accountants.

[168] Cordos G, Fülöpa M. Understanding audit reporting changes: introduction of Key Audit Matters [J]. Accounting and Management Information Systems, 2015, 14 (1): 128-52.

[169] Czerney, K., J. J. Schmidt, and A. M. Thompson. Does Auditor Explanatory Language in Unqualified Audit Reports Indicate Increased Financial Misstatement Risk? [J] The Accounting Review, 2014, 89 (6): 2115-2149.

[170] Dechow P M, Sloan R, Sweeney P. Detecting earnings management [J]. The Accounting Review, 1995 (2): 193–225.

[171] Defond M, Zhang J. A review of archival auditing research [J]. Social Science Electronic Publishing, 2014, 58 (2–3): 275-326.

[172] Deloitte. Benchmarking the new auditor's report; Key audit matters and other additional information [R]. 2017. Retrieved from https://www2.deloitte.com/ch/en/pages/audit/articles/benchmarking-the-new-auditorsreport.html

[173] Dennis, S. A., Griffin, J. B., Johnstone, K. M. The Value Relevance

of Managers' and Auditors' Disclosures about Material Measurement Uncertainty [J]. Social Science Electronic Publishing, 2016.

[174] Doxey M . The Effects of Auditor Disclosures Regarding Management Estimates on Financial Statement Users' Perceptions and Investments [J]. Social Science Electronic Publishing, 2012.

[175] Dixon R, Woodhead A D, Sohliman M. An investigation of the expectation gap in Egypt [J]. Managerial Auditing Journal, 2006, 21 (3): 1215-7.

[176] Dodd P, Dopuch N, Holthausen R, et al. Qualified audit opinions and stock prices [J]. Journal of Accounting & Economics, 1984, 6 (1): 3–38.

[177] Dopuch N, Holthausen R W, Leftwich R W. Abnormal stock returns associated with media disclosures of 'subject to' qualified audit opinions [J]. Journal of Accounting & Economics, 1986, 8 (2): 93-117.

[178] Elias R Z, Johnston J G. Is there incremental information content in the going concern explanatory paragraph? [J]. Advances in Accounting Incorporating Advances in International Accounting, 2001, 18 (01): 105-117.

[179] Eliott, J.A.Autumn. "Subject to" audit opinions and abnormal securi ty returns-outcomes and ambigui ti e s [J]. Journal of Accounting Research, 1982 (02).

[180] Field L C , Lowry M B . Institutional Versus Individual Investment in Ipos: The Importance of Firm Fundamentals [J]. Ssrn Electronic Journal, 2005.

[181] Financial Reporting Council (FRC). Extended auditor's reports : A review of experience in the first year [R]. 2015.

[182] M.Qualified Audit Reports and Bank Lending Decisions [J]. Journal of Bank Research, 1979, 9 (4): 237-41.

[183] Fields L P, Wilkins M S. The information content of withdrawn audit

qualifications: New evidence on the value of "subject-to" opinions[J].
Auditing A Journal of Practice & Theory, 1991, 10(2): 62-69.

[184] Firth, M.Qualified audit reports: their impact on investment decisions[J].
The Accounting Review, 1978(07).

[185] Fox A, Hannah G, Helliar C, Veneziani M. The costs and benefits
of IFRS implementation in the UK and Italy[J]. Journal of Applied
Accounting Research, 2013, 14(1): 86-101.

[186] Fadzly M N, Ahmad Z. Audit expectation gap: The case of Malaysia[J].
Managerial Auditing Journal, 2004, 19(7): 897-915.

[187] Fargher N L , Wilkins M S . Evidence on Risk Changes Around Audit
Qualification and Qualification Withdrawal Announcements[J]. Journal
of Business Finance & Accounting, 1998, 25(7&8): 829-847.

[188] Francis J R, Krishnan J. Accounting accruals and auditor reporting
conservatism[J]. Contemporary Accounting Research, 1999, 16(1):
135-165.

[189] Fleak S K, Wilson E R. The incremental information content of the going-
concern audit opinion[J]. Journal of Accounting Auditing & Finance,
1994, 9(1): 149-166.

[190] Frost C A. Loss Contingency Reports and Stock Prices: A Replication and
Extension of Banks and Kinney[J]. Journal of Accounting Research,
1991, 29(5): 633-635.

[191] Gay G, Schellugh P. The Effect Of The Longform Audit Report On
Users 'Perceptions Of The Auditor's Role[J]. Australian Accounting
Review, 2010, 3(6): 2-11.

[192] Gay, G., Schelluch, P. and A. Baines. Perceptions of Messages Conveyed
by Review and Audit Reports[J]. Accounting, Auditing&Accountability
Journal, 1998, 11(4): 472-94.

[193] Geiger M A, Abdullah K. Anticipation and reaction to going-concern

modified audit opinions by sophisticated investors [J]. International Journal of Auditing, 2018.

[194] Geiger M. Setting the standard for the new auditor's report : an analysis of attempts to influence the Auditing Standards Board [J]. Global Nest Journal, 1993, 9 (2) : 83-97.

[195] Gimbar C, Hansen B, Ozlanski M E. Early Evidence on the Effects of Critical Audit Matter on Auditor Liability [J]. Current Issues in Auditing, 2016, 10 (1), A24-A33.

[196] Gimbar C, Hansen B, Ozlanski ME. The Effects of Critical Audit Matter Paragraphs and Accounting Standard Precision on Auditor Liability [J]. The Accounting Review, 2016, 91 (6) : 1629.

[197] Gimbar, C., Hansen, B., Ozlanski, M. E.2014. The effects of significant audit matter paragraphs and accounting standard precision on auditor liability: can anything the auditor says be used against them? SSRN Electronic Journal.

[198] Gloeck J D, Jager H D. The focus point of the audit expectation gap in the Republic of South Africa [J]. School of Accounting Sciences University of Pretoria, 1993.

[199] Gold A , Gronewold U , Pott C. The ISA 700 Auditor's Report and the Audit Expectation Gap – Do Explanations Matter? [J]. International Journal of Auditing, 2012, 16 (3) : 286-307.

[200] Gold A, Grounwold U, Pott C. The ISA 700 Auditor's Report and the Audit Expectation Gap – Do Additional Explanations Matter? [J]. International Journal of Auditing, 2012, 16 (3) : 286-307.

[201] Grossman S J, Stiglitz J E. On the Impossibility of Informationally Efficient Markets [J]. American Economic Review, 1980, 70.

[202] Gutierrez E, Minutti-Meza M, Tatum KW, Vulcheva M. Consequences of adopting an expanded auditor's report in the United Kingdom. Review

of Accounting Studies, 2018, 23 (4) : 1543-87.

[203] Heesun Chung, Catherine Heyjung Sonu, Yoonseok Zang and Jong-Hag Choi. (2019) Opinion Shopping to Avoid a Going Concern Audit Opinion and Subsequent Audit Quality. AUDITING: A Journal of Practice & Theory 38: 2, 101-123.

[204] Herbohn K, Ragunathan V, Garsden R. The horse has bolted: revisiting the market reaction to going concern modifications of audit reports [J]. Accounting & Finance, 2014, 47 (3) : 473-493.

[205] Holder-Webb L M, Wilkins M S. The Incremental Information Content of SAS No. 59 Going-Concern Opinions [J]. Journal of Accounting Research, 2000, 38 (1) : 209-219.

[206] Humphrey C , Moizer P , Turley S . The Audit Expectations Gap in Britain: An Empirical Investigation [J]. Accounting and Business Research, 1993, 23 (supl) : 395-411.

[207] Inês Pinto, Morais A I . What matters in disclosures of key audit matters: Evidence from Europe [J]. Journal of International Financial Management & Accounting, 2019, 30.

[208] International Auditing and Assurance Standards Board (IAASB). Emphasis of Matter Paragraphs and Other Matter Paragraphs in the Independent Auditor's Report. International Standard for Auditing (ISA) 706.2008b. New York, NY: IAASB.

[209] International Auditing and Assurance Standards Board (IAASB). Improving the Auditor's Report: Invitation to Comment. 2012. New York, NY: International Federation of Accountants.

[210] International Auditing and Assurance Standards Board (IAASB). Reporting on Audited Financial Statements. Proposed New and Revised International Standards on Auditing (ISAs). 2013.New York, NY: International Federation of Accountants.

[211] International Auditing and Assurance Standards Board (IAASB). Enhancing the Value of Auditor Reporting: Exploring Options for Change. IAASB Consultation Paper.2011.New York. International Federation of Accountants.

[212] Jean Bédard, Brousseau C, Vanstraelen A. Investor Reaction to Auditors' Going Concern Emphasis of Matter: Evidence from a Natural Experiment [J]. Social Science Electronic Publishing, 2018.

[213] Jean Bédard, Carl Brousseau and Ann Vanstraelen. Investor Reaction to Auditors' Going Concern Emphasis of Matter: Evidence from a Natural Experiment. AUDITING: A Journal of Practice & Theory, 2009, 38: 2, 27-55.

[214] Jensen, Michael C, Meckling, William H. Theory of the firm: Managerial behavior, agency costs and ownership structure [J]. Social Science Electronic Publishing, 1976, 3 (4): 305-360.

[215] Kachelmeier S J, Schmidt J J, Valentine K. The Disclaimer Effect of Disclosing Critical Audit Matters in the Auditor's Report [J]. Social Science Electronic Publishing, 2014.

[216] Kahneman D, Tversky A. Prospect Theory: An Analysis of Decision under Risk [J]. Econometrica, 47 (2): 263-292.

[217] Kelly A., Mohrweis L. Bankers' and Investors Perception Of The Auditor's Role in Financial Statement Reporting: The Impact SAS no58 [J]. Auditing: A Journal of Practice and Theory, 1989, 9 (Fall): 87-97.

[218] Kinney W R, Palmrose Z V, Scholz S. Auditor Independence, Non-Audit Services, and Restatements: Was the US Government Right? [J]. Journal of Accounting Research, 2004, 42 (3): 561-588.

[219] King D L, Case C J. The Evolution of the United States Audit Report [J]. Academy of Accounting & Financial Studies Journal, 2003, 7.

[220] Kipp, P. The Effect of Expanded Audit Report Disclosures on Users'

Confidence in the Audit and the Financial Statements [D].University of South Florida.2017.

[221] Klueber J, Gold A , Pott C. Do Key Audit Matters Impact Financial Reporting Behavior? [J]. Social Science Electronic Publishing.2018.

[222] Köhler A, Ratzinger-Sakel NVS, Theis J. The Effects of Key Audit Matters on the Auditor's Report's Communicative Value: Experimental Evidence from Investment Professionals and Non-Professional Investors [J]. Social Science Electronic Publishing.2016.

[223] KPMG. Key audit matters: Auditor's report snapshot 28 March 2017 [R]. 2017. Retrieved from https: //home.kpmg.com/au/en/home/ insights/2017/03/key-audit-matters-auditor-report-28-march-2017.html

[224] Kraakman R H . Gatekeepers: The Anatomy of a Third-Party Enforcement Strategy [J]. The Journal of Law, Economics, and Organization, 1986, 2 (1), 53-104 .

[225] Larcker D F., Rusticus T O., On the use of instrumental variables in accounting research [J]. Journal of Accounting & Economics, 2010, 49 (3), 186-205.

[226] Lennox C. Are large auditors more accurate than small auditors? [J]. Accounting and business research, 1999, 29 (3): 217-227.

[227] Li H , Hay D , Lau D . Assessing the Impact of the New Auditor's Report [J]. Social Science Electronic Publishing, 2018.

[228] Liggio CD. The Expectation Gap - The Accountant's Legal Waterloo? [J]. Journal of Contemporary Business. 1974, 3 (3): 27.

[229] Lin C, Hsu S, Chou P L, et al. The Effects of Directors'and Officers' Liability Insurance on Key Auditing Matters [J]. Emerging Markets Finance and Trade, 2020, 56.

[230] Lineke Sneller, Ries Bode, Arnoud Klerkx. Do IT matters matter? IT-related key audit matters in Dutch annual reports [J]. International

Journal of Disclosure and Governance, 2017, 2 (14) , 139–151.

[231] Litjens R , Van Buuren J , Vergoossen R . Addressing Information Needs to Reduce the Audit Expectation Gap: Evidence from Dutch Bankers, Audited Companies and Auditors [J] . International Journal of Auditing, 2015, 19 (3) : 267-281.

[232] Loudder M L, Khurana I K , Sawyers R B, et al. The information content of audit qualifications [J] . Auditing A Journal of Practice & Theory, 1992, 11 (1) : 69-82.

[233] Masdor N, Shamsuddin A. The Implementation of ISA 701- Key Audit Matters: A Review. Global Business and Management Research, 2018, 10 (3) : 1107.

[234] Menon K , Williams D D. Investor Reaction to Going Concern Audit Reports [J] . The Accounting Review, 2010, 85 (6) : 2075-2105.

[235] Menon, Krishnagopal, Williams, David D. Investor reaction to going concern audit reports [J] . 2010, 85 (6) : 2075-2105.

[236] Mock T J, Bédard, Jean, Coram P J, et al. The Audit Reporting Model: Current Research Synthesis and Implications [J] . AUDITING: A Journal of Practice & Theory, 2013, 32 (Supplement 1) : 323-351.

[237] Moroney R, Phang S Y, Xiao X. When Do Investors Value Key Audit Matters? [J] . European Accounting Review, 2020 (4) : 1-20.

[238] Nathan R. Berglund, Donald R. Herrmann and Bradley P. Lawson. (2018) Managerial Ability and the Accuracy of the Going Concern Opinion. Accounting and the Public Interest 18: 1, 29-52.

[239] Nicholas Dopuch, Robert W. Holthausen, Richard W. Leftwich. Abnormal Stock Returns Associated With Media Disclosures of 'Subject To' Qualified Audit Opinions [J] . Journal of Accounting & Economics, 1986, 8 (2) : 93-117.

[240] Patrick Velte. Does Gender diversity in the audit committee influence

key audit matters' readability in the audit report? UK Evidence [J].
Corporate Social Responsibility & Environmental Management, 2018.

[241] PCAOB. The auditor's report on an audit of financial statements when
the auditor expresses an unqualified opinion and related amendments
to PCAOB standards (PCAOB release No. 2017-001) .2017.New York.
Retrieved from https: //pcaobus.org/Rulemaking/Docket034/2017-001-
auditorsreport-final-rule.pdf

[242] Pelzer, J. R. E. Understanding Barriers to Critical Audit Matter
Effectiveness: A Qualitative and Experimental Approach [D].Floria
State University.2016.

[243] Pepper A, Gore J. Behavioral agency theory: new foundations for
theorizing about executive compensation [J]. Lse Research Online
Documents on Economics, 2015, 41 (4): 1045-1068.

[244] Pinto, I, Morais, AI. What matters in disclosures of key audit
matters: Evidence from Europe [J]. Journal of International Financial
Management & Accounting, 2019, 30 (2): 145-62.

[245] Porter, Brenda. An Empirical Study of the Audit Expectation-
Performance Gap [J]. Accounting and Business Research, 1993, 24
(93): 49-68.

[246] Porumb V A , Karaibrahimoglu Y Z, Lobo G J, et al. Is More Always
Better? Disclosures in the Expanded Audit Report and Their Impact on
Loan Contracting [J]. Social Science Electronic Publishing. 2018.

[247] Pound J., Proxy contests and the efficiency of shareholder oversight [J].
Journal of Financial Economics, 1988.

[248] Prasad P, Chand P. The Changing Face of the Auditor's Report:
Implications for Suppliers and Users of Financial Statements [J].
Australian Accounting Review, 2017, 27 (4): 348-67.

[249] Public Company Accounting Oversight Board (PCAOB). Audit Quality

Indicators. Standing Advisory Group Meeting briefing paper, May 15–16. 2013a.Washington, DC: PCAOB.

[250] Public Company Accounting Oversight Board (PCAOB). Concept Release on Possible Revisions to PCAOB Standards Related to Reports on Audited Financial Statements. 2011.Washington, DC: PCAOB.

[251] Public Company Accounting Oversight Board (PCAOB). Improving Relevance and Quality of the Audit for the Protection and Benefit of Investors. PCAOB Strategic Plan: 2012–2016 (November 30). 2012. Washington, DC: PCAOB.

[252] Public Company Accounting Oversight Board (PCAOB). Proposed Auditing Standards—The Auditor's Report on an Audit of Financial Statements When the Auditor Expresses an Unqualified Opinion. PCAOB Release No. 2013-005. 2013b. Washington, DC: Public Company Accounting Oversight Board.

[253] PWC. Delivering the value of the audit. New insightful audit reports [R]. 2015.Retrieved from https: //www.pwc.com/sg/en/publications/assets/ delivering-the-value-of-the-audit.pdf

[254] PWC. Enhanced auditor's report - Review of first year experience in Hong Kong [R]. 2017a. Retrieved from https: //www.pwchk.com/en/ audit-assurance/enhanced-auditor-s-report.pdf

[255] PWC. Enhanced auditor's report; Survey of first year experience in Singapore [R].2017b. Retrieved from https: //www.pwc.com/sg/en/ publications/enhanced-auditor-report.html

[256] Rapley E T , Robertson J C, Smith J L. The Effects of Disclosing Critical Audit Matters and Auditor Tenure on Investors' Judgments [J]. Social Science Electronic Publishing.2018.

[257] Raghunandan K , Rama, D.V. Audit reports for companies in financial distress: Before and after SAS No. 59 [J]. Auditing: A Journal of

Practice &Theory, 1995 (14) : 50-63.

[258] Ratzinger-Sakel N V S, Theis J C. Does Considering Key Audit Matters Affect Auditor Judgment Performance? [J]. SSRN Electronic Journal, 2017.

[259] Reid, L. C., Carcello, J. V., Li, C., Neal, T. L.. Are Auditor and Audit Committee Report Changes Useful to Investors? Evidence from the United Kingdom [J]. Social Science Electronic Publishing, 2015a.

[260] Reid, L. C., Carcello, J. V., Li, C., Neal, T. L.. Impact of Auditor and Audit Committee Report Changes on Audit Quality and Costs: Evidence from the United Kingdom [J]. Social Science Electronic Publishing, 2015b.

[261] Reid, Lauren C, Carcello, Joseph V, Li, Chan, et al. Impact of Auditor and Audit Committee Report Changes on Audit Quality and Costs: Evidence from the United Kingdom [J]. SSRN Electronic Journal, 2015.

[262] Ruhnke K, Schmidt M. The audit expectation gap: existence, causes, and the impact of changes [J]. Accounting & Business Research, 2014, 44 (5) : 572-601.

[263] Salehi M. Audit expectation gap: Concept, nature and trace [J]. African Journal of Business Management, 2011, 5 (21).

[264] SC, AOB, MIA, and ACCA. Enhanced Auditors'Report; A Review of First-Year Implementation Experience In Malaysia [R]. (2018). Retrieved from https: //www.sc.com.my/generalsection/audit-overboard/ enhanced-auditors-report.

[265] Schaub M. Investor overreaction to going concern audit opinion announcements [J]. Applied Financial Economics, 2006, 16 (16) : 1163-1170.

[266] Schelluch, P., Gay G. Assurance Provided By Auditors'Reports On Prospective Financial Information: Implications For The Expectation Gap

[J]. Accounting&Finance, 2006, 46（4） : 653-659.

[267] Schipper K. Principles-Based Accounting Standards [J]. Accounting Horizons, 2003, 17（1）: 61-72.

[268] Serafeim G. Integrated Reporting and Investor Clientele [J]. Journal of Applied Corporate Finance, 2015, 27（2）: 34-51.

[269] Simnett R , Huggins A . Enhancing the Auditor's Report: To What Extent is There Support for the IAASB's Proposed Changes? [J]. Accounting Horizons, 2014, 28（4）: 719-747.

[270] Simona G D. Audit Expectation Gap In The Public Sector In Romania [J]. Annals of the University of Oradea Economic Science, 2011, 1（2）: 510-516.

[271] Sirois L P, Bédard J, Bera P. The Informational Value of Key Audit Matters in the Auditor's Report: Evidence from an Eye-tracking Study [J]. Accounting Horizons, 2018, 32（2）, 141-162.

[272] Smith K W . Tell Me More: A Content Analysis of Expanded Auditor Reporting in the United Kingdom [J]. SSRN Electronic Journal, 2016.

[273] Sneller, Lineke, Bode, Ries, Klerkx, Arnoud. Do IT matters matter? IT-related key audit matters in Dutch annual reports [J]. International Journal of Disclosure and Governance, 14（2）: 139-151.

[274] Spence M. Job Market Signaling [J]. 1973, 87（3）: 355-374.

[275] Spence M. Signaling in Retrospect and the Informational Structure of Markets. [J]. American Economic Review, 2002.

[276] Stephen, A, Ross. The Economic Theory of Agency: The Principal's Problem [J]. The American Economic Review, 1973.

[277] Stigler G J. The Economics of Information [J]. Journal of Political Economy, 1961, 69（3）: 213-225.

[278] Trpeska M, Atanasovski A, Lazarevska ZB. The relevance of financial information and contents of the new audit report for lending decisions of commercial banks [J]. Accounting and Management Information

Systems, 2017, 16 (4) : 455-71.

[279] Tudor A T, Cordos G S, Fülöp, Melinda Timea. Stakeholders' perception about strengthening the audit report [J]. African J of Accounting Auditing and Finance, 2018, 6 (1).

[280] Velte P, Issa J. The impact of key audit matter (KAM) disclosure in audit reports on stakeholders' reactions: a literature review [J]. Problems and Perspectives in Management, 2019, 17 (3) : 323-41.

[281] Velte, Patrick. Does gender diversity in the audit committee influence key audit matters' readability in the audit report? UK evidence [J]. Corporate social responsibility and environmental management, 2018.

[282] Venuti E K. The going-concern assumption revisited: Assessing a company's future viability [J]. Cpa Journal, 2004 (5) : 40-43.

[283] Vinson J, Robertson J C, Cockrell C. The Effects of Critical Audit Matter Removal and Duration on Jurors'Assessments of Auditor Negligence [J]. Social Science Electronic Publishing.2018.

[284] Wiseman RM, Gomez-Mejia L. A Behavioral Agency Model of Managerial Risk Taking [J]. The Academy of Management Review, 1998, 23 (1) : 133-153.

[285] Wooldridge J M . Introductory econometrics: a modern approach [J]. second edition thomson learning, 2005 (Dec).

[286] Wu C Y. Using Non-Financial Information to Predict Bankruptcy: A Study of Public Companies in Taiwan [J]. International Journal of Management, 2004, 21 (Jun).

[287] XRB, and FMA. Key Audit Matters - A stock take of the first year in New Zealand [R].2017. Retrieved from https: //fma.govt.nz/assets/

[288] Zhou S, Simnett R, Green W. Does Integrated Reporting Matter to the Capital Market? [J]. Abacus A Journal of Accounting Finance & Business Studies, 2017, 53: 94-132.